JN298746

国際政治史

世界戦争の時代から21世紀へ

Sasaki Yuta
佐々木雄太………【著】

名古屋大学出版会

はしがき

　2001年9月11日の事件は世界を震撼させた。ニューヨーク・マンハッタンの世界貿易センターのツイン・タワーに2機の旅客機が相次いで激突し，2つの高層ビルが黒煙と砂塵に包まれながら崩落する様子が，世界中のテレビにリアルタイムで映し出された。この未曾有の事件を契機に，アフガニスタンで，イラクで，「テロとの戦争」が戦われた。「9.11がすべてを変えた」と主張する人々は，国家主権も国際法も無視した武力介入を正当化してはばからなかった。

　1989年に米，ソ両国の首脳がマルタ島で会談し，第二次世界大戦終結から約40年にわたった冷戦の終結を宣言した時，多くの人びとが平和な世界の到来を期待した。しかし，間もなくしてその期待は裏切られ，国際社会は，湾岸戦争，ユーゴスラヴィア紛争，ソマリア紛争，ルワンダ紛争をはじめ数々の地域紛争に見舞われた。平和な世界への兆しは見られず，かえって国際政治は19世紀の「ジャングルの掟」に逆戻りしつつあるという懸念さえ生まれた。

　パレスチナでは，一時の和平への希望は遠ざかり，アフガニスタンとイラクでは，大国の武力介入の遺産として部族間や宗派間の内戦が激化し，いずれも途絶えることのない暴力の連鎖に見舞われている。経済を中心にした「グローバル化」が進展する中で，あるいはその結果として，2008年秋に世界は突然，深刻な経済危機に襲われた。また，地球温暖化や生物多様性の喪失をはじめ地球環境破壊には歯止めがかからず，これをめぐる先進国と発展途上国との対立が厳しくなっている。

　多くの人々の平和への願いや地球環境保全にかかわる努力にもかかわらず，このような事態は「なぜ生じるのか？」――この問いを発することが国際政治を，あるいは歴史を学ぶ出発点である。

　オックスフォード大学の古典学者ジャスパー・グリフィンは，歴史を学ぶ動機の「ひとつは過去への好奇心，すなわち何が起きたのか，誰が何を行ったの

かを知りたいという動機」であり,「もうひとつは現在を理解したいという願望, すなわち我々自身の時代と経験そして将来への希望をどのように評価し解釈すべきであるかという動機」であると述べた。また, 同じイギリスの碩学E・H・カーによれば, 歴史とは「現在と過去との間のつきることを知らぬ対話」であり, 歴史家の役割は「現在を理解する鍵として過去を征服し理解すること」にある。このように, 歴史を学ぶ動機は, 単なる過去の事実への好奇心にとどまらず, むしろ我々自身の時代を知り, 未来を考えようというところに生まれる。19世紀の末に, イギリスの作家ラドヤード・キップリングは, 歴史の「つきることのない教訓 (no end of a lesson)」は「つきることのない善 (no end of good)」をもたらすと語った（もっとも, 本書にも述べる通り, 20世紀のイギリスは必ずしも歴史の教訓を善につなげたとは言えないのだが）。歴史を記す者にとっても, その動機や関心は同様である。筆者なりの言葉で言うなら, 過去の出来事に好奇心を寄せ, これを記す営みは, むしろ「現在を理解する」ことから未来を展望することにある。「歴史とは未来へのメッセージ」なのである。

　国際政治史は「人文社会科学」の一領域である。高等学校では「社会科」を学ぶが, 大学では「人文社会科学」を学ぶことになる。「社会科」と「社会科学」の違い, あるいはその学び方の違いは何か。筆者が学生時代に出会ったある書物に依拠して言うならば,「社会科」とは人間社会に関する健全な常識を学び取る学科であるが, 大学で学ぶ「社会科学」は, この常識や通説を疑うところから始まる。これは「理科」と「自然科学（理科学）」の違いにも通じる。常識や通説に対する疑いが「社会科学」あるいは「自然科学」の学びの出発点であり, 最も重要な学びの姿勢なのである。
　そうであるとして, この「疑い」はどこから, どうして生まれるのだろうか。漫然と社会に暮らし, 自然に向き合っているのでは, この「疑い」は生じようがない。「社会科学」について言えば, 常識や通説に対する「疑い」が生まれるためには, 社会に対する強い関心と, これをどうにかしたいという「問題意識」が必要なのである。それでは, このような問題意識はどこから, どうして生まれるのだろうか。「問題意識」を導くのは, その人の「知性」と「感

性」と，そして豊富な「知識」であると思われる。学びを目指す若い人々には，豊富な知識を身につけようという旺盛な勉学意欲とともに，問題意識を導く知性と感性を磨くために，広い活動空間を作り，様々な人や事象との出会いを体験することを勧めたい。

　本書は，私たちが後にしてきた20世紀の国際政治の歴史である。ただし厳密に言うなら，本書が叙述の対象とするのは時期的には19世紀終盤から21世紀の序盤までである。イギリスの歴史家エリック・ホブズボームは，自らの「20世紀史」を「短い20世紀（The Short Twentieth Century 1914-1991）の歴史」とうたったが，これに倣うなら，本書は「長い20世紀（The Long Twentieth Century）の歴史」である。

　なぜ叙述を19世紀終盤から始めるのか。その理由の第一は，グローバルな規模の「国際政治」の形成が始まるのは19世紀後半だという事情である。また，筆者が20世紀の大きな特徴のひとつとする「世界戦争の時代」を語るには，その要因を形作った「帝国主義の時代」を理解することが不可欠だからである。その時代に生まれた植民地主義，民族主義，あるいは勢力均衡や国際協調の原理は，20世紀の「国際社会」の在り方そのものにつながっている。

　一方，20世紀の歴史は最終年すなわち2000年に一区切りがついたわけではない。新しいミレニアムの始まりに，人々はそれまでとは違った新しい国際社会の到来を期待したとしても，現実には20世紀の後半を支配した冷戦の時代に根を持つ深刻な問題，例えば核兵器の拡散，多発する地域紛争など，多くが21世紀に持ち越されている。したがって，「20世紀史」を2000年で閉じるわけにはいかないのである。

　本書は，いわゆる通史ではない。その時々の重要な出来事を重点的に取り上げ，また必要に応じてその事象にかかわる理論的問題を解説する。もちろん，その前後の事情や関係については，これも必要な限りで叙述に加える。また，本書は2部構成としたが，第I部と第II部とでは書きぶりを違えている。すなわち，筆者にとっても「過去の歴史」の一部となった「世界大戦の時代」については，現代国際政治の起点とも言うべき第二次世界大戦に至る国際政治史を，歴史の因果関係に留意しながら，どちらかと言えば通時的に叙述した。こ

れに対して前の時代ほどに歴史的評価が定まってはいない「現代」を扱う第II部では，一つひとつの出来事や事象の意義を深く理解することに比重を置いたため，通史的性格が薄れた書きぶりになっている。しかし，相対的な違いはあっても，その時々の「重要な出来事」を選択して解説するという基本的な方法に変わりはない。

　そこで，「重要な出来事」とは何か。歴史上の「重要事項」は，それを叙述する歴史家の主観によって異なる。「歴史とは過去と現在の対話」であるとすれば，現在の世界の在り方につながる事件や事象の選択は，現在の世界に生きる歴史家の問題意識に左右されざるをえない。歴史の学びにも「疑い」を持つことが求められる理由である。歴史書は，常に歴史家の主観を通して取捨選択された過去の出来事によってつづられている。もちろん，ある書物が歴史書として意義を有するには，「歴史的事実」について，取捨選択の根拠が論理的に示され，かつ史料によって実証されることがなければならない。

　筆者は，国際政治の観点からする20世紀の最大の特徴は，序章で詳述するように「国際社会の世界化」と「世界戦争」にあると考える。「国際社会」は本来歴史的，地域的現象であった。その「国際社会」が「世界化」した，あるいは「世界が国際社会になった」のが20世紀であった。20世紀は「民族と国家の時代」であったとも言われる。多くの民族が「民族自決」の原理に則って主権国家を形成した。地球上の主権国家は200近くを数えるようになった。しかし「民族自決」の広がりは必ずしも多数者の幸福にはつながらなかった。「世界化」の道をたどった「国際社会」は2つの世界大戦と世界を覆った冷戦と，そして数えきれない「戦争とみなされない戦争」を生んだのである。

　本書を貫くモチーフのひとつは，「国際社会の世界化の時代」と「世界戦争の時代」との関係を問うことにある。「国際社会の世界化」は「世界戦争の時代」と不可分であったのか，「国際社会」が戦争と決別することは可能なのかを問うことである。

　冷戦時代が象徴するように，20世紀は国際政治にイデオロギーや価値観が持ち込まれた時代であった。アメリカ大統領ウッドロー・ウィルソンが第一次世界大戦への参戦に「民主主義」というイデオロギーを持ち出したのがその始

まりだという説もある。次いで，第二次世界大戦は連合国によって「反ファシズム・民主主義」の戦いであると性格づけられた。冷戦時代は二極対立を背景に価値二元論が世界を支配した。そして，9.11事件の後，「限りなき正義対悪の枢軸」という正邪二元論のレトリックが横行し，また「文明の衝突」が繰り返し作り出されている。

もともと17世紀のヨーロッパに誕生したと言われる「国際社会」は価値の多元性の承認を基本原理のひとつとしていたはずである。ところが，「国際社会」はその世界化の過程でイデオロギーを絡めた対立に傾斜し，世界大戦と冷戦を経験することになった。20世紀の経験を踏まえる時，世界の平和と安定は，価値の多元性を認め，多様な主体間の相互交流を活性化させ，悲惨な出来事を未然に防ぐための多国間行動の条件を作り出すことにあるように思える。はたして21世紀の「国際社会」は多元主義を基盤に据えることができるのだろうか。これが，本書のもうひとつのモチーフである。

筆者は国際政治学，国際政治史の授業に携わって40年になる。これまでほとんどの年は特定の教科書を使用せず，板書とレジュメおよび史料の配布をもってこれに替えてきた。受講する学生にとっては不便であったかもしれない。もちろん，自分なりの教科書を書きたいと思うことは何度もあったが，チャンスをつかみえずに今日に至った。本書は，40年目にして初めて世に問う教科書である。これまでの講義でもできる限り教材として史料を提示してきたが，本書は，見開きの右のページに，左のページの叙述にかかわる史料を掲載する工夫をした。なまの史料との出会いが国際政治史への読者の興味を少しでもそそることにつながれば幸いである。

■**参考文献と脚註等について**
- 各章末の「参考文献」欄には，筆者が執筆に当たって主として参照した文献の中から比較的入手しやすい日本語文献と，さらに学習を進めたい読者に読んでほしい文献を選択した。また，教科書という性格上，脚註はできる限り少なくし，章末の「参考文献」がカバーしている事項についてはあえて註を付すことをしなかった。
- [ ] 内の数字は，参照すべき史料・図表の番号である。

目　次

はしがき　i

序　章　20世紀と国際政治 …………………………………………… 2

　　1　「国際社会」と「国際政治」　2
　　2　20世紀はどんな時代であったか　16

第I部　2つの世界大戦の時代

第1章　帝国主義の時代と第一次世界大戦 ………………………… 28

　　1　帝国主義の時代　28
　　2　第一次世界大戦と各国の戦争目的　36

第2章　第一次世界大戦後の国際体制 ……………………………… 48

　　1　ロシア革命とウィルソンの14カ条　48
　　2　大戦の終結とヴェルサイユ講和会議　54
　　3　ヴェルサイユ＝ワシントン体制　60

第3章　1930年代危機と第二次世界大戦の起源 …………………… 76

　　1　世界恐慌と国際体制の崩壊　76
　　2　ファシズム諸国の対外侵略と宥和政策　86
　　3　第二次世界大戦への道　96

第4章　第二次世界大戦 ……………………………………………… 102

　　1　枢軸国の攻勢と戦線の拡大　102
　　2　反ファシズム連合の形成　108
　　3　ヨーロッパ第二戦線問題　116

第 5 章　第二次世界大戦の終結と戦後秩序 …………………124
　　　1　戦後秩序の形成　124
　　　2　大戦の終結と諸結果　130

第 II 部　冷戦と地域紛争の時代

第 6 章　冷戦の起源とヨーロッパの分裂 …………………146
　　　1　米，ソの戦後政策と冷戦の起源　146
　　　2　ヨーロッパ分断への政治過程　156

第 7 章　冷戦と超大国の支配 …………………168
　　　1　覇権システムとしての冷戦体制　168
　　　2　アジアと冷戦　178

第 8 章　冷戦の諸相 …………………194
　　　1　冷戦と核兵器体系　194
　　　2　デタントから冷戦終結へ　206

第 9 章　冷戦後の世界と地域紛争 …………………224
　　　1　「冷戦後」と地域紛争　224
　　　2　民族・宗教と地域紛争——ユーゴスラヴィア　234

第 10 章　中東紛争と湾岸戦争 …………………248
　　　1　中東紛争と大国の歴史的責任　248
　　　2　湾岸戦争とその遺産　262

第 11 章　テロとの戦争——アフガニスタンとイラク …………………274
　　　1　9.11 事件とアフガニスタン戦争　274
　　　2　イラク戦争と国際秩序　288

終　章　21世紀の国際社会と国際政治 …………………………299
　　　1　その後の国際社会　299
　　　2　21世紀の課題　304

付録：国際連合憲章　311
あとがき　315
索　引　319

国際政治史
―― 世界戦争の時代から21世紀へ ――

序章　20世紀と国際政治

1　「国際社会」と「国際政治」

1)「国際社会」の成立と「国際政治」

　私たちは「国際社会」を「世界」と同義語のように用いている。今日，200近くを数える「主権国家」が地球上を，世界を埋め尽くしているからである。しかし，厳密に言うと「国際社会（international society）」とは「主権国家を構成単位とする社会」を指す概念であって，「世界」と同義ではない。「主権国家を構成単位とする社会」としての「国際社会」は，17世紀の半ばにヨーロッパに誕生したことから「西欧国際（国家）体系」と言われる。それは，本来，歴史的，地域的現象，すなわち歴史のある段階で特定の地域に生まれた現象であった。17世紀の半ばにヨーロッパに誕生した「国際社会」が，その後，徐々に世界全体に広がった。そして，20世紀の100年間に「国際社会が世界化」し，「世界は国際社会になった」のである。

　「国際社会」に先立つヨーロッパはキリスト教世界であった。そこでは，世界は神によって創造されたひとつの存在であると考えられ，地上の世俗世界における皇帝，君主，領主の統治権は，神の代弁者であるローマ・カトリック教会（ローマ法王）によって授けられたものであった。つまり，世俗的統治権はローマ法王の権威に依存していたのである。

　ところが，1517年に始まったマルティン・ルターの宗教改革は，腐敗したローマ・カトリック教会の権威に異議を唱え，人と神との直接対話を主張することによって，精神世界におけるローマ・カトリック教会の絶対的な権威を突き崩し，同時にローマ法王を頂点とする教会の世俗世界に対する権威をも突き

■序-1 宗教改革以後のヨーロッパの宗教分布図

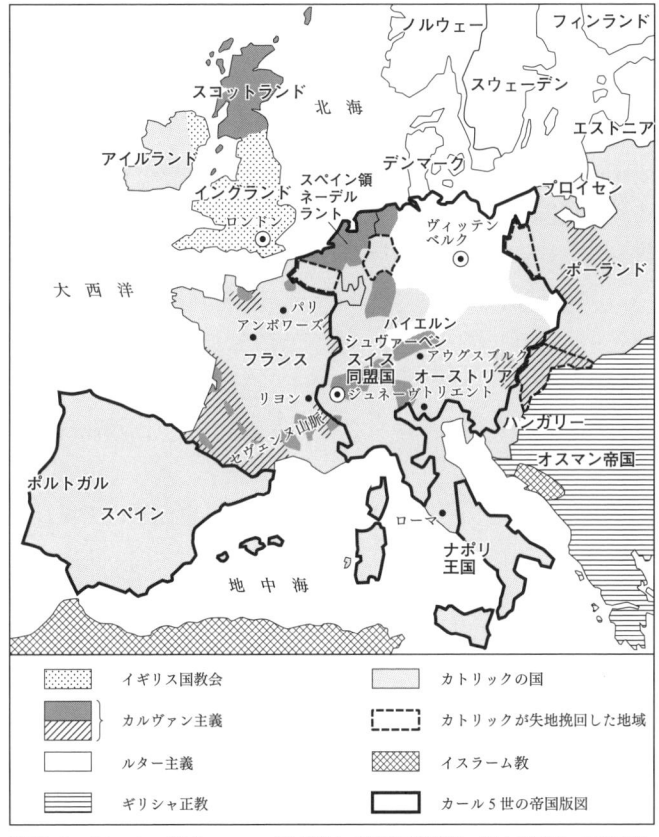

出所）F・ドルーシュ編『ヨーロッパの歴史』木村尚三郎監修，花上克己訳，東京書籍，1994年，236頁。

崩した［序-1］。その後，王位継承や領地をめぐる領主（君主）間戦争や領主に対する農民戦争が，カトリック対プロテスタントの間の宗教戦争を絡めて相次いで戦われ，ヨーロッパは 100 年にわたる戦乱を経験した。1618 年に始まった三十年戦争をおさめるためにヨーロッパの諸君主が参集し，ローマ法王を含めて開かれたのが，ウェストファリア講和会議であった。

　1648 年に結ばれたウェストファリア条約は，君主に宗教選択の自由を認めることによって世俗世界における教会の権威を否定し，また，君主たちは，一定の「領域」におけるそれぞれの排他的な支配権すなわち「主権」を相互に承認した。ここに，政治（世俗世界）は宗教（精神世界）から独立し，外に向かって（教会の権威や他の君主に対して）完全な独立を有する国家すなわち「主権国家」が誕生した。「主権」概念とともに「領域」が国家の不可分の要素となった。ヨーロッパに主権国家からなる社会すなわち「国際社会」が誕生したのである［序-2］。もちろん，「主権」概念にしても，また「領域国家」の実態にしても，ウェストファリア条約によっていきなり全面的に実現したわけではない。それらは，条約に先立つ 100 年の諸国家・諸君主間の抗争の過程で徐々に形成された歴史的事実であり，「国際社会」が確立するにも，その後 100 年の歴史過程が必要ではあった。しかし，「ウェストファリア体制」に近・現代の「国際社会」の原型を求めるのは，あながち間違いではない。

　この「国際社会」において「主権」を行使したのは君主であった。君主は場合によっては自らの権力（主権）の根拠を直接「神」に（王権神授説），あるいは「国家理性」に求め，その絶対性を主張した。いわゆる絶対君主制・絶対主義国家の成立である。やがて君主によって独占されていた国家主権は，市民革命を経て「国民」によって担われることになり，「国民国家」が誕生する。また，西ヨーロッパに誕生したこの主権国家体系すなわち「国際社会」は，北欧および中欧へ，そして北米，南米へと拡大し，19 世紀末からの帝国主義の時代を経て世界に拡大することになる［序-3］。

　20 世紀になって，「国際社会」が最初の世界大戦を経験し，また，その教訓にもかかわらず再度の世界大戦に向かっていた時期に，これを注意深く観察した碩学たちが，ウェストファリア体制をモデルに，「国際社会」と「国際政治」の特質を以下のように分析した[1]。

■序-2 ウェストファリア体制（1648年）

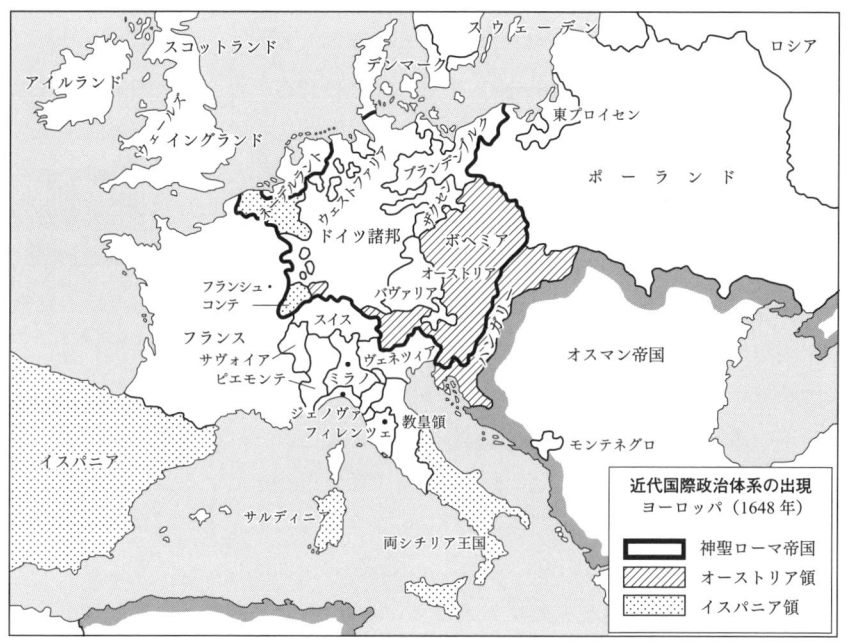

出所）F・L・シューマン『国際政治』上，長井信一訳，東京大学出版会，1973年，78頁。

ウェストファリア体制下の国際関係は，均質な主権国家間の関係であった。すなわち，国際社会を構成する国家は，規模の大小などにかかわらず，「主権を有する」という点で均質で相互に対等な存在とみなされた。国家はいずれも自らの国家的利益（national interest）を有し，その利益の根底には国家安全保障（national security）が存在した。すべての人間が生命・身体の自由を根底とする基本的人権を有し，その点で相互に対等・平等であることと同じ理屈であった。諸国家の対外的行動の基本的動機は，この国家的利益，なかでも国家安全保障の追求にあるとされた。

　国家は，安全保障の手段を，第一に国際法（条約・慣習）に求める。しかし，国際社会は，国内社会と違って，その社会の基本的構成員を超越し，これに強制力を行使しうる権力を欠いている。かつては，ローマ法王が君主・領主間紛争の最終的裁定者として立ち現れることができたが，法王の権威の否定の上に作られた国際社会では，排他的支配権である主権を有する国家が絶対的な存在である。したがって，諸国家は自らの安全をはじめとする国家的利益の実現に当たって，国家間の約束にすぎない国際法に全面的に依存することはできず，究極的には自らの力すなわち国力（national power）をその手段としなければならない。差し当たっての政策は，利害関係国との間の勢力均衡（balance of power）の政策である。しかし，均衡は破られる可能性があるとすれば，諸国家は常に国力の増幅に努めなければならない。ここに，本来は国家的利益実現の手段である国力の獲得が，国家の直接的な目的に転じる。国際政治は「パワーをめぐる競争的闘争」すなわちパワー・ポリティックスであると言われる理由はここにある。そのような国際社会では，絶対的な「平和」はありえず，「平和」とは諸国家の安全の算術的総和であり，「国力」の均衡に依拠した相対的平和にとどまる。

　ところで，ここで言う「国力」とは，ただちに形而下的な力（force）である軍事力のみを意味するのではなく，経済力はもちろん，その国の外交の質，政府の安定度，国民の士気などもまた国力の要素を構成すると説かれる[2]。しか

---

1) F・L・シューマン『国際政治』上・下，長井信一訳，東京大学出版会，1973 年（原書第 1 版は 1933 年刊行）。E・H・カー『危機の二十年　1919-1939』井上茂訳，岩波文庫，1996 年（原書第 1 版は 1939 年刊行）。

■序-3　独立国一覧（2010年6月末時点）

アジア（47カ国）

日本国	キプロス共和国	バーレーン王国
アゼルバイジャン共和国	キルギス共和国	パキスタン・イスラーム共和国
アフガニスタン・イスラーム共和国	クウェート国	バングラデシュ人民共和国
アラブ首長国連邦	グルジア	東ティモール民主共和国
アルメニア共和国	サウジアラビア王国	フィリピン共和国
イエメン共和国	シリア・アラブ共和国	ブータン王国
イスラエル国	シンガポール共和国	ブルネイ・ダルサラーム国
イラク共和国	スリランカ民主社会主義共和国	ベトナム社会主義共和国
イラン・イスラーム共和国	タイ王国	マレーシア
インド	大韓民国（韓国）	ミャンマー連邦
インドネシア共和国	タジキスタン共和国	モルディヴ共和国
ウズベキスタン共和国	中華人民共和国（中国）	モンゴル国
オマーン国	朝鮮民主主義人民共和国（北朝鮮）	ヨルダン・ハシェミット王国
カザフスタン共和国	トルクメニスタン	ラオス人民民主共和国
カタール国	トルコ共和国	レバノン共和国
カンボジア王国	ネパール連邦民主共和国	

アフリカ（53カ国）

アルジェリア民主人民共和国	サントメ・プリンシペ民主共和国	ナイジェリア連邦共和国
アンゴラ共和国	ザンビア共和国	ナミビア共和国
ウガンダ共和国	シエラレオネ共和国	ニジェール共和国
エジプト・アラブ共和国	ジブチ共和国	ブルキナファソ
エチオピア連邦民主共和国	ジンバブエ共和国	ブルンジ共和国
エリトリア国	スーダン共和国	ベナン共和国
ガーナ共和国	スワジランド王国	ボツワナ共和国
カーボヴェルデ共和国	セーシェル共和国	マダガスカル共和国
ガボン共和国	赤道ギニア共和国	マラウイ共和国
カメルーン共和国	セネガル共和国	マリ共和国
ガンビア共和国	ソマリア共和国	南アフリカ共和国
ギニア共和国	大リビア・アラブ社会主義人民ジャマーヒリーヤ国	モーリシャス共和国
ギニアビサウ共和国		モーリタニア・イスラーム共和国
ケニア共和国	タンザニア連合共和国	モザンビーク共和国
コートジボワール共和国	チャド共和国	モロッコ王国
コモロ連合	中央アフリカ共和国	リベリア共和国
コンゴ共和国	チュニジア共和国	ルワンダ共和国
コンゴ民主共和国	トーゴ共和国	レソト王国

（9頁へ続く）

し，それらは国力の構成要素とはなりえても，主権国家がアナーキカルにひしめく国際社会においては，究極のところ，軍事力とこれを裏付ける経済力が国力の中心的な要素と考えられざるをえない。

このような特質を備えた国際社会において，諸国家は，国家的利益実現の手段としての国力の使用を，そして国力の究極的発動形態としての戦争を，相互に許容することとした。国益をめぐる戦争が勃発した時，国際社会は，その戦争の原因や責任，戦争開始の理由の正邪を問うことをしない。ただ戦争を戦うルールすなわち戦時国際法の遵守を交戦国および非交戦国に求めるのである。戦争についてのこのような考え方を「無差別戦争観」と言う。

第一次世界大戦に至るまで，ヨーロッパおよびその周辺に展開された国際関係はパワー・ポリティックスにほかならなかった。しかし，国際社会における道義あるいはモラルの機能をまったく無視することもできない。また「パワー・ポリティックス論」が現実のパワー・ポリティックスを助長する側面も指摘されなければならない。最初の世界大戦の後に国際連盟が創設されてからは，連盟規約をはじめとする国際法の道義的拘束力に期待がかけられた。また，20世紀後半には，アナーキカルな国際社会の中で次第に発展した諸国家間の相互依存関係や協力関係に着目して，新しい国際社会像の提示がなされた（リベラリズムの国際政治論）。はたして20世紀の国際政治は，パワー・ポリティックスと戦争を克服する過程であったのだろうか。21世紀の国際政治はパワー・ポリティックスを脱却したのであろうか。

2) 非ヨーロッパの世界観・秩序観

このように，「国際社会」は，普遍的な現象ではなく，歴史的で地域的な現象であった。20世紀の初頭においてさえ「国際社会」はいまだ地域的現象にとどまっており，世界の大部分にはこれとはまったく違った秩序あるいは秩序観が広がっていた。ひとつは，イスラームの世界観・秩序観である。

イスラームの世界観　私たちは「あなたは何者か？」と尋ねられた時，とっさに「日本人である」と答える。ところが，ムスリムのヨルダン人に「あ

---

2) ハンス・J・モーゲンソー『国際政治——権力と平和』I，現代平和研究会訳，福村出版，1986年，第3部。

ヨーロッパ（45カ国）

アイスランド共和国	スウェーデン王国	ポーランド共和国
アイルランド	スペイン王国	ボスニア・ヘルツェゴヴィナ
アルバニア共和国	スロヴァキア共和国	ポルトガル共和国
アンドラ公国	スロヴェニア共和国	マケドニア・旧ユーゴスラヴィア共和国
イタリア共和国	セルビア共和国	
ウクライナ	チェコ共和国	マルタ共和国
エストニア共和国	デンマーク王国	モナコ公国
オーストリア共和国	ドイツ連邦共和国	モルドヴァ共和国
オランダ王国	ノルウェー王国	モンテネグロ
ギリシャ共和国	ヴァチカン市国	ラトヴィア共和国
グレートブリテン・北アイルランド連合王国（イギリス）	ハンガリー共和国	リトアニア共和国
	フィンランド共和国	リヒテンシュタイン公国
クロアチア共和国	フランス共和国	ルーマニア
コソヴォ共和国	ブルガリア共和国	ルクセンブルク大公国
サンマリノ共和国	ベラルーシ共和国	ロシア連邦
スイス連邦	ベルギー王国	

北中アメリカ（23カ国）

アメリカ合衆国	ドミニカ共和国
アンティグア・バーブーダ	ドミニカ国
エルサルヴァドル共和国	トリニダード・トバゴ共和国
カナダ	ニカラグア共和国
キューバ共和国	ハイチ共和国
グアテマラ共和国	パナマ共和国
グレナダ	バハマ国
コスタリカ共和国	バルバドス
ジャマイカ	ベリーズ
セントクリストファー・ネーヴィス	ホンジュラス共和国
セントヴィンセント・グレナディーン諸島	メキシコ合衆国
セントルシア	

南アメリカ（12カ国）

アルゼンチン共和国
ウルグアイ東方共和国
エクアドル共和国
ガイアナ共和国
コロンビア共和国
スリナム共和国
チリ共和国
パラグアイ共和国
ブラジル連邦共和国
ベネズエラ・ボリバル共和国
ペルー共和国
ボリビア多民族国

オセアニア（14カ国）

オーストラリア連邦
キリバス共和国
サモア独立国
ソロモン諸島
ツバル
トンガ王国
ナウル共和国
ニュージーランド
バヌアツ共和国
パプアニューギニア独立国
パラオ共和国
フィジー諸島共和国
マーシャル諸島共和国
ミクロネシア連邦

出所）矢野恒太記念会編『世界国勢図会』2010/11年版より作成。

なたは何者か?」と尋ねると,彼あるいは彼女は,(おそらく多少戸惑いながら)まず「私はムスリムだ」と答えるだろう。さらに問えば「自分はアラブだ」と言い,3つ目くらいに「ヨルダン人」という答えが返ってくる。現実に照らすならいささか誇張した言い方になるが,原理的にはムスリムにとってアイデンティティの第一の根拠は,国家の枠組ではなく,宗教共同体なのである。彼らにとって自と他を分かつ第一の基準は,イスラームの宗教共同体に属するか,それとも異教徒の宗教共同体に属するかにある。したがって,彼らにとって世界は宗教共同体間の関係であって,諸国家間の関係ではない。ただし,現実には,彼らもヨルダン,エジプト,インドネシアなどの国家を形成し,国家の枠組の中で暮らしている。しかし,国家は原理的にはあくまでも「事実上の (de facto)」存在にすぎないのである。以下に,「国際社会」の原理とムスリムの秩序観との違いを整理してみよう。

　ムスリムにとって世界は,預言者ムハンマドの代理人である唯一の指導者(スルタン,カリフ)の下にある統一体としての「イスラームの館(ダール・アル・イスラーム)」と,異教徒(ハルビー)の支配下にある「戦争の館(ダール・アル・ハルブ)」との関係である。彼らの観念の中でこの宗教共同体は,現実の国家的枠組を超越する［序-4］。また,先述のように,ムスリムにとって自・他の区別の第一の基準は,ムスリムかハルビーかであり,ハルビーは「啓典の民」(ムスリムと同じ神を信仰するユダヤ教徒やキリスト教徒)と「偶像崇拝者」(ヒンドゥー教徒や仏教徒)とに区別される。

　「国際社会」において,その構成単位である諸国家間の関係は,均質で対等な関係である。しかし「イスラームの館」と「戦争の館」の関係は,これとは明らかに異なって,価値的に優劣を伴った宗教共同体間の関係,すなわち価値優位にあるムスリムの共同体と価値劣位にある異教徒の共同体との関係なのである。そこから,ムスリム側の一方的な行為規範に基づく「ジハード」すなわち「戦争の館」を「イスラームの館」へ取り込んでゆく不断の努力がムスリムの神聖な使命として導かれるのである。

　現実には,8世紀後半までは「イスラームの館」の統一性はサラセン帝国によって体現されてきたが,その後,「イスラームの館」は政治的な分裂を繰り返し,諸王朝,諸国家の併存が実態となった。しかし,このような諸国家の併

■序-4　イスラームの世界観

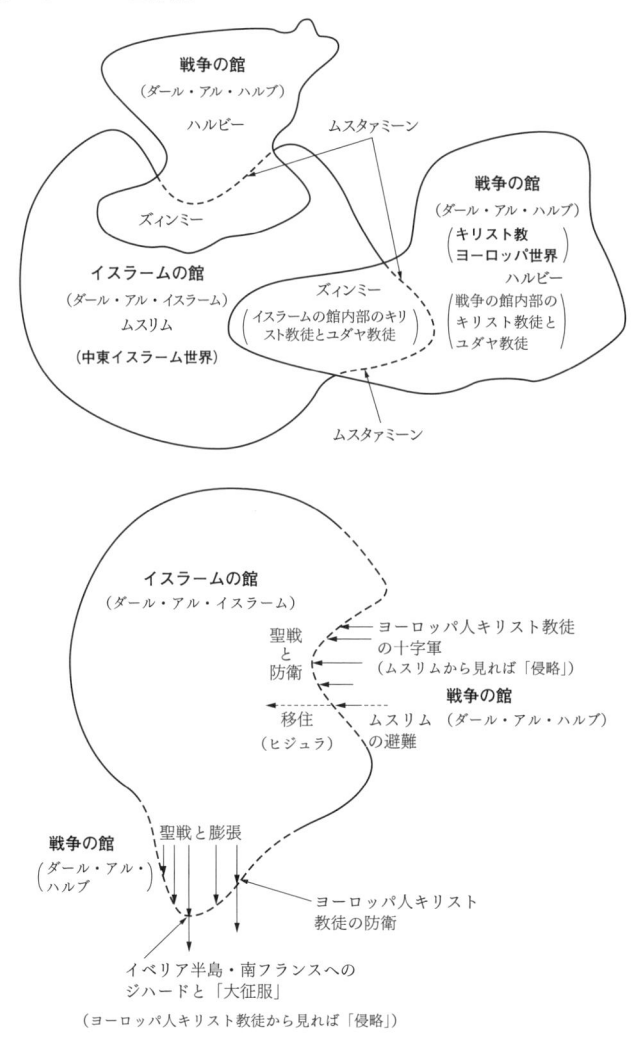

戦争の館
（ダール・アル・ハルブ）
ハルビー
ムスタァミーン

ズィンミー

イスラームの館
（ダール・アル・イスラーム）
ムスリム
（中東イスラーム世界）

ズィンミー
（イスラームの館内部のキリスト教徒とユダヤ教徒）

ムスタァミーン

戦争の館
（ダール・アル・ハルブ）
(キリスト教ヨーロッパ世界)
ハルビー
戦争の館内部のキリスト教徒とユダヤ教徒

イスラームの館
（ダール・アル・イスラーム）

聖戦と防衛

ヨーロッパ人キリスト教徒の十字軍
（ムスリムから見れば「侵略」）

移住（ヒジュラ）
ムスリムの避難

戦争の館
（ダール・アル・ハルブ）

戦争の館
（ダール・アル・ハルブ）

聖戦と膨張

ヨーロッパ人キリスト教徒の防衛

イベリア半島・南フランスへのジハードと「大征服」
（ヨーロッパ人キリスト教徒から見れば「侵略」）

出所）山内昌之『民族と国家』岩波新書，1993年，55, 59頁。

存状況がイスラーム法の中に基礎づけられたことはなかった。例えば，ムスリム諸国の国内法制において，人間の基本的カテゴリーは「ムスリム」と「非ムスリム」であって，「自国民」と「外国人」ではない。

しかしながら，19世紀以降，西欧列強による植民地支配やオスマン帝国分割が進行する中で，西欧近代に倣って「主権国家」あるいは「国民国家」の形成を目指すムスリム諸社会が現れ，伝統的な統合と共存の観念が失われていく側面が顕著に見られた［序-5］。20世紀は「民族と国家の時代」であったと言われるように，この世紀における「ナショナリズム」の拡大と浸透力は，伝統的なムスリムの世界観を突き抜けるダイナミズムを有した。汎アラブ主義者が嘆くように中東は「国家ナショナリズムが過剰な世界」になってしまった。このような国家形成を含む「西欧化」や「近代化」への対抗原理として，「イスラーム（原理）主義」の台頭も見られたのである。

東アジアの世界秩序観　東アジアにも，20世紀初頭に至るまで，「西欧国際体系」とはまったく異なった世界観あるいは秩序観が存在した。現実にこの秩序を担っていたのは，すでに欧米列強による分割と半植民地化の対象とされていた清朝の中国であった。

この東アジアの伝統的秩序は，皇帝の「徳」が絶対至高のものであることを前提とし，この徳に伴う威光が四囲（東夷，南蛮，西戎，北狄）に及び，そこに「招撫・朝貢」，「羈縻・冊封」等の関係が，すなわち中華皇帝と諸種族との同心円的な支配・従属の関係が築かれているとする。「華夷秩序」とも称されるこの統治関係は，図［序-6］のように概念化される。「地方」は中央から派遣される官吏によって直接統治される領域，その外側は少数民族の指導者を「土司・土官」として任命する間接統治の領域，「藩部」は理藩院が管轄するいわば植民地，その外側の「朝貢」関係は，朝貢国が皇帝に朝貢使を派遣して恭順の意を表明し，これに対して皇帝は朝貢国を認知して安全を保障する関係である。最外周には，「互市」と呼ばれる実質的には相互的な貿易関係が存在した。皇帝の徳治は絶対であるから，これに従わないという仮定は存在せず，「内」と「外」の区別がなく，欧米の諸国が「互市」関係に参入する余地を有していた。すなわち，この秩序体系は西洋の国際体系をも原理的には内に包摂するのである。

序　章　20世紀と国際政治　13

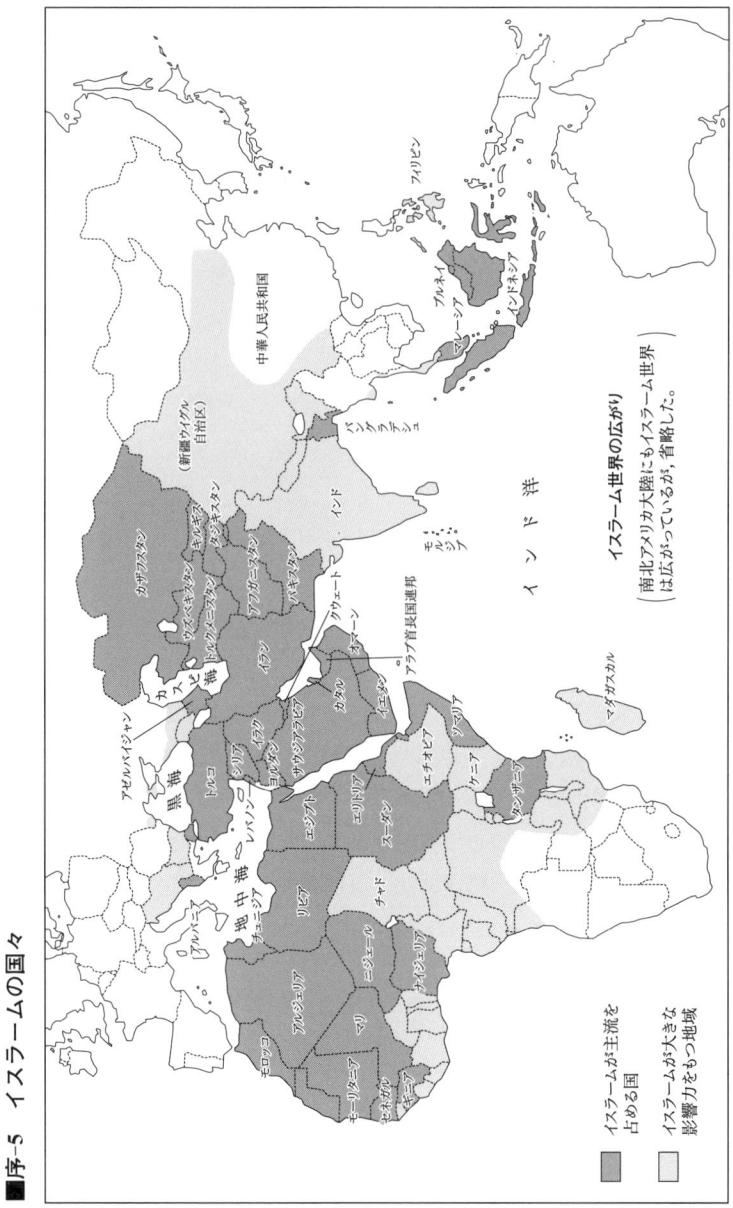

■序-5　イスラームの国々

イスラーム世界の広がり
（南北アメリカ大陸にもイスラーム世界は広がっているが、省略した。）

■ イスラームが主流を占める国
□ イスラームが大きな影響力をもつ地域

出所）板垣雄三編『「対テロ戦争」とイスラム世界』岩波新書、2002年、xx頁。

皇帝と統治対象との関係はもちろん対等・均質な主体間の関係ではなく，支配と従属の関係である。そこにはもちろん主権や国際法の観念は存在しない。また，皇帝の統治対象となる諸種族間相互の関係の観念も欠如しているのが特徴である。ただし，実態は，中国周辺に衛星的な小中華圏が存在し，それらが相互に連結されて複合的な地域関係を形成していた。また，第二次世界大戦中の大日本帝国による「大東亜共栄圏」のように，これに倣った疑似的な秩序構想が立ち現れることもあった［4-8を参照］。

　このような秩序観は，すでに19世紀には実態と乖離し始めていたが，現実には，目的に応じた柔軟な統治システムとして機能し続けた。たとえば，アヘン戦争後に結ばれた南京条約は，香港島を与えることによって夷狄（この場合はイギリス）を懐柔し，問題を地方的に処理することを通して中華皇帝の影響力を拡大した政策であると解釈されたと言われる。

　いずれにしても，20世紀初頭に至るまで，ヨーロッパなど一部の地域を除いて，地球上の広大な地域が「国際社会（西欧国際体系）」とは原理的に異なった秩序あるいは秩序観の下に存在した事実を忘れてはならない。19世紀の後半から20世紀にかけて，欧米列強は非ヨーロッパ世界への拡張を続け，「西欧国際体系」とは異なった秩序と出会うことになった。欧米列強は，自らを文明国とする価値観に従って，異質な秩序の下にある世界を「半文明国」あるいは「無主地」と概念規定し，これを当然のように支配の対象とみなした。次いで，2つの世界大戦を経て，欧米列強の周辺部に植民地として組み込まれていた地域に民族主義が台頭し，支配されていた諸民族は長い反植民地運動の末に相次いで独立を達成し，民族自決の原理に従って主権国家を形成し「国際社会」に参入した。「国際社会」の主体となるには，宗主国に倣って主権国家を形成する以外に選択肢はなかったからである。こうして「西欧国際体系」が拡大を続け，20世紀に「国際社会」が世界秩序となったのである。

　しかし，非ヨーロッパ世界が次々に欧米諸国に倣って主権国家を形成していったにもかかわらず，それ以前に数百年（東アジアの華夷秩序に至っては数千年）にわたって存続していた世界観・秩序観がすっかり消失することはなかった。20世紀の後半には経済のグローバル化が進行し，これに伴って異文化間の接触や交流が急速に進展したが，この世界で生じる交流や紛争を理解するに

■序-6　東アジア世界の秩序

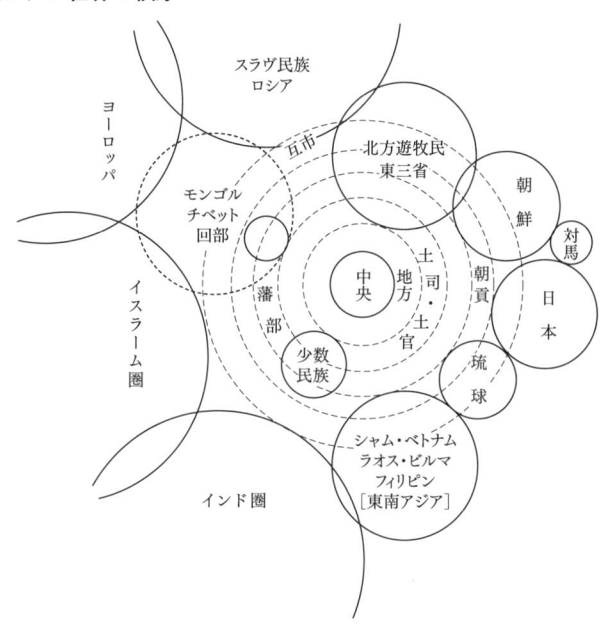

スラヴ民族
ロシア
ヨーロッパ
互市
北方遊牧民
東三省
朝鮮
モンゴル
チベット
回部
対馬
土司・土官
地方
中央
朝貢
日本
イスラーム圏
藩部
少数民族
琉球
シャム・ベトナム
ラオス・ビルマ
フィリピン
［東南アジア］
インド圏

出所）有賀貞他編『講座国際政治 1　国際政治の理論』東京大学出版会，1989年，61頁。

は，非ヨーロッパ世界の多くの人々にとって「国際社会」体験は100年に満たないことに留意する必要がある。「国際社会」において，諸国家間の相互依存や非国家的行為主体の登場，あるいはEU（ヨーロッパ連合）をはじめとする地域統合の進展に伴って主権国家の有意性が問われ，世界の秩序における主権国家の相対化が表れてきた今日，「国際社会」に代わって伝統的な秩序観が頭をもたげてくる可能性をなしとしえないのである。

2　20世紀はどんな時代であったか

1) 20世紀の諸相

　20世紀はどのような時代であったのか。この100年の間に欧米の先進諸国の生活水準は著しい向上を遂げた。これをもたらしたのは工業を中心とした産業の驚異的発達であった。20世紀は「産業の時代」であった［序-7a〜c］。産業の発達の背景には科学技術の進歩とこれに基づく生産力の巨大な発展があった。科学技術それ自体を取り上げてみても，物理学，化学，そして電子工学や生命科学が目覚しい発達を遂げた。100年前にはH・G・ウェルズの卓抜な想像力の産物でしかなかった『宇宙戦争』や『モロー博士の島』が，今や現実となりつつある。20世紀は「科学技術の時代」であった。

　ところで，科学技術や産業の発展は人類すべてに幸福をもたらしたであろうか。21世紀を迎えた今日，なお地球社会には，豊かな富を享受する人々とともに，10億に近い飢餓人口が存在する。工業を中心とした産業の発達は富の著しい偏在を伴ったのである。また，科学技術の発達は，富の生産の効率化をもたらす一方で，破壊力・殺傷力の恐るべき向上をもたらし，後述のように戦争の姿を一変させた。

　かつて，筆者は「現代とはどういう時代か」と自問し，「植民地主義や人種主義に象徴される"西洋近代の負の側面の克服"にこそ"現代"の世界史的意義がある」と考えた。「西洋近代」は，資本主義，国民国家（主権国家），人権（ならびにそれを保障する政治制度としての民主主義）という3つの要素に収斂させることができる。この3要素はそれぞれに，あるいは相俟って，人類史における「進歩」を象徴した。20世紀には，この3要素にかかわって社会主義や

■序-7a 世界の製造業生産高 (1830〜1980年)

(1900年を100とする)

年	総生産高	年成長率
1830	34.1	(0.8)
1860	41.8	0.7
1880	59.4	1.8
1900	100.0	2.6
1913	172.4	4.3
1928	250.8	2.5
1938	311.4	2.2
1953	567.7	4.1
1963	950.1	5.3
1973	1,730.6	6.2
1980	3,041.6	2.4

出所) P・ケネディ『大国の興亡』下, 鈴木主税訳, 草思社, 1988年, 209頁。

■序-7b ヨーロッパの大国の1人当たり国民総生産 (1830〜90年)

(1960年のアメリカ・ドルに換算)

	1830	1840	1850	1860	1870	1880	1890
イギリス	346	394	458	558	628	680	785
イタリア	265	270	277	301	312	311	311
フランス	264	302	333	365	437	464	515
ドイツ	245	267	308	354	426	443	537
ハプスブルク帝国	250	266	283	288	305	315	361
ロシア	170	170	175	178	250	224	182

出所) 同上, 上, 265頁。

■序-7c 人口, 1人当たり国民総生産, 国民総生産 (1980年)

	人口 (100万人)	1人当たり国民総生産 (ドル)	国民総生産 (10億ドル)
アメリカ	228	11,360	2,590
ソ連	265	4,550	1,205
日本	117	9,890	1,157
EEC加盟12カ国	317	−	2,907
西ドイツ	61	13,590	828
フランス	54	11,730	633
イギリス	56	7,920	443
イタリア	57	6,480	369
東西ドイツ	78	−	950
中国	980	290または450	284または441

出所) 同上, 下, 239頁。

民族主義や民主主義が多くの人々の夢を託す運動として展開されたが，はたして20世紀は「西洋近代の負の側面の克服」に成功したと言えるだろうか。

1830年代に産業革命がヨーロッパ大陸へ波及するとともに，「資本主義」が急速に発展し，拡大する生産力はそれに見合った市場を必要とした。これが，ヨーロッパにおける「国民国家」の形成と発展に結びつく一方で，植民地主義・帝国主義を生んだ。ヨーロッパ列強の勢力圏拡大の中で，その対象となった地域は植民地・半植民地として主権国家体系に組み込まれた。やがて，2つの世界大戦を経て，「帝国」が解体され，そこに多数の「国民国家（主権国家）」が誕生したのである。この過程を突き動かしたのが民族主義と民主主義にほかならない。

資本主義は，20世紀を通じてますます生産力を高めたが，同時にそれぞれの国内で，またグローバルなレベルで，極端な富の偏在と貧富の格差を生み出した［序-8a, b］。社会的な不公正が資本主義の発展の負の側面であると認識された。「社会主義」は，社会経済体制の根本的な変革，すなわち生産手段の社会的（国家的）所有と国家の統制の下での計画的生産と富の分配によって，資本主義の負の側面を取り除き，社会の構成員の福祉あるいは社会的公正を実現しようという原理であった。社会主義の実現の夢を担ったのは，1917年のロシア革命によって登場したソ連であった。20世紀の後半には，資本主義も，その円滑な発展を保障するとともにひずみを是正し，社会の構成員の福祉を実現するために，国家の役割に大きく依存することになった。介入主義国家の時代の到来である。20世紀は，その意味で「狭義の国家（国家権力）の時代」でもあった。

ロシア革命の年に生まれた歴史家ホブズボームは，1914年（第一次世界大戦勃発の年）に始まり1991年の「社会主義の崩壊」をもって終焉を迎えた「短い20世紀」を，「破局の時代」，「黄金時代」，「危機の新しい時代」という3つの時期から成る「極端な時代（Age of Extremes）」と性格づけた[3]。この「短い20世紀」は，「資本主義」と「社会主義」という互いに相容れない選択肢の「二元論的な対立」の時代でもあった。その第一局面である「破局の時代」は，

3）エリック・ホブズボーム『20世紀の歴史——極端な時代』上・下，河合秀和訳，三省堂，1996年。

■序-8a　世界の生産高に占める相対的なシェア（1750～1900年）

	1750	1800	1830	1860	1880	1900
ヨーロッパ全体	23.2	28.1	34.2	53.2	61.3	62.0
イギリス（連合王国）	1.9	4.3	9.5	19.9	22.9	18.5
ハプスブルク帝国	2.9	3.2	3.2	4.2	4.4	4.7
フランス	4.0	4.2	5.2	7.9	7.8	6.8
ドイツ諸邦	2.9	3.5	3.5	4.9	8.5	13.2
イタリア諸国	2.4	2.5	2.3	2.5	2.5	2.5
ロシア	5.0	5.6	5.6	7.0	7.6	8.8
アメリカ	0.1	0.8	2.4	7.2	14.7	23.6
日　本	3.8	3.5	2.8	2.6	2.4	2.4
第三世界	73.0	67.7	60.5	36.6	20.9	11.0
中　国	32.8	33.3	29.8	19.7	12.5	6.2
インド／パキスタン	24.5	19.7	17.6	8.6	2.8	1.7

出所）ケネディ『大国の興亡』上，231頁。

■序-8b　世界の総生産高に占めるシェア（1960～80年）

（％）

	1960	1970	1980
開発途上国	11.1	12.3	14.8
日　本	4.5	7.7	9.0
中　国	3.1	3.4	4.5
EEC	26.0	24.7	22.5
アメリカ	25.9	23.0	21.5
その他の先進国	10.1	10.3	9.7
ソ　連	12.5	12.4	11.4
その他の共産圏国家	6.8	6.2	6.1

出所）同上，下，239頁。

2つの世界戦争と2度にわたる地球的な規模での革命の波を引き起こした。革命は「ブルジョア的・資本主義的社会にとって代わる歴史的運命を背負っていると称する体制」を登場させた。

しかし「現実に存在した社会主義」は，独裁政治や硬直した官僚主義と，その下での思想・言論統制と粛清など，しばしば人間性に背反するグロテスクな様相を露呈し，やがて砕け散った。また「破局の時代」は，その鬼子として「20世紀における反革命の最も先鋭な最も戦闘的な形態」[4]であるファシズムを生んだ。それは，国家権力の最も暴力的で悪魔的な側面を表現した。「狭義の国家の時代」におけるその極端な形態が「現実に存在した社会主義」とファシズムの政治体制であった。第二次世界大戦終結の後に「狭義の国家の時代」の光の部分はイギリス型「福祉国家」につながり，やがて世界は「強力な国家」の下で，ホブズボームの言う「黄金時代」を実現することになる。

2) 世界戦争の時代としての20世紀

「国際政治」の世界に目を転じよう。20世紀はまた別の意味で「国家の時代」であった。20世紀初めには約50にすぎなかった主権国家の数は，今日（2010年6月末時点）194を数え，「主権国家体系」が地球を覆うことになった［序-3を参照］。世界は文字通り「国際社会」になったのである。歴史家西川正雄は，「しかし国家の数が増えたということによって，人類は幸せになってきているのか」と問う[5]。じつは，西川が指摘するように，20世紀は2つの世界大戦をはじめ幾多の戦争や国家権力の暴虐によって，「1億人の非業の死」を招いた世紀でもあった［序-9］。スコットランド生まれの歴史学者ファーガソンは，20世紀を「憎悪の時代（Age of Hatred）」と呼んだ[6]。

主権国家間で繰り広げられたパワー・ポリティックスや民族間の対立は，20世紀の前半に2つの世界大戦を招いた。また，世紀後半の世界は「冷戦」に覆われた。「冷戦」もまた一種の「世界戦争」と考えるなら，20世紀は3つの戦

---

4) 丸山真男「ファシズムの諸問題」『現代政治の思想と行動』下，未来社，1957年，272頁。
5) 西川正雄『現代史の読みかた』平凡社，1997年，70-87頁。
6) ニーアル・ファーガソン『憎悪の世紀——なぜ20世紀は世界的殺戮の場となったのか』上・下，仙名紀訳，早川書房，2007年。

■序-9 空爆で灰塵に帰したドレスデン

1945年2月13日から14日の深夜,「エルベ川のフィレンツェ」とうたわれたドレスデンは,連合軍のたった1度の爆撃で灰塵に帰し,25万人の死者を出したと言われる。
出所)『シリーズ20世紀の記憶 第2次世界大戦 欧州戦線 1939-1945』毎日新聞社,1999年,174頁。

争に見舞われた「世界戦争の時代」であった。

　約1,000万人の戦死者を出した第一次世界大戦の衝撃の下で，国際社会は，国策の手段としての戦争を違法化し，すべての国家で構成する国際組織（国際連盟や後の国際連合）に国際社会の安全を委ねる一歩を踏み出した。しかし，皮肉なことに，まず，戦争一般が違法とされると，実際に戦われる戦争は様々なイデオロギーで正当化されるようになった。そして，イデオロギーによって正当化された戦争は戦う手段を選ばなくなった。第一次世界大戦中の科学技術の進歩が生んだ大量殺戮が戦争の常態となり，敵を攻撃する技術の発達が「戦争行為の非人格化」を進めた。「技術は技術の犠牲者を目に見えないものにし，殺したり傷つけたりは，ボタンを押したりレバーを動かしたりすることの遠い結果になってしまった」[7]のである。第二次世界大戦末期には究極兵器としての核兵器が登場した。

　2度目の世界大戦は5,000万人以上の死者を伴って終結した。ファシズムを駆逐し平和を回復した国際社会は，新たな集団安全保障体制である国際連合に平和の保障を託した。しかし，国連憲章の高邁な理念は「冷戦」という冷徹な現実に取って代わられ，古臭い勢力均衡の原理が究極兵器を手段にして復活したのである。アメリカの歴史家ギャディスは，人類史の上で振り返ると，冷戦期は「長い平和」の時代であったかもしれないと言う[8]。しかし，この時代に，「恐怖の均衡」の下で，朝鮮戦争，ベトナム戦争をはじめ数多くの「熱い戦争」が戦われ，さらに数千万の人々が「非業の死」を遂げた。ギャディスのテーゼとはまったく反対に，「世界戦争の時代」としての20世紀は人類史上最も悲惨な100年であったかもしれない［序-10］。

　20世紀も押し詰まって，ようやく冷戦が幕を閉じた。冷戦の象徴であった「ベルリンの壁」が崩れ，冷戦の一方の主役であったソ連邦が崩壊を遂げた。人類は核兵器による第三次世界大戦の恐怖と「イデオロギーの呪縛」から解放された。しかし，この「冷戦」の終結も人類に平和をもたらしえてはいない。冷戦後の時代には地域紛争が多発し，大国アメリカを事実上一方の当事者とす

7）ホブズボーム『20世紀の歴史』上，74-75頁。
8）ジョン・ルイス・ギャディス『ロング・ピース――冷戦史の証言「核・緊張・平和」』五味俊樹他訳，芦書房，2002年。

■序-10　第二次世界大戦後の戦争と地域紛争

第二次世界大戦後の戦争の発生地域・件数・犠牲者（1945～89年）

	件数	死者数
中南米	23	668,000
ヨーロッパ	4	176,000
中東	18	1,613,000
アジア	46	13,748,000
アフリカ	36	5,604,000
計	127	21,809,000

第二次世界大戦後の地域戦争のタイプと外国の介入（1945～76年）

		外国の介入		
		あり	なし	計
(a)	国内反体制戦争	56	17	73
(b)	国内部族間戦争	12	17	29
(c)	国境間戦争	6	12	18
	計	74	46	120

注）右表で，(a)国内反体制戦争とは，一国の領域内で政府の転覆を目指して戦われる戦闘を，(b)国内部族間戦争とは，一国内で，部族，エスニック・グループ，宗教グループなどが，分離・独立，自治権拡大などを目指して戦闘状態に入っているものを，(c)国境間戦争とは，国と国との間の戦争を指す。また外国の介入とは，一国の武力集団が，他国や他地域での戦闘行為に積極的に加担している場合であり，単なる武器援助・顧問団の派遣などは含まない。
出所）杉江栄一・樅木貞雄編著『国際関係資料集』法律文化社，1997年，100頁。

る湾岸戦争，アフガニスタン戦争，イラク戦争が相次いで戦われた。地域紛争に対して「人道」や「民主主義」を大義名分とする大国の武力介入も相次いだ。第二次世界大戦後に打ち立てられた国連を中心とする国際秩序原理（国家主権平等原則，武力行使禁止原則，集団安全保障原則）が，その大本から揺るがされているのである。20世紀の課題であった「西洋近代の負の側面の克服」は，21世紀へと先送りされた感がある。

　科学技術と産業の時代，国家と民族の時代，そして世界戦争の時代であった20世紀をあとに，21世紀はどのような時代として展開するのか。以下の諸章において，21世紀につながる課題に留意しながら，20世紀の国際政治を歴史的に考察する。

■**参考文献**

- F・L・シューマン『国際政治』上・下，長井信一訳，東京大学出版会，1973年。
- 山内昌之『民族と国家――イスラム史の視角から』岩波新書，1993年。
- 浜下武志「東アジア国際体系」『講座国際政治1　国際政治の理論』有賀貞他編，東京大学出版会，1989年。
- エリック・ホブズボーム『20世紀の歴史――極端な時代』上・下，河合秀和訳，三省堂，1996年。
- ジェイムズ・ジョル『ヨーロッパ100年史』1・2，池田清訳，みすず書房，1975，1976年。
- 木畑洋一編『20世紀の戦争とは何であったか』大月書店，2004年。

第Ⅰ部

2つの世界大戦の時代

第1章　帝国主義の時代と第一次世界大戦

1　帝国主義の時代

1)「帝国主義」とは

　19世紀後半に始まる一時代［1-1］は「帝国主義の時代」と呼ばれる。「帝国主義」とは，「帝国」の建設や拡大を目指す政策や運動あるいはイデオロギーを言う。そして，最も一般的な意味で「帝国」とは，内に多様な民族集団などを含む広大な支配領域を指す。その意味では，「帝国」も「帝国主義」も，古代から現代に至る世界史の様々な時期に現れた。ローマ帝国，モンゴル帝国，オスマン帝国などはいずれもその事例にほかならない。

　なぜ多くの時代に「帝国主義」が現れるのか。経済学者シュムペーターは，帝国主義の根源的な要因を，戦争と征服を生み出す人間の慢性的傾向に求めた。それは，人間が絶滅を避けるために「戦士」に作り変えられた時期の死活的な経験から生じたのだという。そして，人間の中の戦争と征服への傾向が帝国主義の形をとって現れるには，二次的要因として，支配階級の国内政治上の利害関係と，戦争によって経済的・社会的利益を受ける人たちの影響力の存在があるとされる[1]。

　19世紀の後半には，イギリス，フランス，ドイツ，アメリカ，日本など諸国が，いっせいに植民地や勢力圏の拡大を競い，世界を分割し，それぞれの「帝国」の建設に邁進した。この時代が「帝国主義の時代」と呼ばれる理由である。なぜ，この時代は「帝国主義の時代」となったのか。シュムペーターに

---

1) J・A・シュンペーター『帝国主義と社会階級』都留重人訳，岩波書店，1956年，114-15頁。

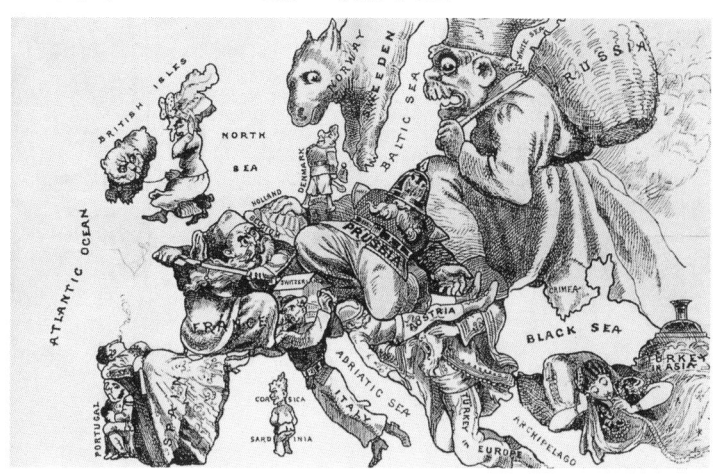

■ 1-1　19 世紀末のヨーロッパを描いた風刺的地図

イギリスは，言うことを聞かないアイルランドの手綱をいらだたしげに引っ張り，スペインはポルトガルに背をもたせかけている。片手をオランダの上におき，オーストリアの上に膝をつく満腹したプロイセンに，フランスは今にも一太刀浴びせる体勢である。プロイセンは，フランスがコルシカ・サルディニアに手出しをしても，イタリアの脅威にはまったく無関心だった。スウェーデンは飛びかかる機会をうかがい，ロシアは飢えている。アジア側のオスマン帝国だけは水パイプをくゆらせながら，まどろんでいた。

出所）F・ドルーシュ編『ヨーロッパの歴史』木村尚三郎監修，花上克己訳，東京書籍，1995 年，295 頁。

よれば，資本主義は本質的に平和的性格を持つのだが，暴力による外国征服から利益を得る権益集団が各国に現れ，これが19世紀後半における帝国主義の要因となったのである。イギリスの思想家ホブソンとロシアの革命家レーニンも，帝国主義の要因を，もっぱらこの時代の資本主義経済に求めた[2]。ホブソンは，資本主義経済の発展に伴って生じる過剰な生産力と過剰な資本に注目し，過剰資本の国外への投下の欲求を軸とする経済的要因を帝国主義の理由と認めた。レーニンは，資本主義における自由競争の必然的結果として生じる独占資本主義と，独占資本に政治権力を支配された列強間の抗争として，帝国主義を論じた。シュムペーターも，独占資本主義の下での大銀行とカルテルの融合が，利潤獲得のために植民地や保護領など排他的な支配権を求める強力で有力な社会集団を生み出したと説く。

　帝国主義の要因については多くの議論があり，したがって「帝国主義」の定義にも定説を見出すことが難しいが，ここでは，差し当たり近代の帝国主義とは「資本主義国家が，その歴史のある段階で，それぞれの国民国家のまわりに，その本来の国境を越えた広域支配権を確立しようとした動き」[3]と定義した上で，19世紀後半の世界でどのような経済的，政治的事実が展開したかを概観しよう。

2）経済発展・政治変革と列強の対外膨張

　19世紀の最後の四半世紀に，列強による植民地獲得（対外侵略）が加速化した。この時期に，アフリカの80％，ポリネシアの42％，アジアの5％が新たに列強の植民地に組み込まれ，世紀末までに世界はほぼ分割されつくした［1-2］。広大な非ヨーロッパ世界は，この過程で欧米列強の植民地という形で「国際社会」に組み入れられたのである。ところが，後述のように列強の植民地領有は，それぞれの国の工業生産力に比べると不均等であった。不均等な植民地領有は，領土の再分割への動きを誘った。すでに国力が衰えていたスペインやオランダの植民地がまず再分割の対象になった。19世紀から20世紀への

2）J・A・ホブソン『帝国主義論』石澤新二訳，改造社，1930年。レーニン『資本主義の最高の段階としての帝国主義』宇高基輔訳，岩波文庫，1956年。
3）山口定『現代ヨーロッパ政治史』上，福村出版，1982年，28頁。

■ 1-2 アフリカの分割（1914年）

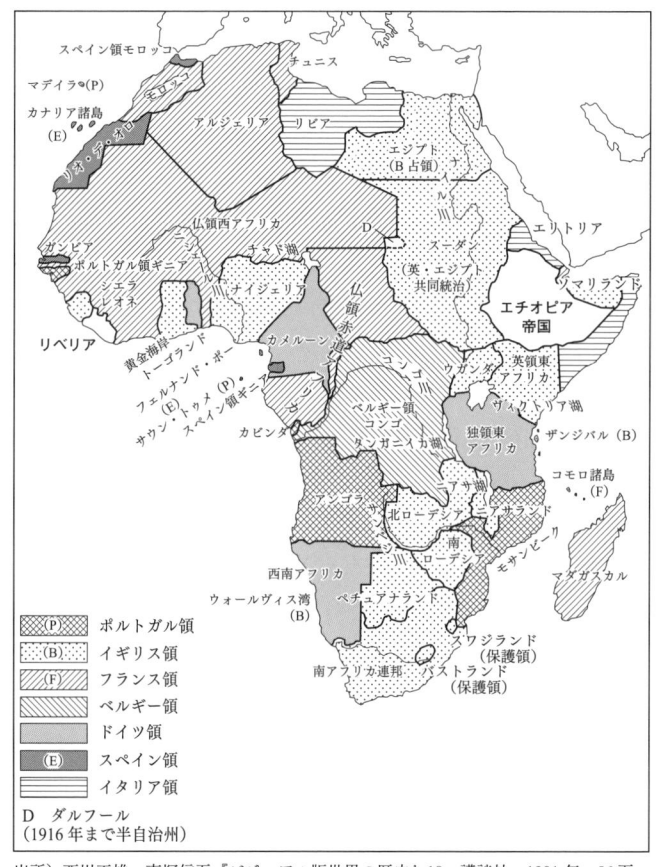

出所）西川正雄・南塚信吾『ビジュアル版世界の歴史』18，講談社，1991年，56頁。

世紀の変わり目に起きたボーア戦争（南アフリカ戦争）とアメリカ・スペイン戦争（米西戦争）は，植民地再分割戦争の最初の事例であった。また，19世紀の半ば以来，中央の政治権力が統括力を失いつつあった中国やオスマン帝国が列強の分割の対象にされた。さらにその先には，工業生産力にふさわしい植民地を求める後発の帝国主義諸国による先発の帝国主義諸国への挑戦が待っていた。

　このような帝国主義の時代の展開の背景には，各国における次のような経済的，政治的変化が存在した。

　まず経済的事実を見よう。1830年代に産業革命がイギリスからヨーロッパ大陸に波及して以降，ヨーロッパ諸国を中心とする世界の工業生産力は，およそ20年ごとに2倍ずつの成長を遂げた。低い生産力段階での倍増は驚くに当たらないが，19世紀後半になっても，第一次世界大戦前夜に至るまで同じ勢いの成長が続いた。1873年にはイギリスをはじめ欧米諸国は「大不況」に見舞われ，回復には20年以上を要したが，その下でなお工業生産力は，各国間あるいは産業部門間の不均衡を伴いながら，拡大を続けた［1-3］。

　不況の中での成長を可能にしたのが，「第二次産業革命」と生産の集積・集中であった。鉄と石炭の産業革命に対して，「第二次産業革命」は電気と石油，ガスをエネルギーに化学工業や金属鉱業を中心に展開した。不況の中での競争は，絶えざる技術革新と経営の合理化を必要とし，特に後発の資本主義国において資本や生産の集積・集中を推し進めた。これは，ドイツにおけるカルテル，アメリカにおけるトラストなど独占体の形成につながった。

　このような経済的発展と並んで，全世界にわたって重要な政治的変革と変動が生じた。第一は，各地における民族国家の形成や民主主義的・自由主義的改革である。イタリアやドイツの統一，日本の明治維新，あるいはオーストリア・ハンガリー帝国の形成，アメリカの南北戦争，ロシアの農奴解放は，いわゆる後発の諸国における資本主義的発展の国家的枠組や商品市場・労働市場を作り出した。フランス第三共和政の成立やイギリスの第二次選挙法改正を含めて，これらは「ブルジョア的変革の最後の波」とも言うべき政治的変革であった。一方，欧米列強の対外膨張に対して，インド，中国，アルジェリアやバルカン半島では，植民地主義に対する民族的抵抗も高まった。

■ 1-3　工業生産の拡大（1820〜1913年）

（1913年＝100とした時の指数）

年　度	1820	1840	1860	1880	1900	1913
指　数	2	5	13	27	59	100

出所）J・クチンスキー『世界経済史』加藤長雄・二見昭訳，有斐閣，1955年，54頁より作成。

■ 1-4　工業生産に占める各国の割合（1820〜1913年）

（単位：％）

	イギリス	フランス	ドイツ	アメリカ	ロシア	その他
1820	50	20	8	10		
1840	45	13	12	11		
1860	36	12	16	17	4	15
1880	28	11	13	28	3	19
1900	18	9	16	31	6	22
1913	14	6	16	36	6	22

出所）同上，30頁より作成。

■ 1-5　各国の植民地領有

（単位：100万km^2，100万人）

	本国		植民地			
	1914		1876		1914	
	面積	人口	面積	人口	面積	人口
イギリス	0.3	46.5	22.5	251.9	33.5	393.5
フランス	0.5	39.6	0.9	6.0	10.6	55.5
ロシア	5.4	136.2	17.0	15.9	17.4	33.2
ドイツ	0.5	64.9	—	—	2.9	12.3
イタリア	0.3	35.2	—	—	1.5	1.4
ベルギー	0.03	7.5	—	—	2.4	15.0
アメリカ	9.4	97.0	—	—	0.3	9.7
日本	0.4	53.0	—	—	0.3	19.2

出所）『レーニン全集』22，大月書店，1963年，298頁。

第二に，ヨーロッパやアメリカなど資本主義の発展が独占資本主義に結びついた国々では，これに伴って経済構造とともに政治構造にも変化が生まれた。「経済権力」を握った独占資本が「政治権力」を直接支配するようになったのである。ちょうど世紀の変わり目に，イギリスではソールズベリー内閣が大資本と大地主の政党の内閣として登場し，アメリカではマッキンリー大統領の時代に独占資本が国家権力を牛耳るようになった。ドイツではプロシアの大地主（ユンカー）のヘゲモニーのもとにドイツ帝国が世界強国を目指すことになった。このような国々では，国家権力が大資本や大地主の意を体して，社会・経済過程に積極的に関与するようになった。いわゆる自由放任主義・夜警国家との決別と「介入主義国家」化である。

3) 帝国主義の経済的・政治的要因

強力な国家権力の役割を伴って急速な経済発展を進めた諸国は，拡大する生産力に見合った市場や，継続的で安定した原料・資源の供給を海外の植民地に求めた。「大不況」の中で，独占資本に支配された各国の経済は，引き続く生産の拡大と帝国主義の保証付きの海外市場を求めたのである。本国政府の政治支配が及ぶ植民地は，原料や資源の独占を可能にし，国内で過剰になった資本の安全な投資先でもあった。

工業生産力の急成長は，各国間，産業部門間の不均等な発展を特徴としながら持続した。イギリスは19世紀の中頃までは世界の工業生産の約半分を占め，「世界の工場」の地位を享受していた。しかし，20世紀初頭にはアメリカとドイツに追い抜かれ，世界の工業生産に占める割合は，アメリカ36％，ドイツ16％に対してイギリスは14％に落ち込んだ［1-4］。したがって，生産力に見合った海外市場や原料・資源の必要性は，後発の工業国ほど深刻であった［1-5］。

各国における介入主義国家化のもうひとつの背景は，労働運動・社会主義運動の高揚を伴った階級対立の激化であった。19世紀の半ば頃から，イギリスをはじめヨーロッパ先進国では資本主義経済の急速な発達とともに中・上流階級と労働者階級の分裂が進み，「1つの国の中の2つの国民」という警句が唱えられた。労働者階級の貧困は社会問題・労働問題を表面化させ，資本家の政

■ 1-6 白人の重荷 (J・R・キップリング, 1899年)

白人の重荷をせおえ
お前たちの生んだ最上の子らを送れ
お前たちの捕えた人々の求めに奉仕するために
お前たちの子らに流離のなげきを味わわしめよ
そうぞうしい羊の群れ
狂暴で, 半ば悪魔のような, 半ばこどものような
強情な新帰属の民に仕えて
重い車を引かしめよ。

(中山治一編『世界の歴史 13　帝国主義の時代』中央公論社, 1961年, 183-84頁)

■ 1-7 ジンゴ・ソングの一例

バイ, ジンゴ！
戦争野郎(ウォー・ドッグ)が野放しだ。流血, 強奪専門の,
毛むくじゃらの熊公(ロシア)がねぐらから這い出てきた。
くじけそうになる時もあるけど, 絶対に気を抜かないぞ！
野蛮な奴らは「古臭いゲーム」に夢中。
英国(ライオン)は, 奴らになんとか弁解させて,
ねぐらに戻してやろうと必死だったのに,
何をやっても奴らにゃ無駄だ。
獲物を求め, 血が出りゃ大はしゃぎ。
奴らの罪がすべて奴らのドタマにはね返るよう,
祈ろうじゃないか。

俺たちゃ, 戦うのはいやだけど,
バイ, ジンゴ！　やるとなれば,
俺たちには, 船もある, 兵士もいる, 金もある。
少し前にも熊公とやりあったこともある。
俺たちゃ, ほんとの英国人(ブリトン)。
ロシア野郎にコンスタンチノープルを渡してなるものか！

(井野瀬久美恵『大英帝国はミュージック・ホールから』朝日新聞社, 1990年, 203-04頁)

府といえどもこれを無視することができなくなり，各国で経済的弱者救済のための経済政策や社会政策が少しずつ導入されるようになった。そして，この経済政策や社会政策に必要な資源を獲得する政策として，帝国主義の必要性が公然と説かれた。イギリスのケープ植民地総督であったセシル・ローズは，「帝国とは胃の腑の問題」であり，「諸君が内乱を欲しないならば，帝国主義者にならなければならない」と議会で演説した。イギリスの作家キップリングは，植民地経営を「白人が背負うべき重荷（White Men's Burden）」とうたい，「野蛮」に対する「文明」の支配は「天命」であると主張した [1-6]。

19世紀半ばのロンドンをはじめイギリスの主要都市に，大衆の娯楽施設として「ミュージック・ホール」が生まれた。そこでは毎夜，仕事を終えた労働者たちが，気ままに酒を飲みながら歌や曲芸，手品など雑多な演し物に興じた。この娯楽空間で最も人気を集めたのは，ジンゴ・ソングと呼ばれた盲目的愛国主義の賛歌であった。人々は，「バイ・ジンゴ！」の掛け声をはさみながら，「ロシア野郎にコンスタンチノープル渡してなるものか！」と合唱した [1-7]。政府が，分裂しつつある国民の再統合の手段としたのが，ナショナリズムであった。イギリスのミュージック・ホールに響いたジンゴイズムをはじめ，各国で排他性を伴ったナショナリズムが鼓吹され，これが帝国主義の国民的基盤を担うことになった。

以上のように，19世紀後半に帝国主義が台頭した要因は，資本主義経済の急速な発展を抜きに語ることはできない。しかし，その要因をもっぱら経済に求めることも妥当ではない。帝国主義を語る時，資本主義経済の急成長とともに，その中で生じた政治的，社会的，イデオロギー的要因を欠落させてはならない [1-8]。

2　第一次世界大戦と各国の戦争目的

1)　帝国主義と第一次世界大戦の原因

植民地の獲得や領土分割をめぐる列強の争いは，20世紀に入ると，ヨーロッパにおける覇権をめぐる新たな要因が絡みながら，列強間のパワー・ポリティックスの激化と合従連衡の展開へとつながった。それはやがて，独，墺，

■ 1-8　帝国主義の諸要因

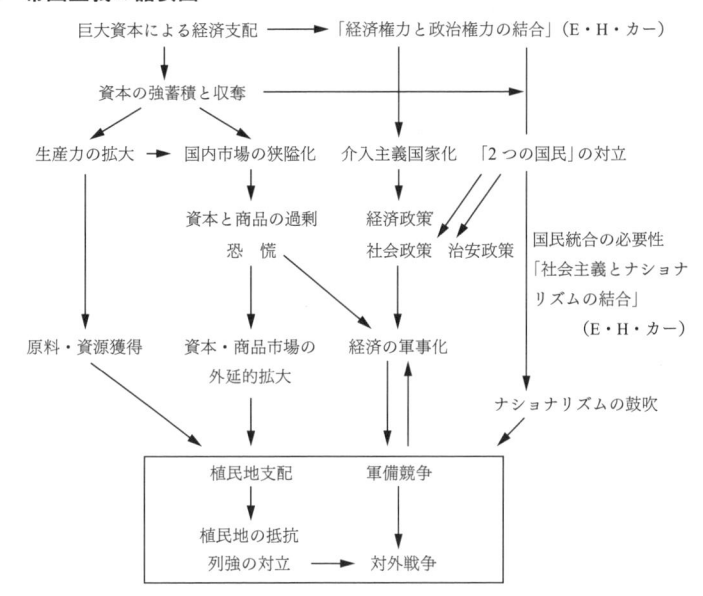

巨大資本による経済支配 ──→ 「経済権力と政治権力の結合」（E・H・カー）
　　　　　↓
　　資本の強蓄積と収奪 ──────────→
　　↓　　　↓　　　　　　　↓　　　　　↓
生産力の拡大 → 国内市場の狭隘化　介入主義国家化　「2つの国民」の対立
　　　　　　　　↓　　　　　　　↓
　　　　　資本と商品の過剰　　経済政策　　　　　国民統合の必要性
　　　　　　恐　慌　　　　　　社会政策　治安政策　「社会主義とナショナ
　　　　　　　　　　　　　　　　　　　　　　　　　リズムの結合」
　　　　　　　　　　　　　　　　　　　　　　　　　　（E・H・カー）
　↓　　　　　↓　　　　　　　↓
原料・資源獲得　資本・商品市場の　経済の軍事化
　　　　　　　　外延的拡大　　　　　　　　　　ナショナリズムの鼓吹

┌─────────────────────────────┐
│　　　植民地支配　　軍備競争　　　　　　　　　│
│　　　　↓　　　　　　↑↓　　　　　　　　　　│
│　　植民地の抵抗　　　　　　　　　　　　　　　│
│　　列強の対立 ──→ 対外戦争　　　　　　　　│
└─────────────────────────────┘

伊の「三国同盟」と英，仏，露の「三国協商」という2つの軍事同盟の対立へと収斂した。各国に軍国主義が台頭し，1908年以降，列強間に激しい軍備拡張競争が繰り広げられた。他方で，各国の支配層は，それぞれに抱えていた国内問題への危機感を募らせ，排外的なナショナリズムを煽りながら国民の統合を図り，社会主義勢力や反戦勢力を抑圧しながら戦争の体制を作り上げた。

　三国同盟と三国協商を構成する諸国間の利害対立は全世界におよび，戦争の発端となりうる火種はあちこちに存在した。実際の発火点は「ヨーロッパの火薬庫」と呼ばれていたバルカン半島であった。この地域は，長い間，オスマン帝国領であったが，19世紀半ばから，オーストリア・ハンガリー帝国とロシア帝国が，地域の分離主義運動を煽りながら勢力圏の拡張を進めた [1-9]。サライェヴォは1908年にオーストリア・ハンガリー帝国が併合したボスニア・ヘルツェゴヴィナの中心都市であった。1914年6月28日，この地を訪問したハプスブルク王朝の皇位継承者フェルディナンド大公夫妻が，併合に反対するセルビア系の青年によって暗殺された [1-10]。7月28日，オーストリア・ハンガリー帝国は，この事件を理由にセルビアに宣戦を布告した。7月30日，セルビアを後押ししていたロシアが総動員令を発し，8月1日，これに対抗してドイツがロシアに宣戦を布告，4日にはイギリス，フランスがドイツに対して戦端を開いた。こうして第一次世界大戦が始まった。

　戦争開始に当たってイギリス政府は，ドイツによる中立国ベルギーの侵略を非難し，この戦争は「小国の自立のための戦争」であり「ドイツの専制支配から世界の自由を守る」ための戦争であると声明した。戦争の正当性を問う反戦勢力に対しては，これは「戦争を終わらせるための戦争」であるという抗弁がなされた。はたしてこの戦争は，協商国側に正当性を認めうる性格のものであっただろうか。

　戦争の性格を判断するには，戦争当事者の声明のみではなく，参戦国の戦争目的の実態や，戦争終結の形あるいは戦後の秩序などを吟味しなければならない。これまでの歴史研究が示すところでは，第一次世界大戦は「双方の側からの帝国主義戦争」，すなわち同盟国，協商国の双方が，それぞれに「帝国の拡張」を目的として戦った戦争であった。以下では，主要な参戦国の実際の戦争目的を吟味しよう。

第1章　帝国主義の時代と第一次世界大戦　39

■ 1-9　大戦前のバルカン半島（1914年）

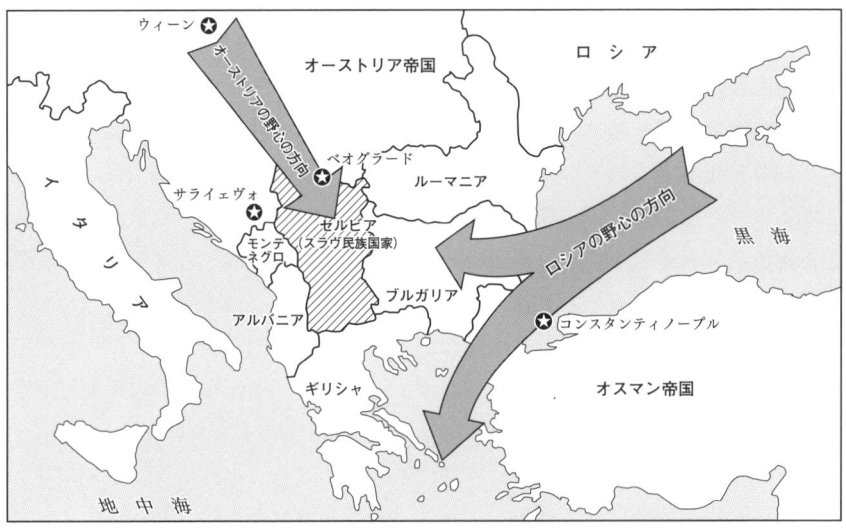

出所）B・キャッチポール『アトラス現代史1　激動の20世紀』辻野功他訳，創元社，1988年，17頁。

■ 1-10　サライェヴォで暗殺される直前のフェルディナンド大公夫妻

出所）E. Hobsbawm, *Age of Extremes : The Short Twentieth Century 1914-1991*, London : Michael Joseph, 1994.

2）列強の戦争目的と第一次世界大戦の性格

ドイツの戦争目的　1961年に出版されたドイツの歴史家フリッツ・フィッシャーの著書『世界強国への道』は，ドイツ指導部（軍部，右翼政党，工業界等）が世界強国（Weltmacht）を目指し，そのために戦争を覚悟してヨーロッパの勢力均衡の崩壊を図ったと論じ，第一次世界大戦の勃発に際して「ドイツが決定的な推進者となった」ことを明らかにした。この著書は以後10年にわたる大論争を呼んだが，第一次世界大戦の戦争責任を一方的にドイツに負わせることは不当であるとしても，ドイツの戦争の意図に関するフィッシャーの主張を覆すことは困難である。

20世紀初めにドイツの工業生産は急成長を続けていたが，ドイツの政治的・軍事的力量は先進諸国に追いつかず，とくに植民地保有の不均等を打開することが課題とされた。1898～1900年に構想された「ティルピッツ計画」は，ドイツ外洋艦隊をイギリス海軍に匹敵する水準に高め，それによってイギリスからドイツ帝国の分け前を獲得しようという政治的目的を伴っていた。これに対するイギリスの反発が三国協商の形成につながったのだが，ドイツは逆にこれを自国に対する「包囲網」とみなした。1912年12月8日に皇帝が召集した軍事会議において，イギリス陸相との会談に当たっていた駐英ドイツ大使は，イギリスはヨーロッパで戦争が勃発した場合にはフランスあるいはセルビアを支持することを明言したと報告した。会議は，これを踏まえてティルピッツ計画に込められた政治目的を再確認した。ただし開戦にかかわる決定は18カ月延期し，陸，海の軍備完了を待つこととされた。翌年からドイツ陸軍の大増強計画が進められた。

サライェヴォ事件の後の「7月危機」において，ドイツ政府はオーストリアに圧力をかけながら，地域をバルカンに限定した外交的勝利を目指すという「計算されたリスク」をもてあそんだ。しかし，やがて手に負えなくなり，増大した軍備を背負って政策決定に大きな力を持つようになった軍部に押し切られ，英，仏，露との戦争に突入することになったのである。

イギリスの「隠された戦争目的」　対独開戦の翌日8月5日に開かれたイギリス帝国防衛委員会の小委員会は，アフリカと太平洋で，ドイツ植民地からイギリス海軍に及ぼされる脅威を除去するための行動を提起し，政府もこれを承

■ 1-11a　フセイン・マクマホン書簡（マクマホンからフセイン宛の書簡，1915年10月24日）〈抜粋〉

　私は英国政府の名の下で次のとおりの保証および貴書簡への返答を与える権限を有しております。すなわち，

(1)　イギリスは一定の修正を加えて，メッカのシャリーフによって要求されている範囲内すべての地域におけるアラブ人の独立を認め，それを支援する用意がある。

(2)　イギリスは外国からのすべての侵略に対して聖地を保全し，その不可侵性を承認する。

(3)　状況が許せば，イギリスはアラブに助言を与え，これらのさまざまな地域におけるもっとも適切と思われる統治形態を設立する援助を行う。

(4)　他方，アラブ側はイギリスだけの助言と指導を仰ぐことを決定し，健全なる統治形態の確立に必要なヨーロッパ人の顧問および官吏はイギリス人であることを承認する。

(5)　バグダードおよびバスラの両州（ウイラーヤ）に関しては，現地住民の福利の促進と相互の経済的利益を保護するために当該地域を外国の侵略から守るべく，イギリスの地位と利益の観点から特別の行政措置を必要としていることをアラブ側は承認する。

（歴史学研究会編『世界史史料10　20世紀の世界Ⅰ』岩波書店，2006年，38頁）

■ 1-11b　バルフォア宣言（バルフォア外相からロスチャイルド卿宛の書簡，1917年11月2日）〈抜粋〉

　私は国王陛下の政府を代表いたしまして，ユダヤ人シオニスト諸氏の大望に共感を示す以下の宣言を，閣議の同意を得て貴下にお伝えすることができて非常に悦ばしく思っております。

　「国王陛下の政府はパレスチナにおいてユダヤ人のための民族的郷土（ナショナルホーム）を設立することを好ましいと考えており，この目的の達成を円滑にするために最善の努力を行うつもりです。また，パレスチナに現存する非ユダヤ人諸コミュニティーの市民および信仰者としての諸権利，ならびに他のあらゆる国でユダヤ人が享受している諸権利および政治的地位が侵害されることは決してなされることはないと明確に理解されています。」

（同上，41頁）

認した．これは，短期的な戦術の問題にとどまらず，アフリカ，および太平洋に存在するドイツ植民地を奪取する方針すなわち戦争目的の決定であった．

さらにイギリスは，フランス，ロシアとともに，同盟国側に参戦したオスマン帝国の領土を分割する方針を定めた．1915年3月18日のコンスタンティノープル協定は，ロシアにコンスタンティノープルと，ボスフォラス，ダーダネルス両海峡，およびオスマン帝国のヨーロッパ部分を与え，残部については英，仏のフリーハンドを認めさせ，フランスはシリア，イギリスはメソポタミアを含む地域と軍港アレクサンドレッタを領有することを取り決めた．このようなオスマン帝国分割の方針は1916年5月のサイクス・ピコ協定に引き継がれ，また戦後のサンレモ会議において，革命の後に戦線を離脱したロシアを除外し，英，仏両国による中東分割を取り決めた［1-12a, b］．この方針は，イギリスの二枚舌政策として知られるフセイン・マクマホン書簡（1915年）およびバルフォア宣言（1917年）にも矛盾する道義にもとる政策であった［1-11a, b］．

アメリカの参戦によって戦局の行方が見えてきた1917年4月，イギリス戦時内閣の講和条件委員会（カーゾン委員会）は，アフリカのドイツ植民地の奪取と，イギリスと日本による南太平洋のドイツ植民地の分割，ならびにパレスチナ，メソポタミアの英帝国への併合とアラビアにおける排他的影響力の獲得を方針とすることを確認した．これは開戦以来のイギリスの「隠された戦争目的」の再確認にほかならなかった．

日本の参戦と戦争目的　1914年8月7日，日本はイギリスより，東シナ海に跳梁するドイツ武装商船を撃破するよう依頼を受けた．これは，日本にとって中国大陸進出を強化する「千載一遇の好機」であった．日本は，日清戦争の勝利（1895年，下関条約）によって朝鮮を清朝から切り離し，遼東半島，台湾，澎湖島を獲得した（ただし，ロシア，ドイツ，フランスの三国干渉により，遼東半島の領有はならなかった）．次いで，日露戦争の戦勝（1905年，ポーツマス条約）によって，朝鮮における優越権を承認させ，南樺太の割譲，旅順・大連の租借権委譲，長春以南の東清鉄道の譲渡を受けた．1910年に朝鮮を併合した日本は，引き続き中国大陸進出の機をうかがっていたのである．

イギリスからの協力要請を受けた加藤高明外相は，「（日英）同盟条約の義務

■ 1-12a　サイクス・ピコ協定（1916年）　■ 1-12b　サンレモ会議（1920年），カイロ会議（1921年）による英仏委任統治の成立

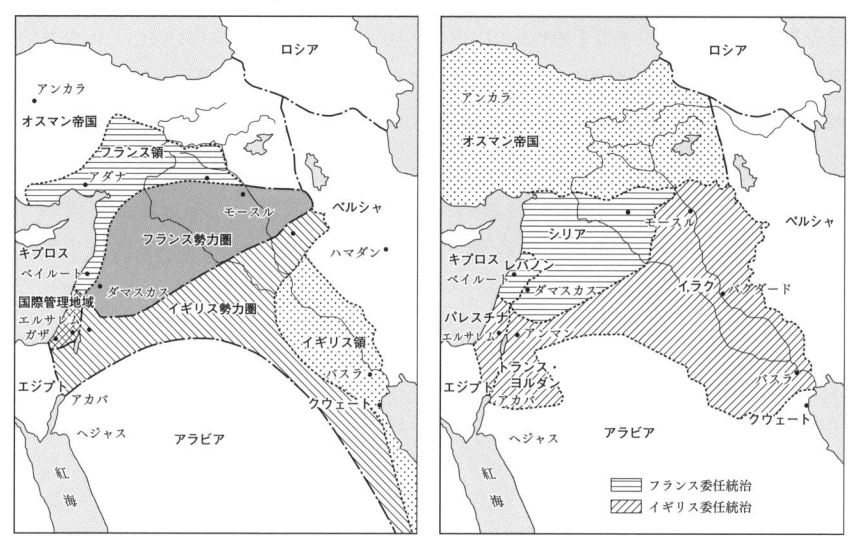

出所）中東の平和をもとめる市民会議編『パレスチナ問題とは何か』未来社，1991年，76-77頁。

によって参戦せねばならぬ立場にはない」が,「英国からの依頼に基づく同盟の情誼」とドイツを追放する利益とに鑑みて参戦するという意思を表明した。8月23日に対独宣戦布告を行った日本は,ただちに中国に向けて軍事行動を起こし,膠州湾のドイツ租借地と山東半島全域を占領するとともに,ドイツ領南洋諸島をも支配下におさめた。日本の参戦目的が中国大陸への侵略拡大にあったことは,中国政府に対して,南満州と東部内蒙古における優越的地位の承認や中国におけるドイツ権益の譲渡を求めた「対華21カ条要求」(1915年)にあらわに示された [1-13]。日本の中国に対する要求の大部分は,戦後のワシントン会議において撤回させられることになるが,日本の戦争目的はまさに帝国の拡大にあった。

アメリカの参戦と戦争目的　ヨーロッパで戦争が勃発すると,アメリカはただちに厳正中立を表明し,イギリスの海上封鎖による通商妨害には繰り返し抗議を行った。しかし,アメリカはアングロ・サクソンの国としてもともと親英的であり,また西半球へのドイツの浸透を潜在的脅威と認識していた。したがって,海上封鎖についても,ウィルソン大統領は「あまり厳しい態度をとってイギリスを困らせることは避けたい」としていた。

1915年5月7日,イギリスの客船ルシタニア号がドイツの潜水艦による無警告攻撃を受け,アメリカ人128人を含む1,198人が死亡した。アメリカ世論は激昂し,政府はドイツに対して厳重な抗議を行った。しかし,時の国務長官ブライアンは,ドイツに抗議をすることは戦争に巻き込まれる可能性を意味するとし,ルシタニア号が軍需品を積んでいたのは確実であって,国民がこのような交戦国の船に乗船しないように図るのが政府の務めであったと説いて,世論の鎮静化を求めて辞任した。

その後もウィルソン政府は,中立政策の枠内でのドイツの抑制という目的を追求し,中立の大国という立場を利用した外交や講和の斡旋を通じてアメリカに望ましい形で戦争を終結させる努力を方針とした。しかし,協商国側へのシンパシーは一貫していた。1916年2月,大統領の特使としてロンドンに駐在していたハウス大佐はグレイ英外相と会談し,「英,仏両国から,適当な時期が来たという知らせを受けた時に」,「英,仏に不利ではない講和」を提唱することを提言した。1917年1月22日,ウィルソン大統領は米議会上院で演説

■ 1-13　対華 21 カ条要求（1915 年 1 月 18 日）〈抜粋〉

　　第一號

日本國政府及支那國政府ハ偏ニ極東ニ於ケル全局ノ平和ヲ維持シ且兩國ノ間ニ存スル友好善隣ノ關係ヲ益々鞏固ナラシメンコトヲ希望シ茲ニ左ノ條款ヲ締約セリ

第一條　支那國政府ハ獨逸國カ山東省ニ關シ條約其他ニ依リ支那國ニ對シテ有スル一切ノ權利利益護與等ノ處分ニ付日本國政府カ獨逸國政府ト協定スヘキ一切ノ事項ヲ承認スヘキコトヲ約ス

第二條　支那國政府ハ山東省內若クハ其沿海一帶ノ地又ハ島嶼ヲ何等ノ名義ヲ以テスルニ拘ハラス他國ニ讓與シ又ハ貸與セサルヘキコトヲ約ス

第三條　支那國政府ハ芝罘又ハ龍口ト膠州灣ヨリ濟南ニ至ル鐵道トヲ聯絡スヘキ鐵道ノ敷設ヲ日本國ニ允許ス

　　第二號甲案

日本國政府及支那國政府ハ支那國政府カ南滿洲及東部內蒙古ニ於ケル日本國ノ優越ナル地位ヲ承認スルニヨリ茲ニ左ノ條款ヲ締約セリ

第一條　兩締約國ハ旅順大連租借期限竝南滿洲及安奉兩鐵道各期限ヲ何レモ更ニ九十九ヶ年ツツ延長スヘキコトヲ約ス

第二條　日本國臣民ハ南滿洲及東部內蒙古ニ於テ各種商工業上ノ建物ノ建設又耕作ノ爲必要ナル土地ノ賃借權又ハ其所有權ヲ取得スルコトヲ得

第三條　日本國臣民ハ南滿洲及東部內蒙古ニ於テ自由ニ居住往來シ各種ノ商工業及其他ノ業務ニ從事スルコトヲ得

　　　　（外務省編『日本外交年表竝主要文書，1840-1945』上，原書房，1965 年，382-83 頁）

し，「勝利なき講和」を提唱した。大統領は，「勝者が敗者に押しつける講和は恒久的平和とはなりえない。勝者のない講和だけが平和を維持しうる」と論じ，講和の条件として，海軍軍縮，公海上の自由の確立，ポーランドの独立，民族の政治的帰属についての公正な処理などを提案した。これは，アメリカによる中立国として最後の政治的意思表明となった。1月末よりドイツの無制限潜水艦作戦が激しさを増し，アメリカ船舶の被害が相次いだ。2月3日，アメリカはドイツとの国交断絶に踏み切り，4月6日，「民主主義にとって安全な世界をつくる」ことを目的として対独宣戦布告を行った［1-14］。

このように，先の3国に比べるとアメリカの参戦への経緯とその目的は複雑である。しかし，アメリカの参戦理由の深層には，やはり広い意味での帝国主義的目的が横たわっていた。第一は，協商国との通商関係である。1913年にアメリカの協商国側への輸出額は約8億ドル，ドイツ・オーストリア側へのそれは約1億7千万ドルであった。1916年には協商国側への輸出額は約30億ドルに膨れ上がり，逆に独・墺側へのそれは，イギリス海軍による海上封鎖の影響もあって，約100万ドルにまで減少した。アメリカが開戦数カ月後からほぼ一貫して経済的には協商国側へ大きくコミットしていた証である。したがって，アメリカにとって協商国側の勝利が自国の大きな経済権益にかかわることとなったのである。戦後，ウィルソンの民主党に対して，東北部の資本の利益のために若者の命を犠牲にしたという非難が投げかけられた理由であった。

参戦にかかわるアメリカのいまひとつの考慮事項は，中国大陸への侵出を進める日本に対する懸念であった。対独断交前日の閣議において，ウィルソンは，「黄色人種に対抗するために白色人種を強くしておく必要があるならば，対独断交をしない方がよいかもしれない」と発言して，逡巡を示した。これは，アメリカの帝国主義的権益の観点からは，ドイツとの戦争よりも中国をめぐる日本との対抗が基本的に重要だという認識である。しかし，対独断交はもはや避けられないところに来ていた。このような内外の情勢を解決するために残された道は，参戦によって終戦外交のイニシアチブを獲得することにあった。

■1-14　アメリカ参戦パレード（1917年4月19日，ニューヨーク）

出所）J・M・ウィンター『20世紀の歴史13　第1次世界大戦（上）』猪口邦子監修，小林章夫監訳，平凡社，1990年，55頁。

■参考文献

- E・H・カー『ナショナリズムの発展』大窪愿二訳，みすず書房，1952年。
- アンドリュー・ポーター『帝国主義』福井憲彦訳，岩波書店，2006年。
- ジェームズ・ジョル『第一次大戦の起原』池田清訳，みすず書房，1987年。
- フリッツ・フィッシャー『世界強国への道――ドイツの挑戦，1914-1918年』I・II，村瀬興雄訳，岩波書店，1972・1983年。
- 『岩波講座　世界歴史24　第一次世界大戦』岩波書店，1970年。

第2章　第一次世界大戦後の国際体制

1　ロシア革命とウィルソンの14カ条

1) 戦争とロシア革命

　第一次世界大戦は「双方の側からの帝国主義戦争」であった。社会主義諸政党の国際組織「第二インターナショナル」は，早くにこの戦争の本質を見抜き，きな臭いにおいが立ち込め始めた1907年と1912年の2度にわたって大会を開いて来たるべき戦争に反対する決議を行った。しかし，いざ戦争が開始されると，各国の社会主義勢力の多くはナショナリズムの圧倒的な波に飲み込まれ，「祖国防衛」の名の下に戦争遂行に協力した。第二インターナショナルは崩壊し，ごく少数の反戦勢力が弾圧を受けながら運動を続けた。反戦勢力は，盲目的なナショナリズムに反対し，戦争目的や講和原則の明確化，あるいは外交の民主的統制を求めた [2-1]。これに対して，各国政府はこのような論議を拒否し，敵が滅びない限り講和はありえず，「今日，講和を語る者は国の裏切り者である」と強弁し続けた。

　しかし，戦争が当初の予測に反して長期化し，戦死者の増大や生活への圧迫が顕著になるにつれて，前線の兵士や銃後の国民の中に厭戦気分と戦争への疑問が広がった [2-2]。これに伴って反戦・反政府勢力が息を吹き返し，戦争に協力していた社会主義勢力の中にも動揺が生まれた。ここに，戦争を継続するためにも何らかの公正な戦争目的の表明が必要とされた。この情勢に大きなインパクトを与えたのがロシア革命であった。

　1917年3月（ロシア暦の2月），ロシア帝政が倒され，議会勢力を中心とする臨時政府と労働者・農民の代表組織「労農兵士ソヴィエト」との二重権力状

■ 2-1　イギリスの反戦団体「民主的統制連合」の綱領（1914年11月）

1. いかなる領域も，その領域の住民の人民投票その他による同意なくして，一国の政府から他国の政府へ割譲されてはならない。

2. いかなる条約，協定，外交上の約束も，議会の承認なくして，イギリスの名で結ばれてはならない。対外政策の民主的統制を保障する適切な機構が創設されなくてはならない。

3. イギリスの対外政策は，「バランス・オヴ・パワー」維持を目的とする同盟関係創出を目標としてはならず，諸国間の協調行動を目指すとともに，永続的な平和を保障する国際協定を確立する機構を備え，公開のうちに討議・決定を行なう国際的機関の設立を目指さなければならない。

4. イギリスは，講和取り極めの一部として，全交戦国の同意に基づいて，大幅に軍備を削減する計画を提示し，その政策実現を助けるために，軍需生産の全般的国有化と，一国から他国へ向けての武器輸出の統制を確実に実現するように試みなければならない。

5. 軍事行動が終結した後もヨーロッパでの闘争が経済戦争によって継続されてはならない。イギリスの政策は，すべての国家間の自由な貿易関係を推進し，門戸開放の原則を保持，拡大することを目指さなければならない。

（A・J・メイア『ウィルソン対レーニン』I，斉藤孝・木畑洋一訳，岩波書店，1983年，74-75頁）

■ 2-2　塹壕戦

ヨーロッパ西部での戦争は 1915〜16 年の間に膠着状態に陥り，両軍兵士は各々の陣営が掘り進めた塹壕に潜んで対峙した。夏の暑さ，冬の寒さと雨と泥が兵士をさいなんだ。

出所）J・M・ウィンター『20世紀の歴史14　第1次世界大戦（下）』猪口邦子監修，深田甫監訳，平凡社，1990年，25頁。E. Hobsbawm, *Age of Extremes : The Short Twentieth Century 1914-1991*, London : Michael Joseph, 1994.

態が生まれた。革命の原因は，長い間の専制的な政治体制の下で蓄積されたロシア社会の矛盾と，戦争の長期化に伴う経済の疲弊であった。しかし，この「二月革命」によって実現されたのは帝政の崩壊のみで，ロシア社会の根本的問題はそっくり残されていた。また，前線や銃後に厭戦気分が高まっていたにもかかわらず，臨時政府は戦争の続行を決定した。帝政を打倒した諸勢力の間で，帝政以後の政治権力の在り方，地主制の改革，民族問題，そして戦争継続の是非が争点となった。

　ソヴィエトの中で次第に勢力を強めつつあったボルシェヴィキは，「すべての権力をソヴィエトへ」とソヴィエトによる権力奪取を主張するとともに，「無併合，無賠償の即時講和」を前面に掲げて支持を集めた。11月7日（ロシア暦10月25日），ボルシェヴィキは武装蜂起し，臨時政府に代わって権力を掌握した。「十月革命」である。翌日，ソヴィエト政府は「平和への布告」を発し，連合国の政府と国民に「無併合，無賠償の即時講和」の実現を求めた[2-3]。さらに，帝政ロシアが戦争中に連合国と締結した秘密条約を公開して帝国主義戦争の無意味を訴え，自らはドイツ軍に停戦を申し入れて応諾の回答を得るとともに，他の連合国に対して対独講和への参加を勧告したのである。連合国諸政府は，いよいよ戦争目的あるいは講和の原則を表明せざるをえない事態に追い込まれた。

2）連合国の戦争目的声明

　十月革命が勃発した時，連合国は，第一にロシアの戦線離脱あるいは独・露ブロックの形成を懸念した。くわえて，連合国内へのロシア革命の影響を懸念せざるをえなかった。ソヴィエト政権の声明や勧告を，公式には黙殺することができた。しかし，それが自国民や植民地から戦争に動員された諸民族に与える影響を無視することはできなかった。すなわち，連合国諸政府は，それまで戦争遂行に協力してきた労働運動指導者や自由主義者，社会民主主義者たちが自国の戦争目的を疑問視し，挙国体制が崩れることを懸念した。挙国体制を維持するためにも，ソヴィエト政権の宣伝に対抗して，何らかの戦争目的を表明することが必要になったのである。したがって重要なのは，ソヴィエト政府の提案は戦争終結を求めて唱えられたものであったが，連合国諸政府は，逆に戦

■ 2-3　平和への布告（1917年11月8日）〈抜粋〉
　10月24日〜25日（ロシア暦）の革命によって樹立され，労働者・兵士・農民代表ソヴェトに立脚する労農政府は，すべての交戦諸国民と彼らの政府に，公正な民主主義的講和についてただちに商議をはじめることを提議する。
　公正な，すなわち民主主義的な講和は，戦争で疲弊しくるしみ苦悩している，すべての交戦国の労働者階級と勤労階級の圧倒的多数の者が渇望しているものであり，またロシアの労働者と農民がツァーリ君主制の打倒後このうえなくきっぱりと根気づよく要求してきたものであるが，政府がこのような講和とみなすのは，無併合（すなわち，他国の土地を略奪することのない，他民族を強制的に合併することのない），無賠償の即時の講和である。

（『レーニン全集』26, 大月書店, 1964年, 249頁）

争を継続するためにこそ戦争目的表明を必要とした事実である。

　当初，連合国は共同の声明を試みたが，諸国間の利害調整は困難であった。そこで，各国は個別にこれを行うことになった。1918年1月5日，英首相ロイド・ジョージが労働組合会議の代表者会議において先陣を切った。彼は，参戦時の主張を繰り返し，イギリスにとってこの戦争はドイツによるベルギー侵略によって「余儀なくされた」戦争であり，ドイツの国民や国土の分断を意図するものではなく，「ドイツ人による軍事支配の欲望や計画」を阻止することが目的であると述べた。また，かつてドイツがフランスに課した「償金（war indemnity）」を要求するものではないが，「ベルギーの町や地域の荒廃に対してなされるべき賠償（reparation）」は必要であると論じた。さらに，オーストリア・ハンガリー帝国およびオスマン帝国内の諸民族の「真の民主主義的原則に基づく純粋な自治」あるいは「独自の民族的条件」の実現を理由に，両帝国を解体する意図を示し，ドイツの植民地についても「原住民の希望と利益」の考慮，「被治者の同意の原則に基づく領土的解決」を強調した[1]。

　ロイド・ジョージの演説には，ロシア革命に象徴される反帝国主義的・民主主義的攻勢に対するレトリックの上での譲歩が見られるものの，イギリスの「隠された戦争目的」を必死に獲得しようという基本姿勢が貫かれていた。彼の回顧録によれば，この見解に労働組合や労働党からの反対はまったくなかった。この2日後に，フランス首相クレマンソーは，ロイド・ジョージの見解に対する全面的同意を公表した。

　1月8日，ウィルソン大統領は，議会に対する教書の中で「14カ条」として知られる包括的な講和の原則を提示した［2-4］。そこには，秘密条約の禁止，航行の自由，経済障壁の除去など自由主義的原則や，軍縮ならびに「諸国家の連合体」の形成など平和の原則がうたわれた。「14カ条」は民族自決の原則を提唱したと言われるが，ウィルソンはそれを一般的な原理として掲げたわけではない。それは，戦後ヨーロッパの領土の画定に関して，「民族としての地位の保護」，「明白に民族的区別が認められる分界線」，諸民族の「自治的発展」などを個別に提案したものである。また，植民地についてうたった第5項は，

---

1) *Official Statements of War Aims and Peace Proposals, December 1916-November 1918*, Washington : Carnegie Endowment for International Peace, 1921, pp. 225-33.

■ 2-4　ウィルソンの14カ条（1918年1月8日ウィルソン大統領の年頭教書）〈抜粋〉
　1．公開的に作成された公然たる平和条約。その以後はいかなる種類の秘密の国際的協定もあってはならず，外交は常に隠すところなく公衆の面前でおこなわれるべきである。
　2．平時，戦時を問わず，領海外の海洋航行の絶対的自由。但し国際協約を実行するための国際的行動によって，海洋が全体的に，あるいは部分的に封鎖される場合を除く。
　3．平和に賛成し，平和の維持のために互いに協力する諸国の間では，可能な限りすべての経済的障壁を廃止し，貿易条件の平等を確立すること。
　4．各国の軍備を国内の安全に必要な限りの最低限にまで縮小するために，適当な保障が与えられ，行われるべきこと。
　5．あらゆる植民地についての要求の，自由な，且つ偏見なき絶対公正な調整。その場合すべて植民地の主権問題の決定に当っては，その植民地住民の利害は，その支配権が定められるべき政府の正当な要求と平等の価値を持つという原則が厳守されることが，その基礎とならなければならない。
　6．全ロシア領土からの撤兵。及びロシアに関する全問題の解決に当っては，ロシア自体の政治的発展と国家の政策を自主的に決定するための，妨げられることなき機会をロシアに得させるために，世界の他の諸国民が最もよく最も自由に協力することを保障し，またロシア国民がみずから選択した政治制度のもとで自由な国際社会に参加することを衷心から歓迎することをロシアに保障する。
　7．全世界は，ベルギーが他の自由な諸国とともに享有している主権に対して制限を企てることなく，同国から撤兵し，その旧状に回復しなければならないことに同意するであろう。
　8．フランス全領土は解放され，侵略された地域は回復されるべきである。
　9．イタリア国境の再調整は，明白に民族的区別が認められる分界線に沿ってなされるべきである。
　10．われわれはオーストリア・ハンガリー国内の諸民族の国際的地位が保護され，保障されることを欲する。彼らは自治的発展のために最も自由な機会を与えられるべきである。
　11．ルーマニア，セルビア，モンテネグロからは撤兵し，被占領地域は旧状に復されるべきである。セルビアには海洋への自由で確実な通路が与えられ，バルカン諸国相互の関係は，友好的協議によって，歴史的に確立された帰属関係と民族的分界線に沿って決定されるべきである。
　12．現在のオスマン・トルコ帝国のうちのトルコ人居住地域は，確実な主権が保障されるべきである。しかし，現在トルコの支配下にある他の諸民族には，生命の確実な安全と，自治的発展の絶対的に障害のない機会が保障されなければならない。
　13．独立したポーランド人国家が建設されなければならない，それは明白にポー

「あらゆる植民地についての要求の，自由な，且つ偏見なき絶対公正な調整」を求め，植民地住民の利益と支配権を持つ政府の要求が「平等の価値を持つという原則」を提言するのみで，植民地主義を否定するものではなかった。

　戦争終結を前にして，連合国首脳は「14 カ条」を講和の原則とすることに合意し，戦後の講和会議は民主主義的相貌を備えて出発することになった。そこには，予想をはるかに超えた戦争の悲惨と，ロシア革命に象徴される国際的民主主義勢力の成長，そしてアメリカの優越に基づく列強間関係の変動が反映されていた。

2　大戦の終結とヴェルサイユ講和会議

1）大戦の諸結果と戦後処理

　1918 年 11 月 11 日，フランスのコンピエーニュ郊外の森に設営された客車の中で，連合国とドイツとの休戦協定が結ばれ，戦火がおさまった。4 年半に及んだこの大戦は，これまでの戦争にはない「総力戦」であった。長期にわたった戦争には，前線の軍隊の戦力だけではなく，これを支える銃後の国力が不可欠の要素となった。男が戦場へ出た後の国内の生産活動の多くを女が担った。また，イギリスやフランスは，インドをはじめアジア，アフリカの植民地帝国から 200 万人に及ぶ労働力や兵力を調達した。この戦争は民族の大移動を伴った帝国の戦争であったと言われる理由である。

　この戦争のいまひとつの大きな特徴が，大量殺戮にあった。戦時中に開発された機関銃，戦車など新兵器は，殺傷力・破壊力を著しく高め，さらに大型の大砲や航空機の出現は銃後の市民への攻撃を可能にし，戦争による民間人の死傷者を激増させた。大戦は，両陣営をあわせて 1,000 万人近くの死者を出した [2-5]。ヨーロッパ諸国は次の時代を担う世代の多くの部分を失うことになったのである。

　大戦の結果，ドイツ，オーストリア・ハンガリー，ロシア，オスマンの 4 つの帝国が滅び，中央ヨーロッパから中東にかけて地図が大きく塗り替えられた。また，イギリスとフランスは戦勝国ではあったが国力の衰退を余儀なくされ，アメリカと日本が列強の一角に加わった。とりわけ，英，仏両国は，領土

ランド人である住民の居住する地域を含み，海洋への自由にして確実な通路が保障され，その政治的，経済的独立と領土保全が国際的協約によって保障されるべきである。

14. 大国小国ともにひとしく政治的独立および領土保全の相互的保障を与える目的のために，諸国の一般的連合体が特別の協約のもとに組織されなければならない。

(E・H・カー『両大戦間における国際関係史』衛藤瀋吉・斎藤孝訳，清水弘文堂，1980年，285-87頁)

■ 2-5 　1914～18年の戦死者数（人）

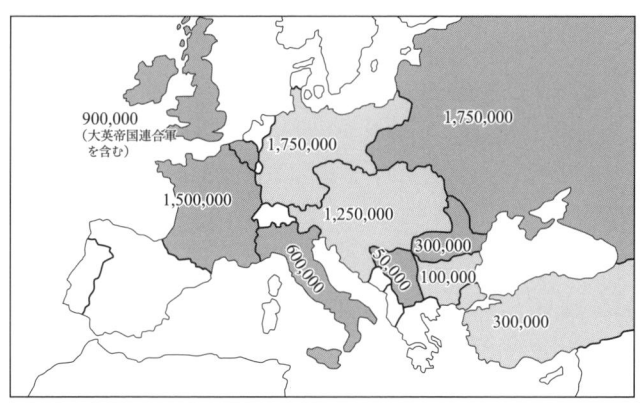

出所) B・キャッチポール『アトラス現代史1　激動の20世紀』辻野功他訳，創元社，1988年，29頁。

的には拡張を実現したものの，経済的にはアメリカに対する債務国の地位に身を落とした。

　一方，ロシア革命の影響が周辺におよび［2-6］，短期間に鎮圧されたとはいえ，ドイツ，ハンガリー，トルコで相次いで労働者革命が起こった。さらに，戦争中からアジアの民族主義が高揚し，朝鮮の三・一運動や中国の五・四運動はその後の民族運動の発火点となり，インドでも独立運動が加速化した。これらは，それぞれの国内的・民族的課題を異にしていたが，全体として帝国主義に挑む大きな波を構成した。第一次世界大戦の戦後処理は，戦争の帝国主義的性格を引きずりながら，この波との正面からの対抗のうちに進行した。

　休戦協定に続く戦後処理の過程には3つの要素が作用した。①戦争の帝国主義的性格，②戦時中に発展した民主主義的・理想主義的国際関係の思想，③ロシア革命と，国際関係の新しい要素としての革命対反革命の対抗，である。戦後秩序は，この3つの要素それぞれを担う主体間のせめぎ合いの中で形成されていった。それは，ウィルソンの「14カ条」が体現した民主主義的・平和主義的相貌を伴いながら，基本的には帝国主義戦争としての大戦の性格を貫徹させた。同時に，それまでの「同質の主権国家間のパワー・ポリティックス」の世界に，イデオロギーに裏付けられた革命対反革命の対抗要因が登場し，以後の国際政治に新たな特徴を与えることになる。プリンストン大学の歴史家メイアの言葉を借りるならば，世界は「国際的内戦の時代」（全体としての国際社会の中での革命と反革命の戦いの時代）を迎えたのである。

2）講和の前提としての革命の問題

　講和会議は1919年1月にパリ郊外のヴェルサイユ宮殿で開始された。会議のイニシアチブをとった主要な連合国にとって，講和の前提として解決しなければならない2つの問題があった。ひとつは，列強間の利害対立の調整，いまひとつは，ロシア革命をはじめとする革命への対処であった。とりわけ後者は，連合国の中で最大の犠牲者を出したロシアの講和会議への代表権問題を含めて，回避できない差し迫った課題であった。

　ロシアの十月革命の後，翌1918年の春までに，イギリスの戦時内閣の中では，ドイツに東方でのフリーハンドを与えることによって西欧における戦争を

第 2 章　第一次世界大戦後の国際体制　57

■ 2-6　ロシア革命の指導者レーニン

出所）Hobsbawm, *Age of Extremes*.

終結させる可能性について，非公式に検討が進められていた。さらに，ドイツの軍事的敗北が明らかになりつつあった1918年の夏から秋にかけて，当時のイギリス陸軍大臣ミルナー卿は，交渉による平和こそ，連合国にとっての「完全な勝利」の道であると主張した。ドイツに無条件降伏のような厳しい条件を課した場合，ドイツ国民の抵抗を強めるだけでなく，中欧に「ボルシェヴィズムの拡大に結びつく絶望的状態を生む」からであった[2]。このミルナーの「東方計画」は実行に結びつくことはなかった。しかし，ドイツとの休戦協定の3日後，イギリス政府は，ロシアの反革命勢力に対する積極的援助と干渉戦争の方針を決定した。

当時，ロシアでは，旧帝政の将軍たちがそれぞれに正統政府を名乗ってソヴィエト政府に襲いかかっていたが，講和会議の代表権をソヴィエト政権以外に与えようという連合国の企ては成功せず，また，軍事干渉によるソヴィエト政権の転覆も実現しなかった。講和会議開始の直後にロイド・ジョージは講和会議に覚書を送り，「私が現在の情勢に見出す最大の危険は，ドイツがボルシェヴィズムと運命をともにし，その資源，その頭脳，その強大な組織力を，武力によって世界をボルシェヴィズムのために征服しようと夢想する革命的狂信者の意思に委ねるかもしれないことである」と論じた[3]。アメリカの国務長官ランシングも，「賠償とか，公正な報復とか，そういった類のことは私の念頭にはない。私の関心事は，もっぱらボルシェヴィズムをいかにして防止しうるかという問題にある」と語った。このような革命に対する強い警戒心は，アメリカを含めた連合国首脳に共有されていた。そして，ヴェルサイユ講和会議は，連合国側の5大国をはじめロシア周辺諸国による大規模な対ソ干渉戦争が激しく戦われる中で進行したのである［2-7］。

3) 講和会議の帝国主義的性格

講和会議に先立って，主要な連合国はウィルソンの「14カ条」を講和の原

---

2) Margaret George, *The Warped Vision : British Foreign Policy, 1933-1939*, Pittsburgh : Univ. of Pittsburgh Press, 1965, pp. xxi-xxii.

3) David Lloyd George, *Memoirs of the Peace Conference*, Volume I, New York : H. Fertig, 1972, p. 268.

第 2 章　第一次世界大戦後の国際体制　59

■ 2-7　対ソ干渉戦争（1918～22 年）

出所）キャッチポール『アトラス現代史』1, 39 頁。

則とする方針にいったんは合意したが，ヨーロッパ列強はそれぞれの利害を振りかざして原則の形骸化のための外交戦を展開し，講和会議は列強の帝国主義的取引の場と化した。講和の帝国主義的性格は，まずその会議の経緯に見ることができる。

　英，米，仏，伊，日の5カ国は，自らを「主たる連合国」・「全般的利害を有する交戦国」と規定し，すべての会議に出席することとした。その他の諸国は「特殊な利害を有する交戦国」と規定され，自国に関係する会議のみに出席を許された。講和条約調印までに講和会議総会は合計6回開かれたが，その多くはおもに手続き上の問題を議したにすぎなかった。重要な事項は，5大国各2名の代表によって構成された「連合国最高会議」が，諸小国の陳述を聴いたうえで決定した。最高会議も，当初は10人会議であったが，3月下旬以降は機密保持という理由で英，米，仏，伊の4巨頭会議となり，4月下旬に領土問題に不満を表明してイタリア首相が退席した後は，3巨頭会議となった［2-8］。さらに，1918年11月のアメリカ下院議員選挙において民主党が敗北し，ウィルソンの対外的影響力が後退した事情も加わって，講和会議は全体として英首相ロイド・ジョージと仏首相クレマンソーが牛耳ることになった。諸国にとって最重要問題である国境の確定も，講和会議の最終日に総会で関係国に通知され，異議申し立ても議長のクレマンソーによって一蹴された。

　講和会議が敗戦国の犠牲の上に立つ戦勝列強の取引の場であることは，敗戦国ドイツに対する処遇に最も顕著に示された。敗戦国と講和条件を討議する会議は一度も開かれず，講和条約原案に対するドイツ側の意見は，口頭での議論を封じ，文書による陳述を許しただけであった。異議申し立てのほとんども無視された。ドイツ人にとってヴェルサイユ条約は，交渉に基づいて取り決められたまともな「条約」ではなく，苛酷な条件を「書き取らされたもの（Diktat）」にすぎなかった。

3　ヴェルサイユ＝ワシントン体制

1）ヴェルサイユ条約とドイツ

　ヴェルサイユ条約をはじめ敗戦諸国に押し付けられた諸条約によって，ドイ

■ 2-8　ヴェルサイユ講和会議の3巨頭

前列左よりロイド・ジョージ，クレマンソー，ウィルソン

出所）ウィンター『20世紀の歴史13　第1次世界大戦（上）』6頁。

ツ，オーストリア・ハンガリー，オスマンの3帝国は解体され，帝国の大部分は「民族自決」を建前として多くの小国家に分割された。ドイツは，ヨーロッパの領土のうち面積にして13％，人口にして10％をベルギー，フランス，ポーランド，チェコスロヴァキアに割譲させられた。こうして定められたヨーロッパの国境は，21世紀にまでつながる民族問題・国境問題の火種となった。とりわけ，ドイツの領土を分断する形でポーランドに海への出口を与えたポーランド回廊とダンツィヒ自由都市や，多数のドイツ人を領域内に取り込むことになったチェコスロヴァキアの国境画定は，第二次世界大戦勃発の誘因となる宿命にあった［2-9］。また，ドイツは海外植民地に関する「いっさいの権利および権原」を放棄させられ，アフリカの植民地はイギリス，フランス，ベルギーへ，太平洋上の植民地は日本とオーストラリアに国際連盟の「委任統治」領として割譲された。中国山東半島のドイツ利権も日本に移譲された。

　ヴェルサイユ条約は，ドイツに対する厳しい軍事条項を含んでいた。ドイツは徴兵制の廃止を求められ，陸軍兵力は10万人，軍艦保有量は10万トンに制限され，潜水艦の保有も禁止された。また，ライン川左岸一帯（ラインラント）は非武装地帯と定められ，連合国による15年間の保障占領の対象とされた。

　ドイツ人にとって最も不本意で苛酷であったのは，戦争責任の一方的な押し付けに基づく巨額の賠償請求であった。ヴェルサイユ条約は，ドイツとその同盟国の攻撃によって「強いられた戦争」のために諸国の「政府および国民」が被った損失と損害の責任はドイツとその同盟国にあると「断定」した（同条約第231条）［2-10］。この断定に基づいて，連合国賠償委員会はドイツが支払うべき賠償総額を1,380億金マルク（ベルギーの戦費肩代わり分を含む。金マルク＝1913年の金価値による換算）と定めた。この算定には一般市民の損害のほかに，死傷軍人とその家族への連合国政府の支出等が含まれていた。ドイツ側は賠償総額をせいぜい300億金マルクと想定していたから，1,380億金マルクは天文学的な数字であり，ドイツに対する大きな財政的圧迫となった。この巨額の賠償金と，その根拠になった戦争責任問題は，ヴェルサイユ条約に対するドイツ国民の怨恨の源になった。

■ 2-9　ヴェルサイユ条約とドイツ

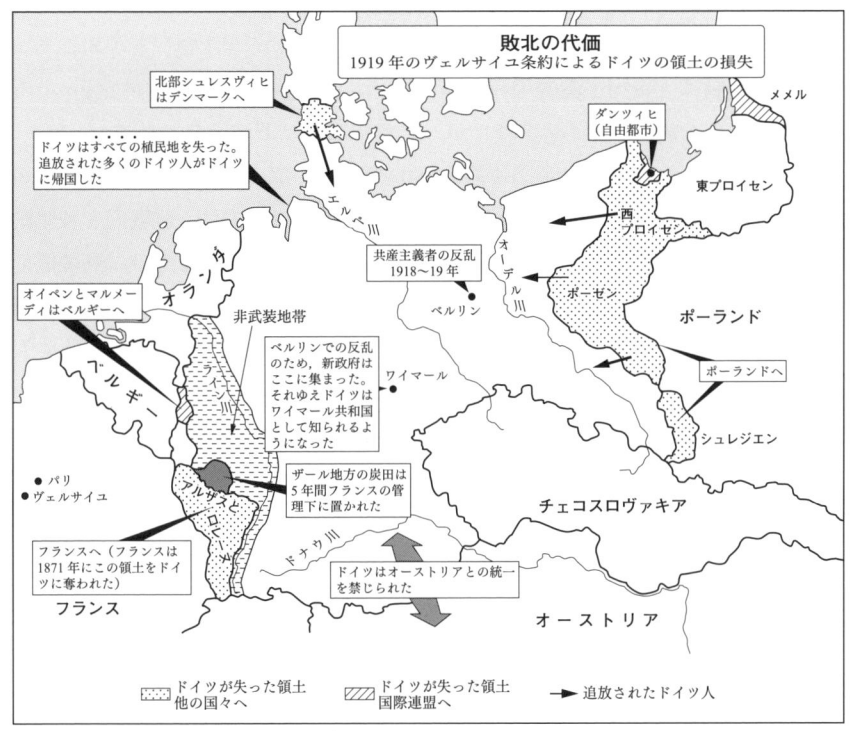

敗北の代価
1919年のヴェルサイユ条約によるドイツの領土の損失

- 北部シュレスヴィヒはデンマークへ
- ドイツはすべての植民地を失った。追放された多くのドイツ人がドイツに帰国した
- オイペンとマルメーディはベルギーへ
- 非武装地帯
- 共産主義者の反乱 1918〜19年
- ベルリンでの反乱のため，新政府はここに集まった。それゆえドイツはワイマール共和国として知られるようになった
- ザール地方の炭田は5年間フランスの管理下に置かれた
- フランスへ（フランスは1871年にこの領土をドイツに奪われた）
- ダンツィヒ（自由都市）
- 東プロイセン
- 西プロイセン
- ポーゼン
- ポーランド
- ポーランドへ
- シュレジエン
- チェコスロヴァキア
- ドイツはオーストリアとの統一を禁じられた
- オーストリア
- メメル
- ベルリン
- ワイマール
- パリ
- ヴェルサイユ
- フランス

凡例：ドイツが失った領土 他の国々へ ／ ドイツが失った領土 国際連盟へ ／ → 追放されたドイツ人

出所）キャッチポール『アトラス現代史』1，29頁。

■ 2-10　「戦争責任」条項（ヴェルサイユ条約第231条）

　ドイツ国およびその同盟国の攻撃によって強いられた戦争の結果，連合・準連合諸国政府および国民の被った一切の損失および損害については，責任がドイツ国およびその同盟国にあることを連合・準連合諸国政府は断定し，ドイツはそれを認める。

2）ヴェルサイユ体制の特徴と国際連盟

　ドイツをはじめ敗戦国それぞれとの間に締結された5つの条約［2-11］によって形成された戦後ヨーロッパの秩序を「ヴェルサイユ体制」と呼ぶ。ヴェルサイユ体制は「帝国主義的平和をウィルソン主義の白いヴェールで装ったもの」（H・ニコルソン）と評せられたが，その特徴は以下の通りである。

　第一に，それは，戦争の帝国主義的性格を反映して，戦勝国による敗戦国の領土略奪と分割の体制であった。諸条約による領土の画定は，敗戦国と戦勝国の間だけではなく，例えばイタリアのような戦勝国にも不満を生み，列強間対立の火種が残された。また，多分に恣意的な民族自決原則の適用によって，経済的には自立しえず，国内に多くの少数民族を抱えた小国が数多く生み出されたが，これは，大国による小国の支配や諸民族間の紛争の火種となった［2-12］。いっさいの植民地を奪われたドイツをはじめ，いわゆる「持たざる国」による現状打開の願望は次の大戦への導火線となる。

　第二に，ドイツ革命をはじめヨーロッパの革命の鎮圧と，対ソ干渉戦争の継続の下で成立したヴェルサイユ体制は，ソヴィエト政権と革命運動に対する列強の「神聖同盟」という性格を伴った。1922年まで続いた干渉戦争にもかかわらずソヴィエト政権の転覆はならず，同年末にロシア，ウクライナなど4つの共和国から成る初めての社会主義国家ソヴィエト社会主義共和国連邦（ソ連）が誕生した（後に15の共和国から構成されることになる）。ソ連はやがて「一国社会主義」建設の道を歩み始める。一方，ドイツおよびハンガリーの労働者革命は鎮圧されたことから，ヴェルサイユ体制は「革命と反革命の貸借対照表の上に成立した秩序」と表現される。

　講和会議に参加した中国の代表など帝国主義と戦っていた植民地や従属国の民族主義勢力は，ウィルソンの民族自決原則の提唱に大きな期待を寄せた。しかし，前述の通り，民族への配慮はヨーロッパの国境画定に援用されただけで，戦勝国の植民地体制が揺らぐことはなかった。19世紀までの露骨な植民地支配に代わって国際連盟の「委任統治」制度が用いられ，あるいは植民地人民の福利が語られるようにはなったが，ヴェルサイユ体制は依然として戦勝列強の植民地体制の上に存在した。

　ヴェルサイユ体制の「白いヴェール」の側面は，国際連盟の設立に象徴され

■ 2-11　第一次世界大戦後の諸条約

条約名	対象国	調印年
ヴェルサイユ条約	ドイツ	1919年
サンジェルマン条約	オーストリア	1919年
トリアノン条約	ハンガリー	1920年
ヌイイー条約	ブルガリア	1919年
セーヴル条約	オスマン帝国（トルコ）	1919年：ただし，この条約は批准されず，1923年にあらためてローザンヌ条約調印

注）敗戦諸国との条約は，いずれもパリ郊外の諸宮殿で調印された。

■ 2-12　戦後の国境と少数民族

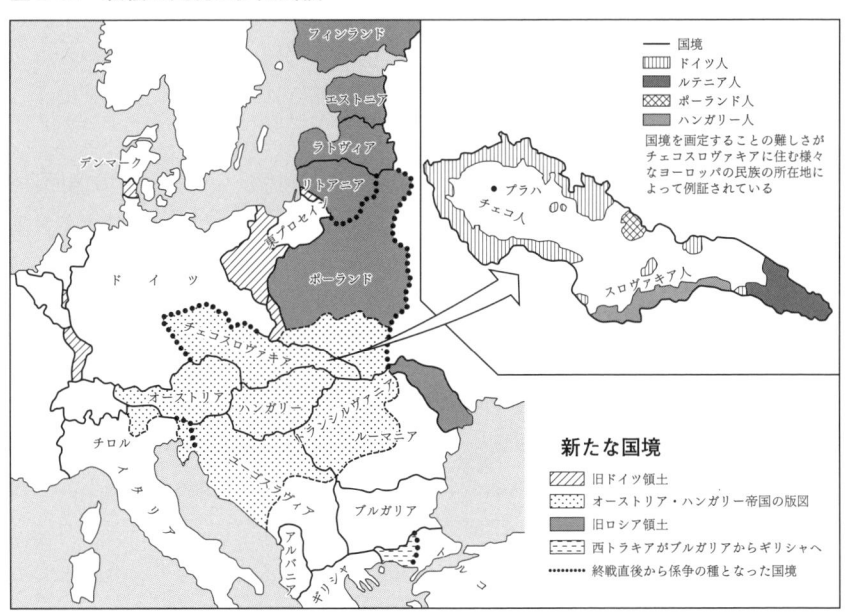

出所）キャッチポール『アトラス現代史』1，37頁。

た。未曾有の大量殺戮戦争を経験した国際社会は,「戦争ニ訴ヘサルノ義務ヲ受諾」(連盟規約前文)し,ウィルソンの提言に基づいて国際連盟の創設に合意した。国際社会は,初めて戦争を違法とし,紛争の平和的解決を誓約するとともに,それを保障する集団安全保障体制を立ち上げたのである［2-13］。ただし,後の国際連合に比べると連盟規約による戦争の違法化や集団安全保障の仕組は不徹底であった。加盟国は,他国との紛争が生じた際には平和的解決の措置をとるが,仲裁裁判の判決等の後,3カ月が経過するまでは戦争に訴えないことを約束しただけであった。また,違約国に対する軍事的制裁は想定されず,非軍事的制裁も徹底の手段を欠いていた［2-14］。くわえて,連盟設立の提唱国であったアメリカが,上院でヴェルサイユ条約批准が否決されたためにこれに加盟せず,ドイツとソ連を除外した連盟は,その出発点から実効力に欠陥を抱えていた。1920年代に連盟強化のためのいくつかの提案がなされたが,いずれも実現せず,また,1928年には包括的に戦争の放棄を約束する条約が締結されたが,やがて1930年代の国際政治の激動の中で連盟は機能を失うことになる。

　国際関係の民主主義的規制の機構としての国際連盟のもうひとつの側面は,人道的な労働条件の確保,婦人や児童の売買禁止,アヘンなど有害薬物や武器および弾薬の取引の監視など,人道的,社会的,経済的な問題についての国際協力の取決め(連盟規約第23条)に認められる。また,ヴェルサイユ条約第13篇は連盟の機関として国際労働機関(ILO)の設立を定めた。

　しかし,以上のような進歩的側面とともに,国際連盟は戦勝列強の現状維持機関という保守的な役割を担うものでもあった。連盟規約はヴェルサイユ条約など諸条約の第1篇として組み込まれた。したがって,講和後の体制と国際連盟は不可分の関係に置かれた。国際連盟は,ダンツィヒ自由都市やザール地方の行政あるいは委任統治領の管理などに直接関与することを含め,全体として戦勝列強の利益を体現した戦後の秩序を「現状」あるいは「平和」として維持する機能を担わされたのである。国際連盟が,このような形でヴェルサイユ体制の権力政治的側面に関与していた点を見逃してはならない。

■ 2-13　同盟条約（勢力均衡政策）と集団安全保障体制（右図）

■ 2-14　国際連盟規約〈抜粋〉
第一二条〔紛争の平和的解決〕一　聯盟国ハ、聯盟国間ニ国交断絶ニ至ルノ虞アル紛争発生スルトキハ、当該事件ヲ仲裁裁判若ハ司法的解決又ハ聯盟理事会ノ審査ニ付スヘク、且仲裁裁判官ノ判決若ハ司法裁判ノ判決後又ハ聯盟理事会ノ報告後三月ヲ経過スル迄、如何ナル場合ニ於テモ、戦争ニ訴ヘサルコトヲ約ス。
第一六条〔制裁〕一　第一二条、第一三条又ハ第一五条ニ依ル約束ヲ無視シテ戦争ニ訴ヘタル聯盟国ハ、当然他ノ総テノ聯盟国ニ対シ戦争行為ヲシタルモノト看做ス。他ノ総テノ聯盟国ハ、之ニ対シ直ニ一切ノ通商上又ハ金融上ノ関係ヲ断絶シ、自国民ト違約国国民トノ一切ノ交通ヲ禁止シ、且聯盟国タルト否トヲ問ハス他ノ総テノ国ノ国民ト違約国国民トノ間ノ一切ノ金融上、通商上又ハ個人的交通ヲ防遏スヘキコトヲ約ス。
二　聯盟理事会ハ、前項ノ場合ニ於テ聯盟ノ約束擁護ノ為使用スヘキ兵力ニ対スル聯盟各国ノ陸海又ハ空軍ノ分担程度ヲ関係各国政府ニ提案スルノ義務アルモノトス。
四　聯盟ノ約束ニ違反シタル聯盟国ニ付テハ、聯盟理事会ニ代表セラルル他ノ一切ノ聯盟国代表者ノ聯盟理事会ニ於ケル一致ノ表決ヲ以テ、聯盟ヨリ之ヲ除名スル旨ヲ声明スルコトヲ得。

3) ドイツ問題の落着とヨーロッパの安定

　ヴェルサイユ体制は，①列強間の帝国主義的対立，②革命と反革命の対立，③帝国主義と反帝国主義勢力の対立を内在させながら，1924年以降，一応の安定を迎えた。このヨーロッパの安定のためには，2つのドイツ問題が解決されなければならなかった。

　第一は，賠償問題である。天文学的な賠償額はドイツ人の労働意欲を喪失させ，ドイツ経済は急速に悪化した。1923年1月，ドイツの賠償支払い不履行をとがめたフランスは，ルール工業地帯を占領した。これに対してドイツ国民は命令不服従，自発的賠償支払い停止など「消極的抵抗」に出た。こうした事態は驚くほど急激なインフレを招き，ドイツ経済は破綻に瀕し，社会不安が一挙に高まった [2-15]。8月に成立したシュトレーゼマン内閣は，「消極的抵抗」の停止を呼びかけるとともに，連合国に対してドイツの経済状態と賠償支払い能力の調査を要求した。これを受けて翌年1月にアメリカの銀行家ドーズを委員長とする専門家委員会が設置され，8月には「ドーズ案」に基づいて賠償支払計画書が調印された。

　ドーズ案は，本来は戦争責任問題に及ぶ賠償問題を政治的論争の領域から切り離し，もっぱら経済問題すなわち商業上の債務として取り扱った。そして，賠償総額は示さず，当面5年間の年次支払額とその財源を指定し，また8億金マルクの外国借款を導入して新通貨ライヒスマルクを創設することを提案した。これはドイツ経済復興のための暫定計画にすぎず，賠償問題の解決ではなかった。ドイツ賠償問題は，1929年に世界を襲った経済恐慌の下で再び深刻な国際問題になったが，1933年にヒトラー政権による一方的な支払打切りによって消滅することになる [2-16]。

　新通貨の準備と第1年次の賠償支払のための借款やドイツ債発行に関して，総額の半分以上をアメリカが引き受けた。これは，賠償支払のための資金を貸し付ける先例となり，またアメリカからドイツへの借款ラッシュに道を開いた。その結果，アメリカからの借款によって経済復興を進めるドイツがその成果をもって英・仏・ベルギーに賠償を支払い，ドイツからの賠償を元手にして英・仏がアメリカに戦債を支払うという「金融のメリーゴーラウンド」が形成された［3-2を参照］。この円環を継続的に機能させる要件はドイツの経済復興

■ 2-15 ドイツのインフレーション

各月末*	流通貨幣総額** 1913＝1とした時の比率	卸売物価指数 1913＝1（紙幣での）
1913 年	1.0	
1920 年	11.2	
1921 年	15.0	
1922 年	58.0	
1923 年	12,348,402,371.0	
1922 年		
1 月	20.5	37
4 月	24.8	64
7 月	33.5	101
10 月	79.9	566
11 月	126.8	1,151
12 月	213.4	1,475
1923 年		
1 月	329.4	2,785
2 月	582.6	5,585
3 月	913.2	4,888
4 月	1,088.1	5,212
5 月	1,424.0	8,170
6 月	2,865.4	19,385
7 月	7,231.1	74,787
8 月	110,180.9	944,041
9 月	4,653,115.0	23,948,893
10 月	412,678,042.0	7,094,800,000
11 月	65,953,595,774.0	725,700,000,000
12 月	81,809,776,911.8	1,261,600,000,000

注）＊ 各年の数字は各月末の平均値。
　　＊＊ 単に紙幣のみならず，Reichsbanknotes, Loan Bank certificates, Currency notes, Private banknotes, Specie, を含む。
出所）『世界歴史事典』25，平凡社，1955 年，729 頁。

であったが，それを支えるドイツへの資本の流入は，ウォール街におけるドイツ向け借款の人気に依存していた。1929年にこの仕組が一挙に崩れたのである。

いまひとつのドイツ問題は，「書き取らされた」条約のアキレス腱であったドイツ国境の保障あるいは安全保障問題であった［2-9 を参照］。前述のように，1920年代に国際連盟を強化するいくつかの試みがなされた。例えば1924年に連盟総会が採択した「ジュネーヴ議定書」は，すべての国家間紛争の仲裁裁判所または国際司法裁判所への強制的付託や，侵略国に対する制裁発動の強化などをその内容とした。しかし，このような試みは，連盟の中心国であった英，仏両国の消極的姿勢によって実現を阻まれた。

1925年のロカルノ条約は，連盟に直結する一般的安全保障強化の失敗に代わる地域的な集団安全保障構想として登場した。ロカルノ会議から以下の条約が生まれた。第一は，「ラインラントの現状維持に関する相互保障条約」（狭義のロカルノ条約）である。これは，仏，独，ベルギーが，ヴェルサイユ条約が規定する3国の国境の維持と不可侵およびラインラントの軍備禁止をあらためて確認し，また3国の相互不可侵・相互不戦および紛争の平和的処理を取り決め，これらの取決めに関して英，伊両国が保証を与えるという条約である。第二は，ドイツとフランス，ベルギー，ポーランド，チェコスロヴァキア各国との仲裁裁判条約，第三は，フランスとポーランド，チェコスロヴァキアそれぞれとの相互援助条約である。

これらの条約は，特にドイツによるヴェルサイユ条約の再確認を獲得することによって，ヨーロッパ国際関係の一応の安定を導いた。翌年，ドイツは国際連盟に迎え入れられた。しかし，ロカルノ条約は後の国際関係の不安定化につながる問題点も生み出した。第一に，ドイツはその西部国境については自主的に再保証したが，東部国境の現状維持についての保証はしなかった。E・H・カーの表現を借りれば，そこから「それぞれの国境を，安全保障の観点から一級と二級に格付けたという結果」が生まれたのである。第二に，東部国境の再保証がないことによって，この条約はソ連に対抗する同盟として機能する可能性を潜在させたが，同時に，ドイツの動向次第では，ポーランドとチェコスロヴァキアに対するフランスの約束が重大な禍根に転じる可能性もはらんでい

■ 2-16　ドイツ賠償問題の推移

年	事　項
1921	パリ賠償会議…………賠償額 2,260 億金マルクを提案 ロンドン賠償会議……賠償額 1,320 億金マルクに決定
1923	ルール占領 ドイツの消極的抵抗，急激なインフレ進行 消極的抵抗停止，通貨改革
1924	ドーズ案……………ライヒスマルクの創設とドイツ政府から独立した発券銀行によるその管理 8 億金マルクの外資導入 当面 5 カ年間の年次支払額を決定（最高年賦 25 億金マルク） 支払財源（租税，鉄道債，工業債）を明確化
1929	ヤング案……………賠償額 1,210 億金マルクに確定 支払方法を緩和（平均 20 億金マルクの 37 年年賦，さらにその後，20 億金マルク以下の年賦を 22 年間支払う。年賦額の 3 分の 1 は無条件支払，残り 3 分の 2 は，最高 2 年間の送金延期を認む）
1931	フーヴァー・モラトリアム
1932	ローザンヌ会議………債権国はすべての賠償要求を取消し，ドイツはその代償として 30 億金マルクを 5 分利付償還条件付公債の形で一時支払することに合意
1933	ヒトラー政権により賠償支払一方的に打切り
	実際に支払われた賠償金額……………約 360 億金マルク この間にドイツに導入された外資……約 510 億金マルク

出所）杉江栄一編『現代国際政治資料集』法律文化社，1979 年，16-17 頁。

た。

4）ワシントン体制とアジア・太平洋

　1921年11月から翌年初めにかけて，アメリカ大統領ハーディングの提唱によって戦後のアジア・太平洋地域における国際問題を議するためにワシントン会議が開催された。大戦を経て，この地域の政治・経済情勢や列強間関係は大きく変化した。日本は，中国政府に「21カ条要求」を突き付けて中国大陸進出を拡大しつつあり，またヴェルサイユ条約によって南太平洋赤道以北のドイツ植民地を委任統治領として獲得し，勢力範囲を広げた。アメリカでは，1920年の大統領選挙の結果，共和党のハーディングが政権を握った。民主党に比べて共和党の対外政策は，国際連盟の加入拒否に象徴されるように「孤立主義」的だと言われる。しかし，この時期のアメリカの政策は，ヨーロッパから自己を隔離しつつアメリカ大陸における権益を確保するという伝統的な孤立主義ではなかった。むしろ，連盟規約など条約に基づく政治的義務を離れて行動の自由を確保しようという，経済的優越に立ったことの自認に基づく政策であった。ヨーロッパに対する経済的関与を強める一方，対外政策はアジア・太平洋において積極化しつつあった。ワシントン会議の提唱もその表れである。

　ワシントンでは，軍備制限問題に関する米，英，仏，伊，日の5大国会議と，東アジア・太平洋問題に関する9カ国会議（5大国に加え，中国，オランダ，ベルギー，ポルトガル）が開催され，3つの条約が締結された。

　5大国による「海軍軍備制限条約」は，戦艦・航空母艦保有比率を米10，英10，日6，仏3.5，伊3.5とすることを取り決めた。これは，太平洋における新しい戦略上の力関係を形成するもので，ワシントン会議の核心であった。注目すべき点の第一は，英，米は主力艦比率において対等とされ，イギリスは，少なくともアメリカとの関係では，伝統的な「二大国基準（two-power standard）」（2つの大国と同時に戦いうる海軍力を保有するという原則）を放棄したことである。イギリスは以後，アメリカとの戦争を想定せず，メキシコ湾やカリブ海の権益確保をアメリカの力に依存することを意味した。第二の点は，フランスに代わって日本の海軍大国としての地位が認められる一方，日本は主力艦の保有において英，米の10に対して6の比率に甘んじたことである。2つの大洋に

■ **2-17　中国に関する 9 カ国条約**（1922 年 2 月 6 日）〈抜粋〉

第一條　支那國以外ノ締約國ハ左ノ通約定ス
(1)　支那ノ主權，獨立竝其ノ領土的及行政的保全ヲ尊重スルコト
(3)　支那ノ領土ヲ通シテ一切ノ國民ノ商業及工業ニ對スル機會均等主義ヲ有效ニ樹立維持スル爲各盡力スルコト
(4)　友好國ノ臣民又ハ人民ノ權利ヲ減殺スヘキ特別ノ權利又ハ特權ヲ求ムル爲支那ニ於ケル情勢ヲ利用スルコトヲ及右友好國ノ安寧ニ害アル行動ヲ是認スルコトヲ差控フルコト

第三條　一切ノ國民ノ商業及工業ニ對シ支那ニ於ケル門戸開放又ハ機會均等ノ主義ヲ一層有效ニ適用スルノ目的ヲ以テ支那國以外ノ締約國ハ左ヲ要求セサルヘク又各自國民ノ左ヲ要求スルコトヲ支持セサルヘキコトヲ約定ス
(イ)　支那ノ何レカノ特定地域ニ於テ商業上又ハ經濟上ノ發展ニ關シ自己ノ利益ノ爲一般ノ優越權利ヲ設定スルニ至ルコトアルヘキ取極

第五條　支那國ハ支那ニ於ケル全鐵道ヲ通シ如何ナル種類ノ不公平ナル差別ヲモ行ヒ又ハ許容セサルヘキコトヲ約定ス
支那國以外ノ締約國ハ前記鐵道中自國又ハ自國民カ特許條件，特殊協定其ノ他ニ基キ管理ヲ爲シ得ル地位ニ在ルモノニ關シ前項ト同趣旨ノ義務ヲ負擔スヘシ

第六條　支那國以外ノ締約國ハ支那國ノ參加セサル戰爭ニ於テ支那國ノ中立國トシテノ權利ヲ完全ニ尊重スルコトヲ約定シ支那國ハ中立國タル場合ニ中立ノ義務ヲ遵守スルコトヲ聲明ス

（外務省編『日本外交年表竝主要文書，1840-1945』下，原書房，1966 年，17-18 頁）

関与する英，米に対して太平洋に戦力を集中する日本にとって，これは必ずしも不合理ではなかった。日本は，アメリカが太平洋諸島の海軍基地の拡大を行わないことを条件に，これを受け入れた。

「中国に関する9カ国条約」[2-17] は，中国の門戸開放・機会均等を取り決め，中国権益に関する日米間の「石井・ランシング協定」（1917年）の破棄を決めた。これは，中国における日本の既成事実を全面的に排除するものではなかったが，中国東北部における「特殊権益」を主張して大陸侵出をもくろむ日本にとっては打撃であった。アメリカは，前世紀末以来の「門戸開放政策」を初めて国際的に承認させることに成功した。

「太平洋に関する4カ国条約」は，米，英，日，仏が太平洋における平和と領土の現状維持を約定したものであるが，実質的に新しい意味はなく，中国大陸をめぐる日本との対立が予見される情勢の下で，イギリスにとってもアメリカにとっても不都合になった日英同盟破棄のための偽装であった。

これらの条約によって形成された「ワシントン体制」は，アメリカ主導による列強間の利害の調整と勢力関係の画定にほかならなかった。中国は，半植民地状態の改善を期待してこの会議に臨んだが，ヴェルサイユ会議に続いて裏切られた。ワシントン体制は，東アジア・太平洋における植民地体制の再編であって，中国，朝鮮をはじめアジアの民族・植民地問題は顧みられなかったのである。

■参考文献
- E・H・カー『両大戦間における国際関係史』衛藤瀋吉・斎藤孝訳，清水弘文堂，1980年。
- A・J・メイア『ウィルソン対レーニン——新外交の政治的起源 1917〜1918年』Ⅰ・Ⅱ，斉藤孝・木畑洋一訳，岩波書店，1983年。
- 『岩波講座　世界歴史25　第一次世界大戦直後』岩波書店，1970年。

第3章　1930年代危機と第二次世界大戦の起源

1　世界恐慌と国際体制の崩壊

1)「蝶つがい国家」アメリカ

　1920年代の国際秩序の安定には経済の再建が不可欠の条件であったが，ヨーロッパもアジア・太平洋も，経済の安定はアメリカに決定的に依存していた。大戦を経て，アメリカはイギリスに代わって国際経済における支配的地位を獲得した。アメリカは，農業，工業両生産物の大輸出国であると同時に，資本の輸出国でもあった。大戦中にアメリカからの輸入や借款に依存したイギリス，フランスをはじめ各国は，いずれも対米支払い超過（ドル不足）に陥り，貿易収支均衡のためにはアメリカ資本の輸出に依存せざるをえなくなっていた。

　ヴェルサイユ体制の安定のためには，ドイツが「書き取らされた」過酷な条約の修正要求に傾斜することなく，体制の内に収まり続けることが必要であった。そのためには，体制の経済的基盤であった「金融のメリーゴーラウンド」が回り続け，ドイツの経済復興と成長が順調に進むことが条件であった。その鍵は，アメリカのドイツに対する資本投資の持続であった。

　ワシントン体制の土台もまた同様であった。日本が，ワシントン体制のもとで期待された協調的政策を継続する条件は，協調政策が日本の経済と社会の存立の基本的条件を保障できることにあった。日本は，原料を海外から輸入し，半製品・完成品を輸出する経済構造の下で，慢性的な輸入超過国であった[3-1a, b]。とりわけ原料やエネルギー資源の輸入をアメリカとアジアのイギリス領植民地等に依存し，また輸出の42％は生糸を中心とするアメリカへの輸

■ 3-1a　日本の対外貿易（1913，1919～32年）

（単位：百万円）

年	輸入	輸出	差額
1913	729	632	−97
1919	2,173	2,099	−74
1920	2,336	1,948	−388
1921	1,614	1,253	−361
1922	1,890	1,637	−253
1923	1,982	1,448	−534
1924	2,453	1,807	−646
1925	2,573	2,306	−267
1926	2,377	2,044	−333
1927	2,179	1,992	−187
1928	2,196	1,972	−224
1929	2,216	2,148	−68
1930	1,546	1,469	−77
1931	1,235	1,147	−88
（円の切り下げ）			
1932	1,431	1,410	−21

出所）G・チブラ『世界経済と世界政治』三宅正樹訳，みすず書房，1989年，252頁。

■ 3-1b　商品グループ別に見た日本の対外貿易の構成（1912～35年）

（単位：百万円）

年	輸入				輸出			
	食料品	原料	半製品	完成品	食料品	原料	半製品	完成品
1912	11.6	48.4	19.8	19.6	10.4	8.4	50.3	29.6
1914	13.2	55.2	16.2	4.6	10.8	7.7	51.8	28.4
1918	10.5	51.3	27.4	10.2	10.7	5.6	38.5	43.4
1928	13.6	53.1	17.4	15.2	7.9	4.5	41.8	41.2
1929	12.2	55.2	16.0	15.6	7.4	4.1	41.1	43.6
1930	13.4	53.6	15.3	16.5	8.8	4.4	35.7	47.0
1932					7.3	3.5	34.4	49.8
1933					8.4	3.9	28.4	55.4
1934					7.9	4.4	22.9	61.9
1935					7.9	4.4	24.5	58.6

注）100％との間の差は「雑貨」に帰属する。
出所）同上，253頁。

出,他の約40％は中国をはじめアジアへの繊維製品等の輸出であった。日本が協調的対外政策によってアメリカおよび中国との貿易関係を強化できる限り,ワシントン体制は安泰と言えた。

ドイツの経済学者チブラは,この時代のアメリカをヴェルサイユ体制とワシントン体制の「蝶つがい国家」と評した[3-2][1]。2つの体制はいずれもアメリカの経済力に全面的に依存していた。一方,この2つの体制の安定は,それぞれ基本的に現状打開を志向する国家,ドイツと日本の動向にかかっていた。ところが,ドイツのヴェルサイユ条約修正要求が生じ,あるいは日本と中国の間に紛争が生じた場合のアメリカの政治的立場は条約上明らかではなかった。アメリカはヴェルサイユ条約の政治的責任から距離を置き,またワシントン条約も日本の中国侵出に対する政治的対応を明確に定めてはいなかったからである。チブラによれば,じつは「蝶つがい国家」アメリカは,2つの体制においてそれぞれドイツおよび日本が現状に甘んじるであろうという想定に寄りかかり,そこにはらまれた政治的意味を深刻に捉えてはいなかったのである。

2) 世界恐慌とその諸結果

1920年代を通じてアメリカの経済は,大量生産・大量消費の新方式の下で発展を続けた。自動車や鉄鋼生産を中心に生産性は年平均40％以上の上昇を示した。生産性の上昇は企業利益の急増を生み,余剰資本の投資ブームにつながった。しかし,1927年頃から,このアメリカ経済に陰りが見えてきた。ヨーロッパの復興に伴い,まず農業の過剰生産が明らかになった。そして,1929年後半になると,工業の過剰生産と価格の低落が顕著に現れた。このような中で,10月末にウォール街の株式相場の大暴落が生じたのである。アメリカからヨーロッパへの借款はただちに停止し,投下資本の引き揚げが始まった。こうして経済恐慌はアメリカから全世界へと一気に拡大した。

この恐慌は,工業,農業の生産物,鉱物資源等を包括する同時的で相互作用的な価格下落を特徴とし,生産の急速な後退とこれに伴う大量失業を生んだ。国民の所得・購買力の低落は生産のいっそうの縮小を招いた。1929年から32

---

1) G・チブラ『世界経済と世界政治——再建と崩壊 1922-1931』三宅正樹訳,みすず書房,1989年,42頁。

■3-2　「蝶つがい国家」アメリカ

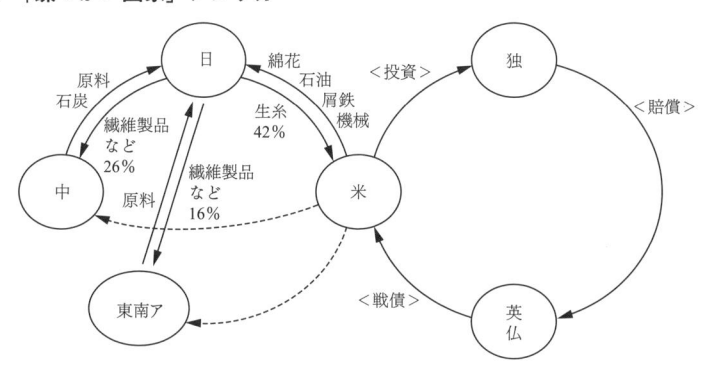

出所）チブラ『世界経済と世界政治』より作成。

■3-3　世界大恐慌後の貿易の急縮小（1929年1月～33年3月）

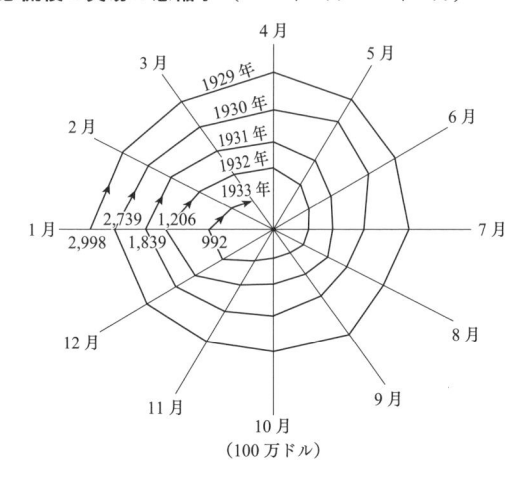

(100万ドル)

世界大恐慌下の世界では，デフレと急激な貿易の収縮が生じ，破壊的な影響を国際秩序全体に与えた。

注）75カ国の総輸入，月額，単位100万旧米金ドル。
出所）田所昌幸『国際政治経済学』名古屋大学出版会，2008年，73頁。

年までに,世界の工業生産は36%減少し,完全失業者率はアメリカで32%,イギリスで17.2%,ドイツでは30.1%にのぼったのである[2]。

　経済の回復には何らかの需要の創出が必要であった。国内に需要が見出しえないとすれば,対外貿易の拡大が必要であった。しかし,恐慌に脅えた各国は,国内産業を保護するために相次いで高関税と輸入割当政策をとり,金本位制を離脱して平価の切り下げに走った。こうして,各国相互の輸出能力が減退し,貿易システムが崩壊した。1932年までに世界貿易は58%減を記録した [3-3]。

　ドイツ経済はアメリカ資本の流入停止と引き揚げの下で破綻し,500万人を超える失業者が生まれた。ドイツは賠償支払い能力を失い,イギリス,フランスもまた債務支払い能力を失った。1931年6月,米大統領フーヴァーは,戦債と賠償の支払いを1年間猶予することを提唱し(フーヴァー・モラトリアム),翌年,スイスのローザンヌで18カ国賠償会議が開かれた。この会議で,ドイツはヴェルサイユ条約の戦争責任条項(第231条)の削除を要求した。列国はドイツからの賠償取立てが困難であることを承認し,賠償要求放棄の代償に一時金30億ドルを求めた。また,英,仏,伊,ベルギーは戦債に関するアメリカとの協定をローザンヌ協定批准の条件とした。アメリカはこれを認めず,また翌33年に登場したヒトラー政権は,賠償支払いを一方的に打ち切った [2-16を参照]。こうして,ヨーロッパにおける1920年代の国際協調の経済基盤が崩れ落ちた。

　一方,アメリカと中国への輸出に依存していた日本の経済は,貿易額が半減するに及んで破綻に瀕した。その大きな原因は対米輸出の60～80%を占めていた生糸価格の暴落であった。すでに1928年に山東半島へ出兵し,大陸侵出の姿勢を見せていた日本は,中国との対立を深めつつあった。世界恐慌はヴェルサイユ体制と並んでワシントン体制の経済的基盤を奪い,1930年代の危機を作り出したのである。

　1933年6～7月,ロンドンで67カ国が参加して世界経済会議が開かれた。すでに各国はアメリカに追随する形で高関税政策に走り,イギリスも金本位制

---

2) *Statistical Year-book of the League of Nations, 1935/36*, Geneve, 1936.

■ 3-4a　ワイマール・ドイツの選挙推移（共和国議会の議席数）

	右翼		中間派				左翼	
	ナチス	国家人民党	群小政党	人民党	中央党	民主党（国家党）	社会民主党	共産党
1928・5	12	73	51	45	78	25	153	54
1930・9	107	41	72	30	87	20	143	77
1932・7	230	37	11	7	97	4	133	89
1932・11	196	52	12	11	90	2	121	100
1933・3	288	52	7	2	92	5	120	81

出所）山口定『現代ヨーロッパ政治史』上，福村出版，1982年，226頁。

■ 3-4b　フランスの選挙推移（国民議会の党派別議席数の推移）

	共産党	社会党	急進社会党＋同系	保守・独立諸派	計
1928	12	100	242	252	606
1932	11	132	238	230	611
1936	72	149	166	222	609

注1）党名の変わった場合は最も一般に通用した党名または党派の欄に一括してある。
　2）フランスでは，1935年7月に左翼政党と労働組合と市民団体から成る人民戦線が誕生，「労働者にパンを，青年に仕事を，世界に偉大なる人類の平和を与えるために，民主的自由を防衛しよう」というスローガンの下に，36年春の選挙で勝利し，社会党，急進社会党，共産党から成る人民戦線政府が樹立された。
出所）J・エレンスタイン『フランス現代史』下，杉江栄一・安藤隆之訳，青木書店，1975年，236頁。

離脱とポンド引下げを行うだけでなく，自らの帝国を囲い込んでスターリング・ブロックを形成した（1932年，オタワ協定）。これに対してアメリカは30％のドル切下げで対抗した。世界経済会議に当たって，英，仏両国は，恐慌緩和のためには通貨の安定が必要であるとし，アメリカにローンの供与と輸入の拡大を求めた。アメリカは，英，仏の為替不足が問題であり，これを解消するためには自国の輸入拡大が必要であることを理解していたが，協力の条件として経済ブロックの解消と市場開放を求めた。しかし英，仏はそれぞれの帝国を開放するつもりはなかった。こうして，国際協調による恐慌克服の最後の試みは破綻した。

以上のように，資本主義経済体制の中心部から発した世界恐慌は，1920年代の国際協調の経済基盤を突き崩し，ヨーロッパでは賠償問題の政治的側面を表面化させ，アジアでは中国大陸に対する日本の領土的野心を駆り立てた。資本主義経済体制の危機がヴェルサイユ＝ワシントン体制の動揺を招き，国際協調の破綻と両体制の動揺は，この経済的・政治的危機の中で登場したファシズム諸国の領土再分割要求と対外侵略に格好の条件を与えることになった。これが世界恐慌の政治的帰結であった。

3）ファシズムの台頭

世界経済会議の失敗の後，アメリカは広い国内市場をはじめ自らの潜在的な経済力に依拠しつつ，改良主義的な方向で経済回復を目指した。イギリスは，スターリング・ブロックを維持・強化しながら現状維持を志向した。その他の国々では，経済危機が階級闘争の激化を招いた。フランスやスペインでは，労働者階級の経済要求や民主主義の要求が「人民戦線」を生み，左翼政権の誕生につながった。他方，ドイツ，イタリア，日本では，反資本主義とともに反共主義や排外的ナショナリズムを掲げた専制的な政権が誕生した［3-4a, b, 3-5］。これらの「ファシズム」と言われる政治体制を擁した国々は，いずれも国内市場が貧しく対外的な経済圏も狭隘な「持たざる国」であった。したがって，恐慌の影響を深刻に被ったこれらの国々は，力による領土の獲得，世界の再分割に活路を見出そうとしたのである。

「ファシズム」の定義については多くの議論がある[3]。ファシズムは，もと

■ 3-5　ナチ党綱領 25 カ条（1920 年 2 月 24 日）〈抜粋〉
1　我々は，諸国民の自決権に基づき，すべてのドイツ人が大ドイツ国家を目標として結集することを要求する。
2　我々は，他の諸国民とのドイツ民族の平等権とヴェルサイユおよびサン・ジェルマンの講和条約の廃棄とを要求する。
3　我々は，ドイツ民族の食糧供給と過剰人口の移住のために，領土と土地（植民地）を要求する。
4　民族同胞たる者に限り，国家公民たることができる。信仰のいかんを問わず，ドイツ人の血統をもつ者に限り，民族同胞たることができる。したがって，ユダヤ人は民族同胞たることを得ない。
6　国家の執行および立法の決定権は，国家公民にのみ与えられる。
　　我々は，何ら性格と能力とを顧慮することなく，単に政党的見地によってのみ，地位の占められる腐敗的議会経済に対して，抗争する。
11　労働によらず，努力によらない所得の廃止。利子奴隷制の打破。
12　戦争による個人的蓄財は，国民に対する犯罪とすべきである。
13　我々は（現在までに）すでに社会化された（トラスト）すべての企業の国有化を要求する。
16　我々は，健全な中産階級の創設維持と，大百貨店を即時，市町村有化してこれを小企業者に低料金をもって賃貸することと，国・各州または市町村に対する物品納入に関しては，すべての小企業者を最も敏感に考慮に入れることとを要求する。
17　我々は，国民の要求に適合した土地改革と，公益を目的とする土地の無償没収に関する法律の制定と，地代の廃止，あらゆる土地投機の防止とを要求する。
22　我々は雇兵の廃止と国民軍の編成とを要求する。
　　公共の福祉と矛盾するがごとき新聞は禁止すること。
24　我々は，それが国家の存立を危うくせず，またはゲルマン人種の美俗・道徳感に反しない限り，国内におけるすべての宗教的信仰の自由を要求する。
　　……党は我々の内外におけるユダヤ的唯物主義的な精神に対して抗争するものであり，我が民族の持続的復興が，次の原則に基づいて，専ら内面から行われ得ることを確信するものである——公益は私益に優先する。
25　以上のすべてを遂行するため，我々は次のことを要求する。ドイツ国の強力な中央権力の創設。ドイツ全国およびその組織一般の上に超越する，政治的中央議会の無制限な権威。ドイツ国が各州に対して公布した構成的法律を執行するための各階層会議所および各職業会議所の創設。
（W・ホーファー『ナチス・ドキュメント　1933-1945 年』救仁郷繁訳，ぺりかん社，1960 年，41-44 頁）

もとは1922年にイタリアに成立したムッソリーニの政治体制やその思想・運動を指すが，1930年代にはこれと類似した運動や政治体制がドイツ，日本，スペインなどに登場した。それらに共通する特徴は，①全体主義と指導者原理，②社会の強制的同質化（Gleichschaltung）と独裁政治（現代型専制），③中間層を基盤とした疑似革命的様相と反共主義，④排外主義と膨張主義（超国家主義）に見出すことができる。

　近代社会はあらゆる価値の源泉を個々の人間の人権に求めるのに対して，「全体主義」は，究極の価値を「民族」あるいは「国家」など「全体」に見出し，「個」はその構成要素にすぎないとする。したがって，生命を含めて個々の人権は「全体」の犠牲に供されて当然と考えられる。重要とされたのは「個」ではなく「全体」の意思である。そして「全体」の意思を体現するのが「指導者」であり，「指導者」の一言々々が「全体」の意思とみなされる。これが「指導者原理」である。したがって，立憲主義や議会政治，複数政党制あるいは言論の自由は否定され，社会の構成員は砂のような大衆として「強制的に同質化」されて指導者の専制的支配に服するのである［3-6a, b］。

　次に，社会主義運動が労働者階級を基盤として革命を目指すのに対して，「ファシズム」は，「反資本主義」と「革命」を掲げながら，その政治的基盤を中間層に求める。それは，社会主義運動と同様に国家と社会の全面的な混乱の中で「革命」を唱えながら勢力を広げるが，他方，反共主義を貫き，労働者による社会主義革命と真っ向から対決する。しかも，文字通りの革命を推進しようとした多数の突撃隊員を粛清したナチス・ドイツの「レーム事件」（1934年）に示されたように，その「革命性」はやがて放棄され，その運動と体制は資本に奉仕することになる。ファシズムとは「20世紀における反革命の最も尖鋭な形態」であると定義される理由はここにある。ファシズムの運動は，いずれも排外的なナショナリズムを高唱しながら対外膨張政策をとるが，これは，自らが奉じる「全体」を至高の存在と考える「全体主義」の本質から必然的に導かれる論理なのである。

　イタリア，ドイツ，日本に共通する特徴は，いずれも第一次世界大戦後，と

3）山口定『ファシズム——その比較研究のために』有斐閣，1979年。R・キューンル『自由主義とファシズム——ブルジョア支配の諸形態』伊集院立訳，大月書店，1977年。

■ 3-6a　ニュルンベルクにおけるナチスの大集会

出所）E. Hobsbawm, *Age of Extremes* : *The Short Twentieth Century 1914-1991*, London : Michael Joseph, 1994.

■ 3-6b　イタリアの若きファシストの行進

出所）同上。

りわけ世界恐慌に伴う経済的打撃が国家・社会の混乱を引き起こし，しかも政治的民主主義のひ弱さゆえに，国民の意思による健全な解決を見出せなかったところにある。これが「ファシズム」台頭の条件になった。

2　ファシズム諸国の対外侵略と宥和政策

1)「枢軸国」の対外侵略

第一次世界大戦による経済的・政治的混乱に乗じて1922年にファシズム体制を樹立したイタリアに続いて，1933年1月にはドイツでナチス（民族社会主義ドイツ労働者党）が選挙を通じて政権に就いた[3-4a]。日本でも，経済危機の中で窮状を軍事力によって解決しようという軍国主義と軍部が台頭し，政党政治を形骸化して天皇中心の権威主義的政治体制を強化した。この3国は，いずれも強権的な政治体制の下で軍事力による現状打開を目指し，対外侵略を重ねてゆくのである[3-7]。

1931年，かねてより「満蒙はわが国民の生命線」であるとして，その領土的併合を目的としていた日本政府，とりわけ関東軍など陸軍は，満州事変（柳条湖における鉄道爆破事件）を起こして中国東北部への侵略を開始した。翌年には，「支那本土と絶縁し表面支那人に依り統一せられその実権を我方の手裡に掌握せる独立満蒙国家」（1931年10月，関東軍「満蒙問題解決の根本方針」）すなわち「満州国」を建国した。中国の訴えに基づいて国際連盟が派遣したリットン調査団は，事件を自衛行為とする日本の主張を退け，満州国も日本官憲の傀儡であるとする報告を行った[3-8]。これを不満とした日本は連盟を脱退（1933年）し，翌年にはワシントン海軍条約を破棄して，国際的孤立の道を歩み始めた。軍部は上海に戦火を拡大するとともに満州国に隣接する華北5省の分離工作を進め，1937年7月には盧溝橋事件を契機に中国との全面戦争に突入した[3-9]。

1933年に政権の座に就いたヒトラーは，日本に続いて国際連盟を脱退し，1935年にはヴェルサイユ条約の軍事条項を破棄して再軍備を宣言した。同じ頃，イタリアはソマリランドの植民地を足場にエチオピア（アビシニアとも呼ばれた）に国境紛争を仕掛け，同年10月，本格的なエチオピア侵略を開始し

■ 3-7　枢軸国の対外侵略史年表

日　本	ヨーロッパ
1931　満州事変	
1932　満州国建国	
1933　国際連盟脱退	1933　独，ヒトラー政権成立，国際連盟脱退
1934　ワシントン海軍条約破棄	1934　ソ，国際連盟加盟
華北分離工作	1935　独，再軍備宣言／伊，エチオピア侵略
1936　「国策の基準」（「東亜大陸」から「南方」へ）	1936　独，ラインラント占領
	スペイン戦争勃発
1936　ベルリン＝ローマ枢軸形成／日独防共協定	
1937　盧溝橋事件（日中戦争開始）	1937　伊，国際連盟脱退
1938　東亜新秩序声明（ワシントン体制の否定）	1938　独墺合併／ミュンヘン会談
	1939　独，チェコスロヴァキア解体・併合
1939　ノモンハン事件	伊，アルバニア占領／独伊軍事同盟
	独，ポーランド侵攻
1940　日独伊三国同盟	

■ 3-8　リットン調査団報告書（1932年）〈抜粋〉

　　第３章　日支兩國間ノ滿洲ニ關スル諸問題
１．支那ニ於ケル日本ノ利益
　1931年9月ニ至ル四半世紀間ニ於テ滿洲ト支那ノ他ノ部分トノ結合ハ追々鞏固トナリツツアリ夫レト同時ニ滿洲ニ於ケル日本ノ利益ハ増加シツツアリタリ。滿洲ハ明ニ支那ノ一部タリシモ同地方ニ於テ日本ハ支那ノ主權行使ヲ制限スルガ如キ特殊ノ權利ヲ獲得若ハ主張シ兩國間ノ衝突ハ其ノ當然ノ歸結ナリキ。
　　第６章　「滿洲國」
　結論　1931年9月18日以來日本官憲ノ軍事上及民政上ノ活動ハ本質的ニ政治的考慮ニ依リテ爲サレタリ。
　各方面ヨリ得タル證據ニ依リ本委員會ハ「滿洲國」ノ創設ニ寄與シタル要素ハ多々アルモ相俟ツテ最モ有效ニシテ然モ吾人ノ見ル所ヲ以テセバ其レナキニ於テハ新國家ハ形成セラレザリシナルベシト思考セラルル二ノ要素アリ、其ハ日本軍隊ノ存在ト日本ノ文武官憲ノ活動ナリト確信スルモノナリ。
　右ノ理由ニ依リ現在ノ政權ハ純粋且ツ自發的ナル獨立運動ニ依リテ出現シタルモノト思考スルコトヲ得ズ。
　　　　　　　（「リットン報告書」『中央公論』昭和7年11月号別冊付録）

た。1936年，ドイツはロカルノ条約を破棄してラインラント非武装地帯を軍事占領し，領土の現状打開の一歩を印した。独，伊両国はこの年に勃発したスペイン内戦に介入しながら接近を進め，10月には独・伊外相会談の後に「ベルリン＝ローマ枢軸」の形成が誇らしげに宣言された［3-11］。また，11月には日独防共協定が調印され，翌年，イタリアも国際連盟を脱退した。こうして，日・独・伊3国枢軸（枢軸国）が，ソ連の加盟を受け入れた国際連盟に対峙する構図が生まれたのである。

　1938年3月，ドイツはヴェルサイユ条約によって禁止されていたオーストリアの併合を強行し，次いでチェコスロヴァキアに触手を伸ばした。チェコをめぐる戦争の危機は9月末のミュンヘン会談で回避されたかに見えたが，1939年3月，ドイツはチェコスロヴァキアを解体・併合した。ドイツはポーランドとの不可侵条約（1925年）と英独海軍協定（1935年）を破棄し，他方でイタリアとの軍事同盟（独伊「鉄鋼同盟」）に調印した。ヨーロッパはポーランドを焦点に再度の大戦の前夜を迎えた。同じ頃，「東亜新秩序声明」（1938年）によってワシントン体制を否定した日本は，ノモンハンでソ連軍との軍事衝突に突入していた。

2）宥和政策の展開

　日，独，伊3国による相次ぐ対外侵略や条約侵犯に直面したイギリス，フランスの政府は，国際連盟や友好国との軍事協力によって国際社会の平和・現状の維持を図るのではなく，侵略行為を黙認し，あるいは侵略者を宥めることによって総体としての現状を維持しようとした。勢力関係の現状打破を意図する国家に対して，部分的譲歩によってこれを宥め，総体としての現状維持を図るこのような政策を宥和政策（appeasement policy）と言う。

　日本の満州侵略が進行しつつあった時，イギリスの植民地政策の推進者であったエイマリーは，「日本を非難すればインド，エジプトにおける我が国の政策全体も非難される」と語り，日本の行動を受け入れた[4]。ここには帝国主義諸国同士の共感を見て取ることができる。ヒトラーがヴェルサイユ条約を破

4）John Barnes and David Nicholson eds., *The Empire at Bay : The Leo Amery Diaries 1929-1945*, London : Hutchinson, 1988, p. 268.

■ 3-9　日本の侵略拡大

出所）太平洋戦争研究会編、森山康平『図説日中戦争』河出書房新社、2000年、4頁。

棄して徴兵制の導入を含む再軍備を開始した時，英，仏，伊3国は北イタリアのストレーザに会合し，ドイツの条約破棄を非難する決議文を連盟理事会に提案した。この結束を「ストレーザ戦線」と言う。しかし，その連盟理事会の直後にイギリスはドイツ政府と接触し，ドイツの海軍力をイギリスの35％に制限するというヒトラーの提案に従って英独海軍協定を結んだ。今や実質を伴いえなくなった条約や連盟の大義よりも，現実主義的政策を選択した事例である。エチオピア領のイタリアへの部分的割譲によってイタリアのエチオピア侵略問題を解決しようとした「ホーア＝ラヴァル計画」［3-10］も，ある意味で現実主義的政策であったが，侵略の対象となった当事国の領土を犠牲にする構想は，後のミュンヘン会談に通じるものである。この「計画」の片棒を担いだ英外相ホーアは世論の非難を浴びて辞任に追い込まれたが，1936年5月，エチオピアはイタリアに併合された。

　1936年3月6日，ドイツ外務省は英，仏，伊，ベルギー各国にドイツ軍によるラインラント非武装地帯の占領を伝えた。これは，英，仏をはじめヨーロッパ諸国に大きな衝撃を与えた。ドイツが自主的に締結したロカルノ条約を破棄したのであり，ヒトラーにとっても大きな賭けであった。フランスは，ただちに連盟に提訴するとともに，ロカルノ諸国によって新たな安全保障体制を構築する交渉を進めようとした。しかし，この動きはまもなく立ち消えになった。英，仏両国の政府も世論も，「ドイツ人が自分の裏庭に馬を乗り入れた」だけの事実を受け入れたのである。ここに，ヴェルサイユ体制は終焉を迎えた。

　この年の夏，スペインで，選挙によって成立した共和党中心の「人民戦線」政府に対して軍部が反乱を起こし，スペイン内戦が始まった。スペイン共和国政府はただちにフランス，次いでイギリス両政府に支援を求めたが，両政府はこれに応じる代わりに独，伊を含む諸国をロンドンに招集し，スペイン不干渉政策を決定した。正当な選挙で成立した政府が，内乱の処理に当たって第三国に支援を求めるのは国際法上の正当な権利であった。「不干渉政策」はスペイン政府のこの権利を封じ，しかも，英，仏両政府は，不干渉協定を蹂躙して公然と反乱軍に軍事援助を続けた独，伊の干渉を黙認した。スペイン共和国政府を見殺しにした英，仏のこの政策は，スペインの紛争を「局地化」し，独，伊

■ 3-10　ホーア＝ラヴァル計画（1935年）

（地図中のラベル）
エリトリア
紅海
アラビア半島
この地域をエリトリアへ
アデン
ホーア＝ラヴァル案で提案されたアビシニアの縮小された領土
アビシニアは「ラクダの回廊」と軽蔑的に呼ばれた海への出口を得るものとする
仏領ソマリランド
英領ソマリランド
アディスアベバ
この地域をイタリア領ソマリランドへ
イタリア領ソマリランド
インド洋

出所）B・キャッチポール『アトラス現代史1　激動の20世紀』辻野功他訳，創元社，1988年，57頁。

■ 3-11　ベルリン＝ローマ枢軸（ミラノにおけるムッソリーニの演説，1936年11月1日）〈抜粋〉

　ミラノの黒シャツ隊員諸君！
　ここに諸君を前に披露せんとする演説をもって，……私は，この混乱と動揺の時期における，他のヨーロッパ諸国民との関係の範囲での，ファシスト・イタリアの地位を確定したい。
　ベルリン会談は，いくつかの問題に関する両国間の協定に達したが，それらのうちのいくつかは今日とくに重要である。……このローマとベルリンを結ぶ垂直線は，分割線ではなく，協調と平和への意志に鼓舞された全ヨーロッパ諸国が，それを中心に協同することを可能となす枢軸にほかならない。

（杉江栄一編『現代国際政治資料集』法律文化社，1979年，32頁）

との対立を回避しながらヨーロッパの現状を維持しようという宥和政策のひとつであった。その間に，エチオピア戦争とスペイン戦争における協力を通じて「ベルリン＝ローマ枢軸」［3-11］が強化されたのである。

　1938年3月のヒトラーによるオーストリア併合にも英，仏両政府は抵抗の意思を示さなかった。独墺合併は予想された事態であり，イギリス外務省は「おそらくできることは何もない」と承知していた。課題は，チェコスロヴァキアにおける同様の事態を阻止する方策の検討であった。

　チェコスロヴァキア内のドイツ人居住地域ズデーテン地方［2-12を参照］では，ナチスを後ろ盾にするズデーテン・ドイツ人党が「自治」を求めて蠢動を強めていた。これはチェコスロヴァキアと相互援助条約を締結しているフランスにとって由々しき事態であったが，英政府はフランスが「取り返しのつかない行動」に出ることを懸念した。イギリスにとってチェコスロヴァキアは「遠い，遠い国」にすぎず，「ヴェルサイユの愚行の産物」でしかなかったからである。5月に訪れた最初の戦争の危機は英，仏の外交的介入によって収められたが，9月に再び危機が訪れ，ズデーテン・ドイツ人党はズデーテン地方のドイツ帝国への合併を求めた。英，仏両政府は，再び外交的介入によって事態の収拾を図ろうとした。9月29日，英，仏，独，伊4カ国首脳のミュンヘン会談が開かれ，ズデーテン地方のドイツへの割譲が取り決められた［3-13］。当事国であるチェコスロヴァキア政府も，同国と相互援助条約関係を有するソ連も会議から除外された［3-12］。翌30日，英首相チェンバレンはヒトラーと会談し，英，独両国の平和的協力の継続をうたった共同宣言に署名した［3-14］。英政府，とくにチェンバレン英首相にとって，英独対立の火種となりかねないズデーテン問題の除去とヒトラーの平和への言質の獲得は「我々の時代の平和」を保障するかけがえのない成果であった。

3）宥和政策と現状維持の論理

　このミュンヘン協定に至って，宥和政策は，日，独，伊が求める「失地回復」等の要求に対する部分的譲歩によって総体としての現状を維持する政策から，弱小諸国の犠牲による「大国共存」の政策へと変質した。そして，重要なことに，英，仏が「平和維持」の目的で容認した周辺的な地域への侵略の結

■ 3-12 ミュンヘン会談の風刺絵（デヴィッド・ローによる）

　　　　ヒトラー　　チェンバレン　ダラディエ　ムッソリーニ　　　　スターリン

会議に招かれなかったスターリンが「何事かね，私の席はないのか？」と問うている。壁にはチェコスロヴァキアの地図，ヒトラーは椅子の下に「力の協定」文を隠している。
出所）Z・ゼーマン『ヒトラーをやじり倒せ』山田義顕訳，平凡社，1990年，104頁。

■ 3-13 ミュンヘン協定（1938年9月29日）〈抜粋〉

　ドイツ，イギリス，フランス，イタリア4カ国は，ズデーテンドイツ地方の分離に関してすでに原則的にその目的を達成した協定を考慮した上，この分離の条件および方式とそれがために講ずべき措置について，4カ国の意見が一致し，この協定によって，協定の完全実施を保証するために必要な措置に対して各自責任を負うことを，ここに明らかにするものである。
　1　撤退は10月1日に開始する。
　2　イギリス，フランス，イタリア3カ国は，右地域よりの撤退を10月10日までに完了し，その際，現在のすべての施設を破壊しないこと，チェコスロヴァキア政府が右施設に損害を与えずして撤退を実行する責任を負うことを協定する。
　3　撤退の方式に関する細目は国際委員会がこれを定める。この委員会はドイツ，イギリス，フランス，イタリア，チェコスロヴァキア5カ国の代表者をもって構成する。
　4　ドイツ軍部隊による，主としてドイツ人の居住する地域の段階的占領は，10月1日にこれを開始する。
　6　国境の最終的確定は，国際委員会がこれを行なう。
　　　　　　　　　　　　　　　　　　（杉江編『現代国際政治資料集』38頁）

果、ほぼ1937年夏を境に、枢軸諸国が英、仏の「死活的権益」を脅かす事態が生まれた。例えば、イタリアはエチオピアを併合することによって、紅海の出口にあたるバブルマンデブ海峡周辺に影響力を拡大した。さらに、スペイン不干渉政策は、ジブラルタル海峡に対する独、伊の影響力増大を許した。アジアでは日、中間に本格的な戦争が開始され、日本の軍事行動によって中国におけるイギリスの権益が侵害される事態が生じた。イギリスは、アジアにおける帝国の危機に際して、本国—地中海—紅海—インド洋をつなぐ「エンパイア・ルート」を通って海軍を急派して対応することを想定していた。しかし、日本に対する宥和政策が日本の侵略拡大を助長する一方、イタリアに対する宥和がエンパイア・ルートの要衝に対するイタリアからの脅威を生むことにつながったのである。くわえて、ドイツがヴェルサイユ、ロカルノ両条約を蹂躙して西部国境を脅かし、また、中欧から東欧へと触手を拡大しようとしていた。ヨーロッパ、地中海、極東の三極における枢軸国の攻勢に直面して、イギリスは窮地に立った。英政府や保守党内部において、宥和政策の継続によって「敵の数を減らす」か、宥和を放棄して枢軸国に対抗する「潜在的同盟国の結集」を方針とするかをめぐって対立が生まれ、「反宥和主義」のグループが次第に発言力を強めた。

　ミュンヘン会談がソ連を除外してチェコスロヴァキア分割を取り決めたことなどから、宥和政策は小国の犠牲の上にドイツの侵略の矛先を東方のソ連に向かわせようとする「反ソ・反共主義」の不道徳な政策であるという批判が生まれた。イギリスの宥和主義者が「反ソ・反共」のイデオロギーの保持者であったことは否定できない。しかし、「反宥和主義者」の中にもチャーチルをはじめ強い反共主義者が存在したことを考えると、宥和政策の本質や特徴をもっぱら反ソ・反共主義に求めるのは論理的ではないし、事実にそぐわない。宥和主義者と反宥和主義者は、ともに帝国を含むイギリスの権益の現状維持を政策目的としていたが、対立点は、「現状打開勢力」としての枢軸諸国に対する認識と対応の考え方にあった。

　すなわち、宥和主義者は、宥和によって枢軸を分断し、「敵の数を減らす」ことが可能だと考える一方、潜在的同盟国であるソ連、アメリカとの利益の競合関係にむしろ敏感で、この両国およびフランスに対する不信を抱き続けた。

■ 3-14　ヒトラーとチェンバレンによる共同宣言

> We, the German Führer and Chancellor and the British Prime Minister, have had a further meeting today and are agreed in recognising that the question of Anglo-German relations is of the first importance for the two countries and for Europe.
> We regard the agreement signed last night and the Anglo-German Naval Agreement as symbolic of the desire of our two peoples never to go to war with one another again.
> We are resolved that the method of consultation shall be the method adopted to deal with any other questions that may concern our two countries, and we are determined to continue our efforts to remove possible sources of difference and thus to contribute to assure the peace of Europe.
>
> [signatures: A. Hitler / Neville Chamberlain]
>
> September 30, 1938

出所）K. Eubank, *Munich*, Reprint, Westport : Greenwood Press, 1984（Univ. of Oklahoma Press, 1963）.

チェンバレンは，日本に対する断固たる政策にはアメリカの協力が不可欠であると認識した。しかし「アメリカ人からは言葉以上の何物も期待しないのが常に最良で最も安全な方法である」というのが彼の信念であった。例えば，1937年10月，ルーズヴェルト米大統領はシカゴで演説し，「数年前に始まった恐怖と国際的無法状態」を「隔離」するための協力にアメリカは「積極的に参画する」と表明しながら [3-15]，その1週間後には事実上前言を撤回した。これは，チェンバレンの対米不信を立証する事例のひとつであった。一方，反宥和主義者は，枢軸国のそれぞれの侵略的性格を深刻に受け止め，3国の野合に対してソ連を含めた「同盟国の結集」を説いたのである。宥和主義者の反ソ・反共主義にも留意するなら，イギリスの宥和政策とは，広大な帝国を擁するイギリスの権益を維持することを目的とした，平和主義を装った反革命的保守主義の政策であったと言うことができる。

3　第二次世界大戦への道

1) 英仏ソ3国交渉と独ソ不可侵条約

　チェコスロヴァキアを解体したヒトラーの次の標的が，ドイツ人にとって怨念の的であったポーランド回廊であることが明らかになる中で，英首相チェンバレンは，1939年3月31日，議会における答弁の中で言葉を選びながら，ポーランドの「独立」に対する全面的な支援を声明した。このポーランド安全保障宣言は宥和政策との決別であると見られたが，じつはそうではなかった。英政府の宣言もフランスの条約上の義務も，ポーランドの安全を保障する軍事的裏付けを欠いていたが，英政府の安全保障宣言は，ポーランドの軍事的な救済を想定したものでもなく，また戦争が不可避であることを承認した上での政策でもなかった。英政府は「宣言」に対独抑止効果を期待したのである。すなわち，この宣言がドイツのポーランド侵攻を思いとどまらせるであろうというのであった（この宣言は，8月25日，英・ポ両国間の相互援助協定として調印された [3-16]）。

　しかし，ポーランドに対する保障にいささかでも信憑性を持たせて，「対独抑止力」を強化するためには，ポーランドの東側に隣接する大国ソ連との連携

■ 3-15　ルーズヴェルト「隔離演説」（1937 年 10 月 5 日）〈抜粋〉

　世界の政治情勢は，最近加速度的に悪化しつつあり，平和と隣国との友好のうちに生きたいと願うすべての国民および国家に深刻な関心と不安をもたらしている。
　今日における恐怖と国際的無法状態の横行は，数年前に始ったことである。それは，他国の国内問題に対する不正な干渉や，条約の侵犯にもとづく外国領土の侵略などの形態に始まり，今日では，文明の基礎そのものが重大な脅威に立たされる段階に達した。
　今日，単なる孤立や中立をもってしては逃れられない国際的無政府状態と不安定を作り出しているこれらの条約侵犯や人間的感性の蹂躙に反対するために，平和愛好諸国は協同の努力をなさねばならない。
　不幸な事実であるが，世界的無法という伝染病は拡散しつつあるように見受けられる。
　ある伝染病が拡がりはじめる時，社会は，その伝染病の感染から社会の健康を防禦するために，患者を隔離することに合意し協力するものである。
　戦争は，それが宣言されたものであっても，そうでなくても，一種の伝染病である。
　アメリカは戦争を憎む。アメリカは平和を希望する。したがって，アメリカは平和の探究に積極的に参画するものである。

（杉江編『現代国際政治資料集』35-36 頁）

■ 3-16　イギリス・ポーランド相互援助協定（1939 年 8 月 25 日）〈抜粋〉

第 1 条　締約国の一方が，その締約国に対する 1 ヨーロッパ大国の侵略行為の結果，その大国との敵対関係に引き込まれた場合には，他方の締約国は，敵対関係に引き込まれた締約国に対し，可能な限りあらゆる支持と援助を与える。
第 2 条　(1)　第 1 条の規定は，1 ヨーロッパ大国のいかなる行為であれ，それが，直接的であれ間接的であれ，締約国の一方の独立を明らかに脅かす行為である場合，および，当事国が武力をもって抵抗することが不可欠であると判断する性質の行為である場合にも，適用される。
　　秘密議定書
　　1　(a)　協定において「1 ヨーロッパ大国」とは，ドイツと理解される。

（同上，39 頁）

が必要であった。ここに英，仏とソ連との間に政治・軍事協力のための交渉が開始された。4月に始まった3国の交渉は延々と続いた。提案から逆提案までに要した日数がソ連の16日に対して，英・仏側は59日であったことにも示されるように，交渉の遅延は主としてイギリスの姿勢にあった。ソ連はドイツとの戦争を想定して軍事協定を含む取決めを求めたのに対して，そもそもイギリスはソ連との交渉継続の事実に対独抑止力を期待したのであった。すなわち，イギリスとこれに同調したフランスの目的は依然として対独戦争の回避であり，まぎれもなく宥和政策に通じるものであった。英・仏・ソ交渉のさなかにドイツに対する英政府の宥和の試みが水面下で続いた理由はここにあった。

　8月中旬に3国交渉は行き詰まった。業を煮やしたソ連はドイツ政府からの接触を受け入れ，8月23日，独ソ不可侵条約調印が明らかにされた [3-17]。この条約は，独，ソ両国によるポーランド分割の秘密議定書を伴っていた。ソ連はヨーロッパの権力政治の埒外に去り，9月1日，ドイツによるポーランド侵攻が開始された。第二次世界大戦の幕開きであった。

2）2つの大戦の連続性と不連続性

　第二次世界大戦の発端の場になったポーランドは，第一次世界大戦の戦後処理の遺産であった。ここに象徴されるように，第一次世界大戦を導いた列強間の対立と戦後処理の遺産が再度の大戦の原因となったことに両大戦の連続性を認め，これを第二の「三十年戦争」と考える説がある。たしかに，両大戦に帝国主義戦争としての連続性を見ることは重要である。しかし，両大戦戦間期の国際政治には新しい要素が生まれており，また第二次世界大戦の基本的性格は戦争の過程で変化を遂げていくことに留意することがむしろ重要である。

　第一次世界大戦後の世界は，1924年頃を境に安定期を迎えたが，大戦とその後の講和の結果，そこには帝国主義諸国間対立，帝国主義と植民地（従属国）の対立と並んで，新しい要素としての革命対反革命の対立が潜在していた。そして，世界恐慌と，現状打開を目指すファシズム諸国の登場の結果，1930年代の半ばから後半にかけての国際関係は，①攻勢的帝国主義勢力（現状打開派諸国）としてのファシズム諸国（枢軸国），②守勢的帝国主義国勢力（現状維持派諸国）としての英，仏，米，③ソ連および帝国主義に挑む革命勢力

■3-17 「計算する熊公」（英仏ソ交渉と独ソ接近の風刺画。*Punch*, 12 July）

英仏ソ交渉のメモを手にした熊（ソ連）を手なずけようとするハリファックス英外相とリッベントロップ独外相。
出所）J. Charmley, *Chamberlain and the Lost Peace*, Hodder & Stoughton : London, 1989, p. 190.

や民族解放勢力（人民戦線）という3勢力の間の鼎立関係に収斂していった[3-18]。第一次世界大戦前とは違って，革命勢力としてのソ連や「人民戦線」の存在と，「反革命の尖兵」としてのファシズムの台頭が，国際関係を複雑にしていた。

　①と②の間には，第一次世界大戦以前からの対立が存在したが，②の勢力は，①の勢力の侵略の矛先が自らの死活的権益に及ばず，あるいは③の勢力に向けられている限りは，あえて①との対立を引き受けることをしなかった。また，①はその本質的な反革命的性格ゆえに③を敵視した。ところが，反革命性と並んでファシズムが有する徹底した暴力的・侵略的性格が事態を変化させていった。①の勢力は，侵略の先々でこれに抵抗する勢力（レジスタンスや民族解放勢力）の広がりを生んだばかりではなく，侵略拡大に伴う不可欠な結果として②の勢力の死活的権益との衝突を生むことになった。ここに，①と②の間の帝国主義的対立が激化するとともに，ファシズムの侵略性と暴力性に対抗する「反ファシズム連合」の可能性が生まれたのであった。

　しかし，「反ファシズム連合」の形成はまだ先のことであった。1939年3月31日，独，伊両国の支援を受けて人民戦線政府を打ち倒したスペインの反乱軍がマドリッドに入城した。この日，英，仏両政府がポーランドに安全保障の約束を与え，ポーランド問題がヨーロッパ政局の焦点になった。そして，ポーランドの救済を課題として延々と続けられた英，仏，ソ3国交渉は8月に入って破綻し，ソ連は独ソ不可侵条約を選択した。こうして，「人民戦線」勢力の一時的敗北の後にソ連がヨーロッパの権力政治の場から自己を隔離したことによって，第二次世界大戦は①と②との間で，再度の帝国主義戦争として開始されたのである。

■ 3-18　1930年代後半の国際関係

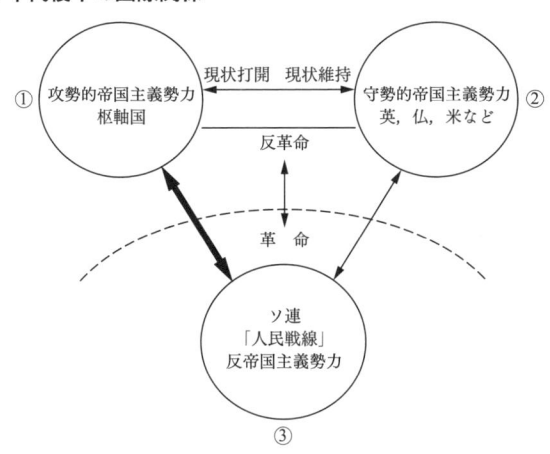

```
         現状打開　現状維持
    ①  ┌─────┐ ←──────→ ┌─────┐  ②
       │ 攻勢的帝国主義勢力│         │守勢的帝国主義勢力│
       │   枢軸国    │         │  英，仏，米など │
       └─────┘         └─────┘
              反革命
               ↕
              革命
                ↕
           ┌─────┐
           │  ソ連    │
           │ 「人民戦線」 │
           │ 反帝国主義勢力│
           └─────┘
              ③
```

■参考文献

- 斉藤孝『戦間期国際政治史』岩波書店，1978年。
- 斉藤孝『第二次世界大戦前史研究』東京大学出版会，1965年。
- E・H・カー『危機の二十年　1919-1939』井上茂訳，岩波文庫，1996年。
- 佐々木雄太『30年代イギリス外交戦略――帝国防衛と宥和の論理』名古屋大学出版会，1987年。

第4章　第二次世界大戦

1　枢軸国の攻勢と戦線の拡大

1) ヨーロッパの戦争

　1939年8月31日の夜，ポーランド軍の軍服を着た男たちが，ポーランド国境から2キロ近く離れたドイツの町グラヴィッツに侵入した。町の放送局を襲撃した男たちは，職員を射殺した後，非常送信機を用いて「ポーランド人民よ，ドイツとの戦争の時が来た。すべてのドイツ人を打ち砕け」と，完璧なポーランド語でわめきたてた。これはドイツによる謀略であった。9月1日，ドイツの大軍がポーランドへ侵攻した。ヒトラーは，グラヴィッツの襲撃をひとつの理由として，激しい口調で開戦を国民に告げた。イギリス，フランスはしばしの逡巡の後に9月3日にドイツに宣戦を布告し，ここに第二次世界大戦が始まった。

　怒濤のようなドイツ軍の攻撃にポーランドは抵抗するすべがなく，戦闘はほぼ2週間で終わった。9月17日にはソ連軍がポーランドに進撃し，ロシア革命の後に奪われたポーランド東部を占領した。これは，独ソ不可侵条約の付属議定書によってドイツとの間に約束された行為であった。英，仏両国は，このポーランドにおける事態をただ傍観しているばかりであった。さらに，それから約3カ月は，英，仏とドイツとの間に戦線での重大な衝突は起こらず，「奇妙な戦争（phony war）」の時期と呼ばれた。

　1940年4月，ヒトラーは北欧作戦を開始し，イギリスはこれに反撃を試みたが失敗した。この戦争指導の責任をとって英首相チェンバレンは辞任し，チャーチルが後継首相に就任した。60歳代半ばを過ぎていたチャーチルは，

■ 4-1　ドイツ軍の西欧侵攻（1940年5～6月）

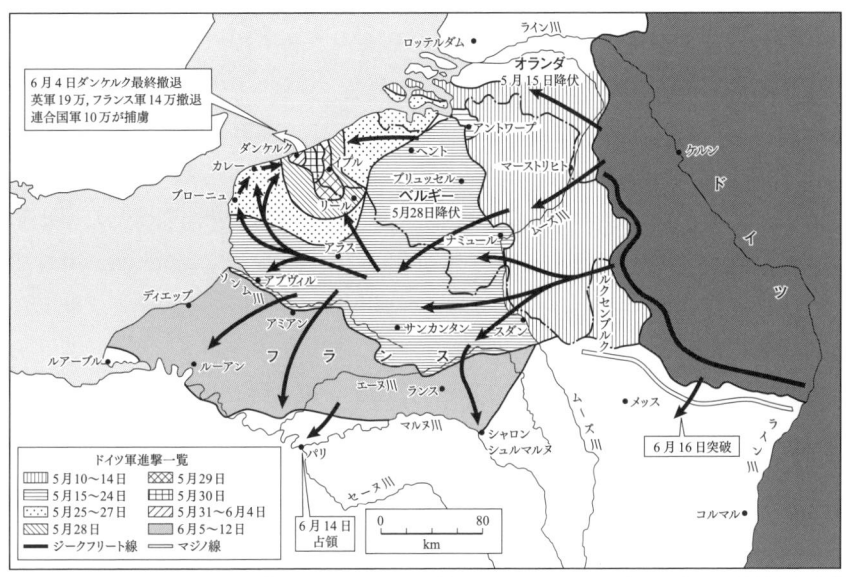

出所）P・カルヴォコレッシー他『トータル・ウォー――第二次世界大戦の原因と経過』上，八木勇訳，河出書房新社，1991年，158頁。

しかし，「血と労苦と涙と汗」を国民とともにし，「いかなる犠牲を払っても勝利」を手にすることを誓って，戦争指導を引き継いだ[1]。時を同じくしてドイツの西欧作戦が開始され，オランダ，ベルギーを制圧したドイツ軍によって英・仏軍はドーバー海峡の一角ダンケルクに追いつめられた。イギリスは，漁船やテームズ川の遊覧船や川船までをも動員して，34万人の兵士をかろうじてイギリス本土へ撤退させた。

次いで，ドイツ軍はフランスを目指し，6月14日にパリが陥落した。ヒトラーは，第一次世界大戦後のドイツ軍司令官の休戦協定調印に倣って，コンピエーニュの森に22年前とまったく同じ客車をしつらえて，その中でフランスに降伏文書調印を迫った。今や，親ファシズム国家であるポルトガル，スペインを含めて，大西洋からポーランドまでがファシズム勢力の支配下に置かれた［4-1］。

ドイツの次の目標はイギリス本土攻略であった。8月中旬から約1カ月にわたって，ドイツ空軍によるイギリス本土に対する猛烈な空爆が繰り返され，イギリス空軍がこれに応酬した。最初の1日だけで1,000機の戦闘機と485機の爆撃機がイギリス本土を襲った。チャーチルは，「やがて時が来て新世界が旧世界の救済と解放に向かって力強く歩み出すまで戦い続けるのだ」と国民を励ましながら［4-2］，「新世界」すなわちアメリカからの援助を待った[2]。イギリス人がいまだに誇らしげに語るこの「ブリテンの戦い（The Battle of Britain）」はドイツのイギリス本土攻略を防ぎ，その結果，ヒトラーは踵を返して戦場を東方に求めることになるのである。

2) 日本の戦争

1931年の満州事変に始まる日本の戦争は「十五年戦争」と表現される。当時の国民には，やれ満州事変だ，上海事変だ，支那事変が始まった，これからは大東亜戦争だ，というように相次ぐ戦争の展開がばらばらに伝えられた。し

---

1) ウィンストン・チャーチル『血と涙と』（戦時演説集）中野忠夫訳，新潮社，1958年，14頁。
2) John Colville, *The Fringes of Power : Downing Street Diaries 1939-1955*, London : Hodder & Stoughton, 1985, p. 148.

■ 4-2 ブリテンの戦い（国民を鼓舞する英政府のポスター）

チャーチル首相が「力を合わせて一緒に進もうではないか」と呼びかけている。
出所）Imperial War Museum, London.

かし，1945年の敗戦に至る日本の戦争はひと続きの歴史として理解されなければならない。満州事変の後に「満州国」を建国して中国の東北3省を支配下に置いた日本は，次いで，中国駐屯の軍によって，これに隣接する華北5省（熱河，チャハル，綏遠，河北，山西の諸省）を南京の国民政府から分離して日本軍の支配下に置く工作を進めた［3-9を参照］。1937年7月，北京（当時は北平）郊外の盧溝橋における中国軍との衝突は，この華北分離工作の中で生じた事件であった。

盧溝橋事件をきっかけに日本軍は，「支那軍の暴戻を膺懲し以て南京政府の反省を促す」（1937年8月15日，政府声明）として中国との全面戦争に突入し，上海へ戦火を拡大するとともに12月には南京を攻略，翌年には武漢を占領し，70万人の陸軍を中国全土に展開した。1936年8月に日本政府が定めた「国策の基準」は，「東亜大陸における帝国の地歩を確保すると共に南方海洋に進出発展するにあり」と述べ，「日満支三国の緊密なる提携」による中国大陸の支配と南方進出への野望を明確に示した［4-3a］。

しかし，中国戦線は早くも膠着状態にあり，日本軍はその打開策を南方に見出すことを目的に，1939年には海南島および新南群島を占領した。日本軍の南方進出とその先に生じたイギリス，フランス，オランダ，アメリカとの衝突は，日中戦争の行詰まりを打開するための軍事戦略の結果であった。

1939年5月のノモンハン事件で日本軍がソ連軍による手ひどい打撃を被って以来，日本政府と軍部は「北進」論を捨てて，「南進」論へと傾いていた。ヨーロッパにおける戦争の勃発は，日本にとって光明にほかならなかった。1940年7月，日本政府は，あらためて「日満支の強固なる結合を根幹とする大東亜の新秩序を建設する」方針を確認（「基本国策要綱」）するとともに，仏領インドシナ，英領香港，蘭領インドネシアなど南方地域の軍事支配を目指す方針を決定し（「世界情勢の推移に伴う時局処理要綱」），ヨーロッパの戦局をにらみながら南進政策を進めた［4-3b, c］。1940年9月には北部仏印に進駐し，翌41年7月には南部仏印をもその支配下におさめた。

この間，1940年9月には日独伊3国同盟が締結された。1941年6月の独ソ戦争の開始は，松岡洋右外相をはじめ「北進」論者を勢いづかせ，対ソ戦争を想定した総兵力85万人の大動員が「関東軍特種演習」の名の下に発動された。

■ **4-3a 国策の基準**（1936年8月7日，5相会議）〈抜粋〉
一，帝國内外ノ情勢ニ鑑ミ當ニ帝國トシテ確立スヘキ根本國策ハ外交國防相俟ツテ東亞大陸ニ於ケル帝國ノ地歩ヲ確保スルト共ニ南方海洋ニ進出發展スルニ在リテ其ノ基準大綱ハ左記ニ據ル
　（三）　滿洲國ノ健全ナル發達ト日滿國防ノ安間ヲ期シ北方蘇國ノ脅威ヲ除去スルト共ニ英米ニ備ヘ日滿支三國ノ緊密ナル提携ヲ具現シテ我カ經濟的發展ヲ策スルヲ以テ大陸ニ對スル政策ノ基調トス而シテ之カ遂行ニ方リテハ列國トノ友好關係ニ留意ス
　（四）　南方海洋殊ニ外南洋方面ニ對シ我民族的經濟ノ發展ヲ策シ努メテ他國ニ對スル刺戟ヲ避ケツツ漸進的和平的手段ニヨリ我勢力ノ進出ヲ計リ以テ滿洲國ノ完成ト相俟ツテ國力ノ充實強化ヲ期ス
　　　　　（外務省編『日本外交年表竝主要文書，1840-1945』下，原書房，1966年，344頁）

■ **4-3b 基本国策要綱**（1940年7月26日閣議決定）〈抜粋〉
一，根本方針　皇國ノ國是ハ八紘ヲ一宇トスル肇國ノ大精神ニ基キ世界平和ノ確立ヲ招來スルコトヲ以テ根本トシ先ツ皇國ヲ核心トシ日滿支ノ強固ナル結合ヲ根幹トスル大東亞ノ新秩序ヲ建設スルニ在リ之カ爲皇國自ラ速カニ新事態ニ卽應スル不拔ノ國家態勢ヲ確立シ國家ノ總力ヲ擧ケテ右國是ノ具現ニ邁進ス
二，國防及外交　皇國現下ノ外交ハ大東亞ノ新秩序建設ヲ根幹トシ先ツ其ノ重點ヲ支那事變ノ完遂ニ置キ國際的大變局ヲ達觀シ建設的ニシテ且ツ彈力性ニ富ム施策ヲ講シ以テ皇國國運ノ進展ヲ期ス
　　　　　　　　　　　　　　　　　　　　　　　　　　　　　（同上，436頁）

■ **4-3c 世界情勢の推移に伴う時局処理要綱**（1940年7月27日大本營政府連絡会議決定）〈抜粋〉
　　方　　針
帝國ハ世界情勢ノ變局ニ對處シ內外ノ情勢ヲ改善シ速カニ支那事變ノ解決ヲ促進スルト共ニ好機ヲ捕捉シ對南方問題ヲ解決ス
　　要　　領
第二條　對外施策ニ關シテハ支那事變處理ヲ推進スルト共ニ對南方問題ノ解決ヲ目途トシ概ネ左記ニ依ル
一，先ツ對獨伊ソ施策ヲ重點トシ特ニ速カニ獨伊トノ政治的結束ヲ強化シ對ソ國交ノ飛躍的調整ヲ圖ル
二，米國ニ對シテハ公正ナル主張ト儼然タル態度ヲ持シ帝國ノ必要トスル施策遂行ニ伴フ已ムヲ得サル自然的惡化ハ敢テ之ヲ辭セサルモ常ニ其ノ動向ニ留意シ我ヨリ求メテ摩擦ヲ多カラシムルハ之ヲ避クル如ク施策ス
　　　　　　　　　　　　　　　　　　　　　　　　　　　　（同上，437-38頁）

しかし、参謀本部は結局、対ソ武力行使を断念し、日本は「独伊との提携強化を図る」一方で、「此の際、対米英蘭戦争を決意」して「南進」の準備に専念することを選択したのである（1941年11月2日、「帝国国策遂行要領」）[3]。

2　反ファシズム連合の形成

1）「民主主義の兵器廠」と「4つの自由」

　1940年のアメリカ大統領選挙で、ルーズヴェルトはアメリカ史上初めて大統領3選を勝ち取った。ヨーロッパはすでにドイツによって席巻され、イギリスが孤立していたにもかかわらず、この選挙においてルーズヴェルトは、「子供たちを戦場に送らない」ことを公約に支持を集めた。戦争に対するコミットにきわめて慎重なルーズヴェルトの姿勢は、日、独、伊3国に対する「反ファシズム連合」を目指す英、仏の政治勢力をしばしば落胆させ、また「宥和主義者」の主張にもっともらしい根拠を与え続けたのである。

　しかし、ルーズヴェルトの内外政策は、アメリカが参戦するかどうかの問題はさておいて、すでに2～3年前からヨーロッパにおける戦争に備える方向に傾斜していた。アメリカの経済は、ニューディール政策の効果もなく、1937年に再び恐慌に見舞われ、米政府は、経済復興の道を軍需生産の拡大に求めるようになった。ひとつは、自国の国防力強化をうたいながら艦艇や航空機の製造を進めること、いまひとつは、英、仏からの強まる要請に応えて「中立法」（交戦国に対する武器、弾薬、軍需器材の輸出を不法とする法律）を緩和し、航空機および兵器販売に道を開くことであった。いずれも公共事業に代わる需要の創出にほかならず、さらに英、仏に対する兵器販売は両国に通商上の門戸開放を求める手掛かりでもあった。

　大統領選挙に勝利した年の末、ルーズヴェルトは、国民に向けたラジオ放送（炉辺談話）を通して、アメリカは「民主主義の偉大な兵器廠」を引き受けねばならないという決意を表明した。大統領は、アメリカの参戦の可能性を慎重に否定しながらも、枢軸国に対するイギリスやヨーロッパの人々の戦いがアメ

3）江口圭一『十五年戦争小史［新版］』青木書店、1991年。

■ 4-4　ルーズヴェルト「4つの自由」演説（議会に対する年頭教書，1941年1月6日）
〈抜粋〉

　現実的な人間なら誰でも，今この瞬間にも，民主的生活様式が世界各地で直接の攻撃——武力による攻撃，または，現在平和な諸国の内部から統一を破壊し不和をかきたてようとする人々がひそかに広める悪意ある宣伝による攻撃——にさらされていることを知っている。この攻撃は，16ケ月にわたり，夥しい数の大小の独立国で，民主的生活様式のすべてを抹殺してきた。

　それゆえに私は，「連邦の現状を議会に報告する」という大統領としての憲法上の責務を果すに際して，わが国とわが民主主義との将来と安全とが，わが国の国境からはるか遠くの諸事件に緊密に関わっていることを報告しなければならないと考える。

　……このゆえに，緊急に必要なのは，わが国の軍需生産の速やかな拡充である。……民主主義諸国にこう言おう——「われわれアメリカ国民は，貴国の自由の擁護に重大な関心をもっている。……われわれは貴国に，大量の船舶，航空機，戦車，銃器を送るつもりである。これはわれわれの目標であり，また約束である」と。

　安泰な将来をめざすわれわれは，人間にとって欠くべからざる4つの自由に基づく世界を待ち望む。

　第1は，世界のあらゆるところでの，言論および表現の自由。

　第2は，世界のあらゆるところでの，各人が自分自身のやり方で神を崇拝する自由。

　第3は，世界のあらゆるところでの，欠乏からの自由——世界の現状にあてはめれば，それはすべての国々の住民に健全な平和的生活を保障する経済上の相互理解を意味する。

　第4は，世界のあらゆるところでの，恐怖からの自由——世界の現状にあてはめれば，それは，世界的規模で軍備を縮小して，いかなる国も近隣諸国に対して軍事力による侵略行為をなしえないようにすることを意味する。

　……自由は，どこにおいても，人権の至高性を意味する。われわれは，これらの人権を獲得しようとしあるいは守ろうと戦う人々を支援する。われわれの強さは，この目的の一致にあるのである。

（杉江栄一編『現代国際政治資料集』法律文化社，1979年，53-54頁）

リカの安全と不可分であることを説き,「彼らの自由と我々の安全のための戦い」に必要な航空機,戦車,銃器,輸送船などを,「大量かつ迅速に提供しよう」と語ったのである[4]。

次いで,1941年1月,ルーズヴェルト大統領はその年の「年頭教書」において,2つ目の重要なメッセージを発した。それは,「4つの自由」すなわち言論・表現の自由,信仰の自由,欠乏からの自由,恐怖からの自由を実現しようという演説であった[4-4]。それは,大戦に参戦する場合の戦争目的という政治的含意を伴っていた。この演説は,チャーチルが待ちに待った「新世界」からの意思表示にほかならなかった。1月末からアメリカの参謀本部は,将来の参戦を想定して,イギリス参謀本部との間で共同作戦計画の検討を開始した。同年3月にはアメリカ議会で「武器貸与法（The Lend-Lease Act）」が成立し,反枢軸勢力に対する本格的な軍事援助が開始された。この法に基づいてアメリカは,イギリス,ソ連,中国など第二次世界大戦の連合国に対して戦争終結までに500億ドルを超える武器・食料を「貸与」したが,援助総額の3分の2はイギリスが受け取った。

2）大西洋憲章から連合国宣言へ

1941年6月22日,ドイツ軍は,不可侵条約締結国であるソ連に襲いかかった。ヒトラーによって「バルバロッサ作戦」と名付けられた独ソ戦争の開始であった[4-9を参照]。再度の帝国主義戦争として始まった第二次世界大戦は,ここからその性格を変容させていく。独ソ開戦のその日に,チャーチルは「できうる限りの援助をロシアとロシアの民に」与えるという意思を表明し,翌月には,相互の軍事的援助と単独不講和を約束する英ソ宣言が発せられた。

8月9日,ルーズヴェルトとチャーチルは,ニューファウンドランド沖で会談し,独ソ戦争をはじめ戦局の評価や対日抑止に関する方策を話し合い,14日には「大西洋憲章（The Atlantic Charter）」として知られるようになる共同宣言を発表した。大西洋憲章は,①領土不拡大,②領土不変更,③政体を選択する権利,④貿易の機会均等,⑤労働・生活環境の改善,⑥ナチ暴政の破壊と恐

---

4) Fireside Chats of Franklin D. Roosevelt, December 29, 1940 : Franklin D. Roosevelt Presidential Library and Museum. http://docs.fdrlibrary.marist.edu/122940.html, 2010/11/16.

■ 4-5 大西洋憲章（英米共同宣言）

署　　名　1941年8月（大西洋上），同年8月14日発表
1941年8月14日に連合王国総理大臣及びアメリカ合衆国大統領が発表した大西洋憲章として知られる原則宣言

　アメリカ合衆国大統領及び連合王国における皇帝陛下の政府を代表するチャーチル総理大臣は，会合を行なつた後，両者が，世界の一層よい将来に対するその希望の基礎とする各自の国の国政上のある種の共通原則を公にすることは正しいことであると認める。
　第1に，両者の国は，領土的たるとその他たるとを問わず，いかなる拡大も求めない。
　第2に，両者は，関係国民の自由に表明する希望と一致しない領土的変更の行われることを欲しない。
　第3に，両者は，すべての国民に対して，彼等がその下で生活する政体を選択する権利を尊重する。両者は，主権及び自治を強奪された者にそれらが回復されることを希望する。
　第4に，両者は，その現に存する義務に対して正当な尊重を払いつつ，大国たると小国たるとを問わず，また，戦勝国たると敗戦国たるとを問わず，すべての国に対して，その経済的繁栄に必要な世界の通商及び原料の均等な解放がなされるよう努力する。
　第5に，両者は，改善された労働条件，経済的進歩及び社会保障をすべての者に確保するため，すべての国の間の，経済的分野における完全な協力をつくりだすことを希望する。
　第6に，ナチ暴政の最終的破壊の後，両者は，すべての国民に対して，各自の国境内において安全に居住することを可能とし，かつ，すべての国のすべての人類が恐怖及び欠乏から解放されてその生命を全うすることを保障するような平和が確立されることを希望する。
　第7に，このような平和は，すべての人類が妨害を受けることなく海洋を航行することを可能ならしめるものでなければならない。
　第8に，両者は，世界のすべての国民が，実際的および精神的のいずれの見地からみても，武力の使用の放棄に到達しなければならないと信ずる。陸，海又は空の軍備が，自国の国境外における侵略の脅威を与え又は与えることのある国々において引続き使用される限り，いかなる将来の平和も維持され得ないのであるから，両者は，一層広範かつ恒久的な一般的安全保障制度が確立されるまでは，このような国々の武装解除は欠くことのできないものであると信ずる。両者は，また，平和を愛好する国民のために，恐るべき軍備の負担を軽減する他のすべての実行可能な措置を援助し，かつ，助長する。

フランクリン・D・ルーズヴェルト
ウィンストン・S・チャーチル

怖・欠乏からの解放，⑦海洋の自由，⑧武器使用の放棄と一般的安全保障制度の確立など，「世界の一層よい将来に対するその希望の基礎とする共通原則」をうたった［4-5］。

　この大西洋憲章は，当初，ルーズヴェルトにとっては参戦の可能性を見据えてアメリカ世論を教育するための，また，チャーチルにとっては孤立した戦いの中にある国民を鼓舞するための宣伝的文書にすぎなかった。しかし，そこにうたわれた枢軸諸国の侵略否認，侵略者の武装解除，そして諸国民の独立や政体選択の自由などは，ファシズムと戦い，また帝国主義からの民族解放を求める諸勢力の広い共感を呼び，「反ファシズム連合」の普遍的綱領となる可能性を含んでいた。

　1941年末から42年にかけてワシントンに集結した英，米，ソ，中とその他22カ国は，大西洋憲章に包含された目的および原則に関する共同綱領書に賛同し，①それぞれの政府の軍事的・経済的なすべての資源を使用すること，および②単独の休戦または講和を行わないことを誓約し，「連合国（The United Nations）」を形成した［4-6］。この「連合国宣言」には後に52カ国が加盟した。こうして第二次世界大戦は，連合国の側では「ファシズムに対する反ファシズムの戦争」という理念によって統合されることになったのである。

3）第二次世界大戦の基本的性格

　1941年12月8日（米国時間では7日），日本軍はハワイ真珠湾への奇襲攻撃と英領マレー半島上陸作戦を敢行し，米，英に宣戦を布告した。日本政府は，この戦争を「支那事変を含めて大東亜戦争と呼称す」と声明した。12月11日，ドイツ，イタリアもアメリカに宣戦を布告し，ここに，ヨーロッパの戦争とアジア・太平洋の戦争が結びつき，文字通り世界大戦となった。

　第二次世界大戦は，第一次世界大戦と違って，複雑で複合的な性格を備えていた。前述の通り，1930年代の末に，帝国主義諸国間の対立が激化する一方で，反戦・反ファシズム勢力が一時的に後退し，また，ソ連も独ソ不可侵条約によってヨーロッパの権力政治の埒外に立ったことによって，ヨーロッパの大戦は帝国主義戦争として勃発した。しかし，日本を含む枢軸諸国の侵略拡大と凶暴な政策は，各地にこれに抵抗する反ファシズム・レジスタンスや民族解放

■ 4-6　連合国宣言

（アメリカ合衆国，グレート・ブリテン及び北部アイルランド連合王国，ソヴィエト社会主義共和国連邦，中華民国，オーストラリア，ベルギー，カナダ，コスタリカ，キューバ，チェコスロヴァキア，ドミニカ共和国，エルサルヴァドル，ギリシャ，グアテマラ，ハイチ，ホンジュラス，インド，ルクセンブルク，オランダ，ニュージーランド，ニカラグア，ノルウェー，パナマ，ポーランド，南アフリカ連邦及びユーゴスラヴィアの共同宣言）

署　　名　1942年1月1日（ワシントン）
効力発生　1942年1月1日
当 事 国　47（台湾〔中華民国〕を含む。）

　この宣言の署名国政府は，大西洋憲章として知られる1941年8月14日付のアメリカ合衆国大統領並びにグレート・ブリテン及び北部アイルランド連合王国総理大臣の共同宣言に包含された目的及び原則に関する共同綱領書に賛意を表し，
　各政府の敵国に対する完全な勝利が，生命，自由，独立及び宗教的自由を擁護するため並びに自国の領土及び他国の領土において人類の権利及び正義を保持するために欠くことのできないものであること並びに，これらの政府が，世界を征服しようと努めている野蛮で獣的な軍隊に対する共同の闘争に現に従事していることを確信し，次のとおり宣言する。
(1)　各政府は，三国条約の締約国及びその条約の加入国でその政府が戦争を行っているものに対し，その政府の軍事的又は経済的な全部の資源を使用することを誓約する。
(2)　各政府は，この宣言の署名国政府と協力すること及び敵国と単独の休戦又は講和を行わないことを誓約する。
　この宣言は，ヒトラー主義に対する勝利のための闘争において物質的援助及び貢献をしている又はすることのある他の国が加入することができる。

勢力の台頭を生み，枢軸諸国の侵略とファシズムに対する抵抗戦争が大戦の大きな要素となっていった。

やがて独ソ戦争が開始され，英米首脳の大西洋会談，アメリカの参戦を経て，大西洋憲章を共同綱領とする「連合国」が形成されるに及んで，第二次世界大戦は，複合的性格を内在させながら，「ファシズム対反ファシズムの戦争」に理念的に統合された［4-7］。その直接の経緯は，独ソ戦の開始と英・米・ソ戦時連合の形成と連合国宣言であった。しかし，「連合国」の形成をもたらした最も重要な要素は，ファシズムの侵略性・凶暴性に対して戦う広範な民衆を含む反ファシズム勢力の成長であった。ファシズムの侵略性・凶暴性は，現状維持派帝国主義勢力にも「反ファシズム」という大義名分を与えたが，大西洋憲章を実質的に担う反ファシズム・民族解放の主体の成長や，独ソ戦に顕著に見られた民衆的な抵抗を抜きに連合国の戦いはありえなかったのである。

アジア・太平洋の戦争も，多面的性格を伴っていた。そこには，①日本（侵略的なファシズムの国）に対する反ファシズム連合国の戦争に加えて，②反ファシズム連合の一翼を担う抗日民族解放勢力と日本帝国主義の戦争，③日本対英・米・仏・蘭の帝国主義戦争，さらには④アジアの対日協力者の連合国（帝国主義）に対する民族解放戦争が含まれ，これに⑤終戦直前の日ソ戦争が付け加わった。

大西洋憲章を綱領として掲げて戦後における民族の独立をある程度容認する用意があった連合国に対して，日本も欧米帝国主義からアジア諸民族を解放する「大東亜共栄圏」の形成を戦争目的に掲げた。インド国民会議派のひとりであったチャンドラ・ボース，ビルマのアウン・サン将軍，インドネシアのスカルノなど反帝国主義勢力の一部は，日本を西欧帝国主義からの解放者とみなし，あるいは「敵の敵は味方」の論理に基づき，一時的にしろ，積極的に対日協力を行った[5]。しかし，「大東亜共栄圏」は，しょせん「皇国」日本の権威のもとにアジア諸民族の従属を求める支配の構想でしかなかった［4-8］。しかし，枢軸国を帝国主義支配からの解放勢力とみなして協力する動きは，エジプトやイラクなど中東の民族主義にも見られた。この事実には，西欧列強による

5）信夫清三郎『「太平洋戦争」と「もう一つの太平洋戦争」——第二次世界大戦と東南アジア』勁草書房，1988年．

■ 4-7　第二次世界大戦の構図

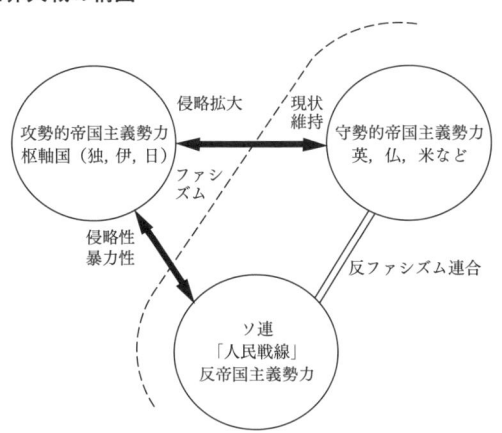

攻勢的帝国主義勢力
枢軸国（独，伊，日）

侵略拡大　現状維持

守勢的帝国主義勢力
英，仏，米など

ファシズム

侵略性
暴力性

反ファシズム連合

ソ連
「人民戦線」
反帝国主義勢力

■ 4-8　大東亜共栄圏概念図

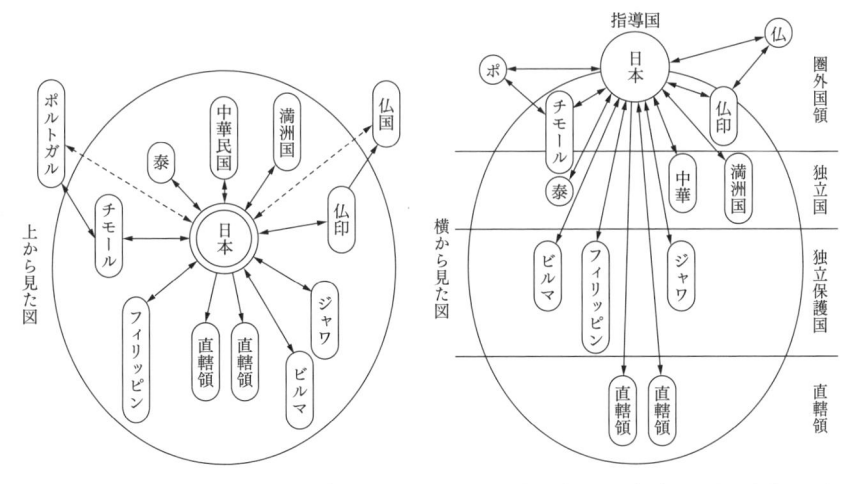

上から見た図：ポルトガル、チモール、フィリピン、泰、中華民国、満洲国、直轄領、直轄領、ビルマ、ジャワ、仏印、仏国、日本

横から見た図：
指導国：日本
圏外国領：ポ、仏
独立国：チモール、泰、仏印、中華、満洲国
独立保護国：ビルマ、フィリピン、ジャワ
直轄領：直轄領、直轄領、直轄領

海軍省調査課の文書「大東亜共栄圏論」（昭和17年9月1日）に描かれた概念図。大日本帝国は大東亜に「内在」しつつも「大東亜の指導国」として「超越」の立場に立ち、「圏内各構成要素」は、「分に応じ、有機的差等関係に立たねばならぬ」と論じられている。

出所）土井章監修『昭和社会経済史資料集成』第17巻，大東文化大学東洋研究所，1992年，17-19, 27-28頁。

長い植民地支配の歴史と，諸民族の独立への強い願望が反映していた。

このように，第二次世界大戦は複合戦争という実態を備えながらも，連合国側から言うならば基本的には最後まで反ファシズム・民主主義の理念を主要な側面として遂行された。しかし，「連合国」の中に存在した政治的・イデオロギー的対立，すなわち，革命対反革命の対立，大国間の権力政治的対立，そして大国と中小諸国との対立が消失したわけではなかった。やがて，ファシズム諸国の敗北と戦争終結が近づくにしたがって，反ファシズム連合の中の諸対立が顕在化することになる。

3　ヨーロッパ第二戦線問題

1）連合国の中の権力政治

連合国の中の権力政治的側面を表す問題のひとつが「ヨーロッパ第二戦線問題」であった。独ソ戦争の開始後，ドイツの圧倒的な軍事攻勢を一手に引き受け，たちまちレニングラード（現在のサンクトペテルブルグ）とモスクワを包囲されたソ連は［4-9］，開戦直後から，ドイツ軍の戦力を二分させるためにイギリスやアメリカが北フランスに軍を上陸させて「第二戦線」を形成することを求めた。しかし，英，米はこれになかなか応じず，結局，連合軍のノルマンディー上陸作戦によって「第二戦線」が開かれたのは 1944 年 6 月のことであった。これが「第二戦線問題」であり，そこには米，英，ソ 3 国間の戦時連合に内在したイデオロギー的敵対関係と戦後の勢力関係を見据えた大国間の権力政治的対立が作用していた。

1941 年 6 月の独ソ戦開始直後に，英首相チャーチルは，「ロシアとロシアの民」に対する援助を声明し，翌月には相互援助のための英ソ交渉が開始された。もともと強い反ソ・反共主義者であったチャーチルにとって，ソ連との提携は「敵の敵は味方」の論理に基づく現実主義の産物であった。1942 年 5 月には英ソ間に戦時同盟と戦後協力に関する相互援助条約が調印されたが，これは「偽りの同盟」と評された。なぜなら，「ロシアの民」に対する援助声明はソヴィエト政府の崩壊を想定したものとも考えられ，また，イギリスによる援助の実態は存在せず，さらに，ソ連の政治指導者スターリンの「第二戦線」要

■ 4-9 ドイツ軍のソ連侵攻（「バルバロッサ作戦」，1941年6月22日に開始）

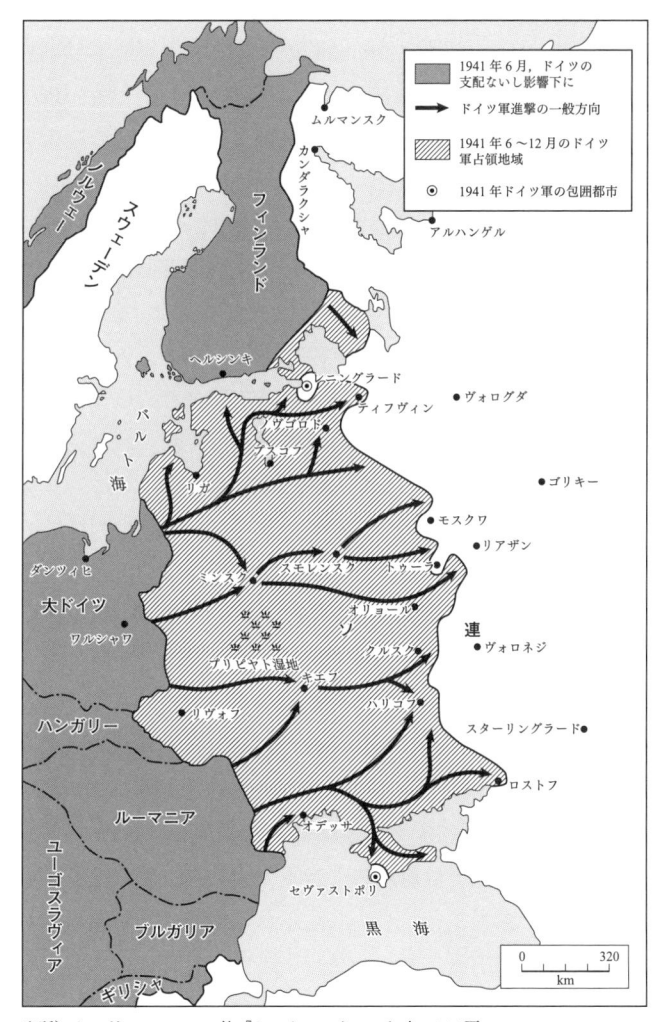

出所）カルヴォコレッシー他『トータル・ウォー』上，216頁。

求に一貫して抵抗したのはチャーチルであったからである[6]。スターリンが「第二戦線」の構築を要請したのは1941年7月18日であったが，英，米の両首脳は大西洋会談において「長期供給計画の大綱と利用可能資材の割り当てプランを立てるための米・英・ソ3国モスクワ会談の開催」は「10月1日」からとした。本格的な援助は「冬将軍」の到来によって「ソ連の持久を確認してから」というのがその含意であった。

　1941年10月1日，第一次対ソ援助議定書が調印され，11月7日に米政府はソ連への武器貸与法適用を発表した。ここに本格的な援助が開始されることになったが，モスクワ会談に先立ってアメリカで作成された文書（「勝利計画」）によれば，対ソ援助の主たる目的は，ソ連がドイツに与える出血を利用し，その間に米・英軍の大西洋基地を前進させ，最終攻撃のための軍需品蓄積を進めることにあった。1941年末から42年の年頭にかけて開かれた英・米ワシントン（アルカディア）会談は，ソ連に対独戦を継続させるために対ソ援助を強力に実施することを決めた。しかし，英，米両政府は，ソ連に対する直接の軍事的協力にはいっさい触れなかった。ここに，戦時連合における米・英とソ連との軍事的協力関係——正確には軍事的非協力関係——の基本形が設定された。これは「物資を与えて血を購う」論理であった[7]。

　ソ連の「第二戦線」要求に一貫して消極的であったチャーチルは，対独攻撃を究極目標として掲げながら，しかし，ただちにヨーロッパ大陸における地上攻撃を加えるのではなく，主要な努力をまず地中海の支配に向けようとした。彼は，地中海支配によってドイツを包囲した後に対独攻撃を加えるべきであり，また，ドイツ打倒の戦力は海軍力と空軍力であり，陸軍は英本国および帝国防衛の戦力であると主張した。しかし，これは純粋に軍事的観点から考えられた戦略とは言えず，地中海，バルカン，中東，アジアに広がる大英帝国の権益維持を優先する政治的戦略にほかならなかった。このようなイギリスの態度は，太平洋での対日戦争遂行の上からもヨーロッパの戦争の早期終結を目指すアメリカとの間にも齟齬を拡大していくことになる。

　ソ連は，1941年7月以来の「第二戦線」構築の要求に加えて，同年12月末

---

6) 秋野豊『偽りの同盟——チャーチルとスターリンの間』勁草書房，1998年。
7) 福田茂夫『第二次大戦の米軍事戦略』中央公論社，1979年，53頁。

4-10 枢軸国のヨーロッパ支配（1942年）

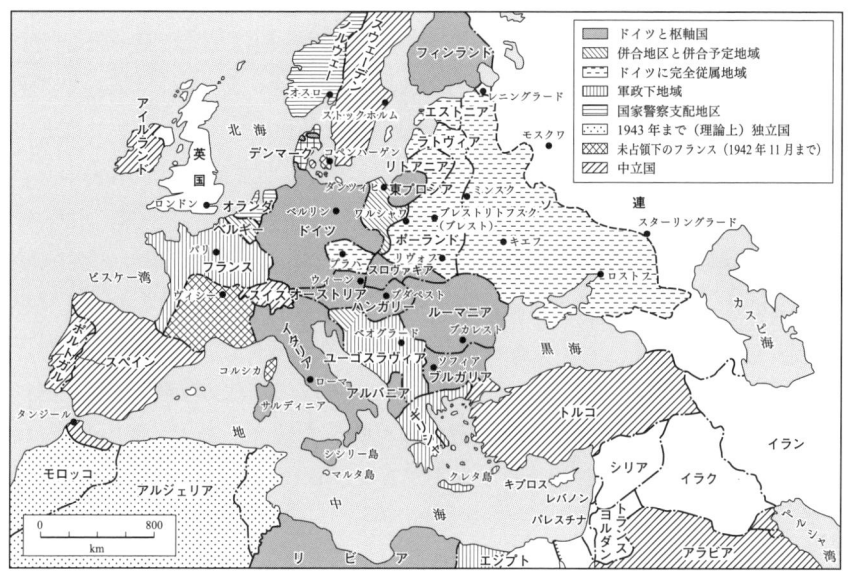

凡例：
- ドイツと枢軸国
- 併合地区と併合予定地域
- ドイツに完全従属地域
- 軍政下地域
- 国家警察支配地区
- 1943年まで（理論上）独立国
- 未占領下のフランス（1942年11月まで）
- 中立国

出所）カルヴォコレッシー他『トータル・ウォー』上，289頁。

の英ソ会談では，戦後処理と領土問題，特にソ連の安全保障に関する協定の締結を求めた。しかし，英，米両政府はいずれの要求にも応えようとしなかった。「連合国」の形成にもかかわらず，物質的援助を別にして，英・米の戦争とソ連の戦争は別々に戦われたと言ってよい。したがって，ソ連は独力で自国を防衛するとともに，その上に立って戦後構想をも独自に実現していこうという態度に向かうことになった。

2）東部戦線の戦局と第二戦線問題

1941年秋から冬にかけて，ドイツ軍はレニングラードに続いてモスクワを包囲し，南部ではロストフを占領した。この冬にモスクワでは60万人が餓死したという。しかし，かろうじてモスクワ防衛に成功したソ連軍は，年が明けて冬季攻勢に転じた。ソ連の単独講和の可能性を懸念した米，英両政府は，1942年1月初旬にソ連外相モロトフをワシントンに迎え，同年中にヨーロッパ第二戦線を形成するという合意を表明した。

ところが，1942年夏，ドイツ軍は南部において攻勢に転じ，スターリングラード（現在のボルゴグラード）に迫った［4-10］。この情勢を見た英，米はロンドンで会談し，先に約束した英仏海峡横断による第二戦線形成計画を破棄し，12月には北アフリカに上陸する「トーチ作戦」を開始した。1942年8月下旬から翌年にかけて，スターリングラードでは小銃を手にした市民をも巻き込んだ壮絶な攻防戦が戦われた［4-11］。そのさなかの1943年1月に開催された英米カサブランカ会議は，1943年もソ連がヨーロッパ戦争の主力であることを確認し，英・米軍は「トーチ作戦」を進め，さらにシシリー島に上陸する「ハスキー作戦」を展開することを決めた。この会議は，枢軸国に対して無条件降伏方式をとることを決定したことで知られているが，それはソ連の不信感を拭うためでもあった。

この年の春の到来とともに，東部戦線に大きな変化が生じた。1943年2月にスターリングラード防衛に成功したソ連軍は，レニングラード封鎖をも突破した。ドイツ軍はロストフ，ハリコフから撤退を始めた。1943年10月，ソ連軍はキエフ西方で総反撃に転じ，ドイツ軍を追って西進を開始した［4-12］。ここに，英，米両政府はソ連の力量をはっきり評価しなければならず，それは

第4章　第二次世界大戦　121

■ 4-11　スターリングラードの戦い

出所）『シリーズ20世紀の記憶　第2次世界大戦　欧州戦線 1939-1945』毎日新聞社, 1999年, 93頁。

■ 4-12　ソ連軍の進撃（1942〜44年）

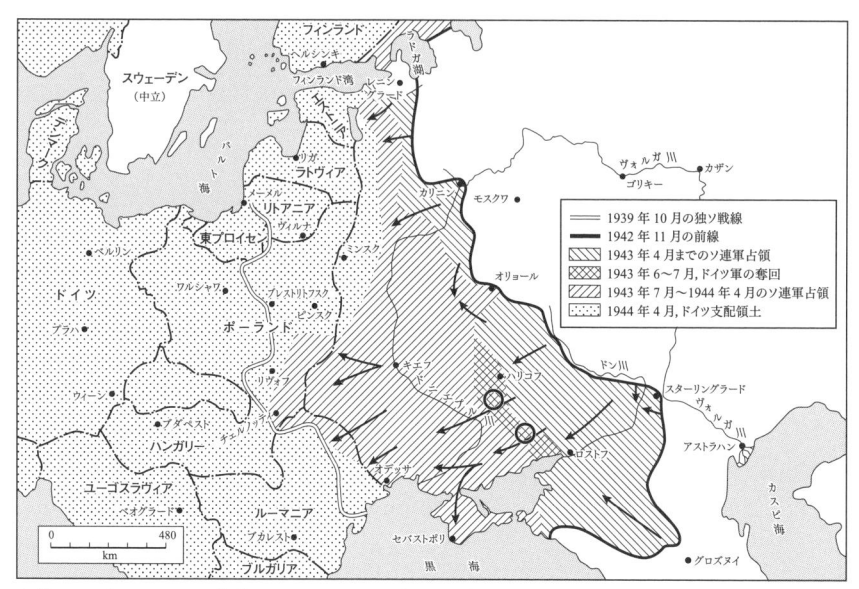

凡例：
― 1939年10月の独ソ戦線
― 1942年11月の前線
▨ 1943年4月までのソ連軍占領
▧ 1943年6〜7月, ドイツ軍の奪回
▨ 1943年7月〜1944年4月のソ連軍占領
⋯ 1944年4月, ドイツ支配領土

出所）カルヴォコレッシー他『トータル・ウォー』上, 531頁。

また，北フランス上陸作戦の決断を迫られる時の到来をも意味した。チャーチルはなおも英・米軍のバルカン上陸と北上によって赤軍の西進を断つことを主張したが，1943年11月から12月にかけて開かれた英・米・ソ3国のテヘラン会談は，英仏海峡を横断してヨーロッパ第二戦線を形成する「オーバーロード作戦」を1944年5月に実施することを決定したのである。また，テヘラン会談に先立って開かれたモスクワ外相会議は，「4大国一致原則」に基づく国際連合の創設に合意した。これは，英，米がソ連を大国として遇する意思表示であった。「オーバーロード作戦」は1944年6月6日に開始された。連合軍のノルマンディー上陸作戦である［4-13］。

ヨーロッパ第二戦線問題は，戦時連合の内部における権力政治的関係を最も典型的に示していた。この問題は，ソ連が戦勝国として，しかも大国のひとつとして存続することが明確になるとともに解決した。言い換えれば，ソ連にとって第二戦線の存在がもはや不可欠ではなくなってはじめて，これが実現したのであった。それと同時に，戦後処理問題と，これをめぐる連合国内部の権力政治的葛藤が表面に現れることになった。戦後ヨーロッパの政治地図の大きな変化は，1941年6月から44年6月までの3年間，ヨーロッパ大陸でファシズムと戦った国家がソ連一国であったという事実の結果であり，ヨーロッパにおける戦争をソ連単独の戦いに委ねた連合国の軍事戦略の結果であったとも言えよう。

■ 4-13　ヨーロッパにおける連合軍の進撃 (1942〜45年)

出所) カルヴォコレッシー他『トータル・ウォー』上, 385頁。

■参考文献

- 木畑洋一『第二次世界大戦――現代世界への転換点』吉川弘文館, 2001年。
- 荒井信一『第二次世界大戦――戦後世界史の起点』東京大学出版会, 1973年。
- P・カルヴォコレッシー, G・ウィント, J・プリッチャード『トータル・ウォー――第二次世界大戦の原因と経過』上・下, 八木勇訳, 河出書房新社, 1993年。
- 加藤陽子『それでも, 日本人は「戦争」を選んだ』朝日出版社, 2009年。
- 『岩波講座　東アジア近現代通史6　アジア太平洋戦争と「大東亜共栄圏」1935-1945年』岩波書店, 2011年。

第5章　第二次世界大戦の終結と戦後秩序

1　戦後秩序の形成

1) 国際連合の創設

　第二次世界大戦における連合国の戦争は，内部に米，英とソ連，大国と小国，あるいは大国とレジスタンス勢力との間の対立や矛盾を抱えながら，全体として連合国宣言（大西洋憲章）にうたわれた「反ファシズムと民主主義」の理念を主たる側面として戦われた。大戦の戦局は，1943年春以降，ヨーロッパでもアジア・太平洋でも，連合国の側に傾きつつあったが，その中で，連合国によって，連合国宣言の理念に基づく大戦終結の方針と戦後秩序構想の形成が進められた。そして同時に，この戦後秩序構想の形成過程で，連合国内部の潜在的な対立や軋轢が顕在化していくのである。
　連合国による戦後国際体制再編の軸と目されたのが国際連合の設立であった。国際連合の源は，その名称（The United Nations）が示すように1942年1月に連合国宣言のもとに結集した「連合国」であった。1943年10月にモスクワで外相会議を行った米，英，ソ3国は，中華民国を加え，戦後に「4大国一致」原則に基づく新たな国際機構を創設するという「4国宣言」を発した。また，翌11月のテヘランにおける3カ国首脳会談で，ルーズヴェルト米大統領は「4人の警察官」（米，英，ソ，中）による戦後秩序構想を提唱し，英，ソ両国の了承を得た。「4大国」あるいは「4人の警察官」を中心にした国際組織という構想，すなわち大国が普通の国々とは違った責任を担う国際秩序という考えは，第二次世界大戦を防止できなかった国際連盟の失敗に対する現実主義的な反省であった。

■ 5-1 　国際連合憲章（国連憲章）
　　署　　名　1945年6月26日（サン・フランシスコ）
　　効力発生　1945年10月24日
　　日　本　国　1952年3月20日内閣決定，6月4日国会承認，6月23日加盟申請，
　　　　　　　1956年12月18日効力発生，12月19日公布（条約第26号）

　われら連合国の人民は，
　われらの一生のうちに二度まで言語に絶する悲哀を人類に与えた戦争の惨害から将来の世代を救い，
　基本的人権と人間の尊厳及び価値と男女及び大小各国の同権とに関する信念をあらためて確認し，
　正義と条約その他の国際法の源泉から生ずる義務の尊重とを維持することができる条件を確立し，
　一層大きな自由の中で社会的進歩と生活水準の向上とを促進すること，
　並びに，このために，
　寛容を実行し，且つ，善良な隣人として互に平和に生活し，
　国際の平和及び安全を維持するためにわれらの力を合わせ，
　共同の利益の場合を除く外は武力を用いないことを原則の受諾と方法の設定によって確保し，
　すべての人民の経済的及び社会的発達を促進するために国際機構を用いることを決意して，
　これらの目的を達成するために，われらの努力を結集することに決定した。
　よって，われらの各自の政府は，サン・フランシスコ市に会合し，全権委任状を示してそれが良好妥当であると認められた代表者を通じて，この国際連合憲章に同意したので，ここに国際連合という国際機構を設ける。

　　　第1章　目的及び原則
第1条〔目的〕国際連合の目的は，次のとおりである。
1　国際の平和及び安全を維持すること。そのために，平和に対する脅威の防止及び除去と侵略行為その他の平和の破壊の鎮圧とのため有効な集団的措置をとること並びに平和を破壊するに至る虞のある国際的の紛争又は事態の調整又は解決を平和的手段によって且つ正義及び国際法の原則に従って実現すること。
2　人民の同権及び自決の原則の尊重に基礎をおく諸国間の友好関係を発展させること並びに世界平和を強化するために他の適当な措置をとること。
3　経済的，社会的，文化的又は人道的性質を有する国際問題を解決することについて，並びに人種，性，言語又は宗教による差別なくすべての者のために人権及び基本的自由を尊重するように助長奨励することについて，国際協力を達成すること。
4　これらの共通の目的の達成に当って諸国の行動を調和するための中心となるこ

1944年8月，ワシントン郊外のダンバートン・オークスに米，英，ソ，中4大国が会合し，国際連合憲章草案の討議を行った。この新しい国際組織の設立はヤルタ会談において3大国首脳の合意となり，1945年4～6月，サンフランシスコにおいて連合国50カ国による国連創設会議が開催されたのである[5-1]。

　国際連合は，憲章の義務を受諾し，それを履行する能力と意思を有するすべての「平和愛好国」に開放され，主要な組織として，総会，安全保障理事会，経済社会理事会，信託統治理事会，国際司法裁判所および事務局を擁する。重要なのは次の3つの原則である。第一は，加盟国の主権平等の原則，第二は，国際関係における「武力による威嚇または武力の行使」を禁じた武力行使禁止原則，そして第三に，平和に対する脅威の防止や侵略行為等の鎮圧のための「有効な集団的措置」を約束する集団安全保障原則である。これらはいずれも国際連盟の失敗の反省に立って，強固な集団安全保障体制を構築しようという意図に基づいていた。

　国際連合の特徴のひとつは，「国際の平和及び安全の維持に関する主要な責任」を安全保障理事会に委ね，かつ，「4人の警察官」にフランスを加えた5大国に安全保障理事会の常任理事国の地位と，理事会の議決における「拒否権」を与えたことである。ここには，大国が大きな軍事力を背景に決定権を有していた戦争遂行のさなかに国際連合の構想が進められたという事情と，前述のように国際連盟の失敗に対する現実主義的な反省が反映していた。サンフランシスコ会議において，この大国の「拒否権」や，総会の権限，国連事務総長の機能，さらには集団的自衛権の容認などをめぐって，大国と中・小諸国との間で論議や調整が行われ，1945年10月24日，51カ国を原加盟国として国際連合が発足した。

2）ブレトン・ウッズ体制の構想

　国際連合の創設はルーズヴェルトの一貫したイニシアチブによって進められたが，アメリカは戦後の経済秩序の形成についても強いイニシアチブを発揮した。その背景には，1929年のウォール街の株価暴落に始まり，各国が輸入制限や為替切下げ，さらには経済ブロック形成に走り，国際貿易体制の崩壊をも

と。
第2条〔原則〕この機構及びその加盟国は，第1条に掲げる目的を達成するに当っては，次の原則に従って行動しなければならない。
1 この機構は，そのすべての加盟国の主権平等の原則に基礎をおいている。
2 すべての加盟国は，加盟国の地位から生ずる権利及び利益を加盟国のすべてに保障するために，この憲章に従って負っている義務を誠実に履行しなければならない。
3 すべての加盟国は，その国際紛争を平和的手段によって国際の平和及び安全並びに正義を危くしないように解決しなければならない。
4 すべての加盟国は，その国際関係において，武力による威嚇又は武力の行使を，いかなる国の領土保全又は政治的独立に対するものも，また，国際連合の目的と両立しない他のいかなる方法によるものも慎まなければならない。
5 すべての加盟国は，国際連合がこの憲章に従ってとるいかなる行動についても国際連合にあらゆる援助を与え，且つ，国際連合の防止行動又は強制行動の対象となっているいかなる国に対しても援助の供与を慎まなければならない。
6 この機構は，国際連合加盟国でない国が，国際の平和及び安全の維持に必要な限り，これらの原則に従って行動することを確保しなければならない。
7 この憲章のいかなる規定も，本質上いずれかの国の国内管轄権内にある事項に干渉する権限を国際連合に与えるものではなく，また，その事項をこの憲章に基く解決に付託することを加盟国に要求するものでもない。但し，この原則は，第7章に基く強制措置の適用を妨げるものではない。

　　第2章　加盟国の地位（略）

　　第3章　機　関
第7条〔機関〕1　国際連合の主要機関として，総会，安全保障理事会，経済社会理事会，信託統治理事会，国際司法裁判所及び事務局を設ける。
2　必要と認められる補助機関は，この憲章に従って設けることができる。
第8条〔男女の資格の平等〕国際連合は，その主要機関及び補助機関に男女がいかなる地位にも平等の条件で参加する資格があることについて，いかなる制限も設けてはならない。
　（第4章以下は巻末付録参照）

たらした世界恐慌の生々しい記憶があった。安定した国際自由貿易体制を確立し，第二次世界大戦中に巨大な生産力を獲得したアメリカにとって必要な世界市場を形成することが，アメリカの目標であった。

連合国軍のノルマンディー上陸作戦から間もない1944年7月に，アメリカのニューハンプシャー州ブレトン・ウッズで連合国通貨金融会議が開かれ，44カ国によってブレトン・ウッズ協定と総称される2つの協定が調印された。ひとつは国際通貨基金（IMF）協定である。これは，事実上，金と同等の価値を有すると見立てられたドルを基軸通貨とした国際金融システム（金＝ドル本位制）を創出し，為替安定のための国際協力と外国為替制限の除去を促進しようという取決めであった。協定は，金1オンス＝35ドルと定めたうえで各国通貨とドルの交換レートを固定するとともに，主としてアメリカからの出資によって為替安定基金を創設し，外貨不足に陥った国に対して貸し付けを行う制度を打ち立てた。

2つ目は，国際復興開発銀行（IBRD，後の世界銀行）を設立する協定である。その目的は，加盟国の政府や企業に対して長期資金を融資することによって，戦災を受けた国々の復興と開発を促進することにあった。

戦争終結の後に連合諸国は，国際的な自由貿易体制を保障する国際貿易機構（ITO）の設立交渉を進めたが，これはアメリカで共和党を中心とする保護貿易論者の抵抗が強まった結果，アメリカ議会の反対によって実現を阻まれた。そこで，その代替制度として1947年10月に「関税と貿易に関する一般協定（GATT）」が調印された。この協定に基づいて，加盟国は，相互主義に基づく関税の引下げ，関税以外の貿易障壁を原則として禁止，関税等に関する一般的最恵国待遇，租税等に関する内国民待遇の付与などを個別に交渉することが約束された。GATTはIMFおよびIBRDと一体になって，戦後世界に自由・無差別・多角主義に基づいた自由貿易体制を推進する制度を形作った。これを総称して「ブレトン・ウッズ体制」と呼ぶ。

終戦直後には，イギリスをはじめ連合諸国は，アメリカからの経済援助なしにはブレトン・ウッズ協定批准が困難な状況に陥っていた。アメリカはイギリスに対して200億ドルの武器貸与の返却を帳消しにするとともに，ポンドの自由交換性回復等を条件に37億5,000万ドルの借款を供与した。ブレトン・ウッ

■ 5-2a　クリミア会談の議事に関する議定書（ヤルタ協定）〈抜粋〉

　2月4日から11日にかけて行なわれたアメリカ合衆国，連合王国ならびにソビエト社会主義共和国連邦の政府首脳によるクリミア会談は，次の結論に達した。

I　世界機構
　次のとおりに決定された。
　(1) 提案された世界機構に関する連合国会議は，1945年4月25日水曜日を期して招集され，アメリカ合衆国において開催される。
　(2) この会議に招集される国々は次のとおりである。
　　(a) 1945年2月8日現在の連合国，および
　　(b) 同盟国のうち1945年3月1日までに共同の敵に対して宣戦した国（ちなみに「同盟国」とは8同盟国とトルコを意味する）。

II　解放されたヨーロッパに関する宣言
　ヨーロッパにおける秩序の確立と国民経済生活の再建は，解放された諸国民がナチズムとファシズムの最後の痕跡を壊滅し，またみずからの選択によって民主主義的諸制度をつくり出すことを可能ならしめる方法で達成されなければならない。これは大西洋憲章の一つの原則——すべての国民はその下で生きようとする政体を選ぶ権利を有する——であり，換言すれば，侵略国家によって主権と自治を強奪された国民にそれらを回復させることである。

III　ドイツの分割
　ドイツに対する降伏条項第12条(a)は，次のように修正することで意見が一致した。
　「連合王国，アメリカ合衆国ならびにソビエト社会主義共和国連邦は，ドイツに関して最高の権力を有する。この権力の行使に当たって，3国は，ドイツの完全な武装解除，非軍事化および分割を含めて，将来の平和と安全のために必要不可欠と認める措置をとるであろう」

V　賠　償
　次の議定書が承認された。
〈クリミア会談におけるドイツの現物賠償問題に関する3国政府首脳間の協議についての議定書〉
1　ドイツは，戦争中に連合国に対して生ぜしめた損害を，現物をもって賠償しなければならない。賠償は，主たる戦費を負担し，最も重い損害をこうむり，かつ敵国に対する勝利をもたらした国々がまず受け取るべきものとする。
2　現物賠償は次の3つの方式によってドイツから取り立てられる。
　(a) ドイツ降伏後または組織的な抵抗の終息後2年以内に，ドイツ本土および同国の領域外にあるドイツの国民資産（設備，工作機械，船舶，鉄道車両，ドイツの海外投資，ドイツ国内の工業，運輸その他の企業の株式など）を撤去する。これらの撤去は主としてドイツの潜在的戦力を壊滅するために行なわれる。
　(b) 今後定められる一定期間，日常的な生産物を毎年引き渡す。

ズ体制は，過去における世界恐慌の教訓を踏まえた世界的規模の自由貿易体制の形成という理念的側面を持っていたが，第二次世界大戦中に他国の追随を許さぬ経済力を実現したアメリカによる経済的覇権の体制でもあった。連合国を形成していた多くの国々は，戦後の経済復興の過程でアメリカの援助に依存しながら逐次この体制に組み込まれていくのである。やがて冷戦が激化する中で，この体制は，ソ連の影響力圏から西ヨーロッパ諸国を隔離し，資本主義世界をアメリカの覇権の下に結集する経済システムとしての機能を担うのである。

2 大戦の終結と諸結果

1） 大戦終結への政治過程

1945年に入ると連合国軍は東西からドイツ本国に攻め込み，ドイツの敗北が目前に見えてきた。すでに1943年9月にイタリアは連合国軍に降伏し，ポーランド，ルーマニア，ブルガリア，ハンガリーはソ連の赤軍によって解放された。ソ連が解放した東・中欧の諸国では，共産主義者が大きな役割を果たしたレジスタンスの勢力が戦後を担う政治勢力として台頭していた。戦時連合を形成していた英，米とソ連は，前述のように，ロシア革命と干渉戦争，「偽りの同盟」と「ヨーロッパ第二戦線問題」などに起因する相互不信を抱えながら，戦後秩序と「勢力圏」の形成をそれぞれに構想しながら戦争終結へと動いた。

1945年2月にクリミア半島のヤルタで，2度目の米，英，ソ3国首脳会談が開かれた。会談は，まずルーズヴェルトのイニシアチブで，国際連合の設立と，そのための会議を早期に招集することに合意した。ルーズヴェルトは国連の中の大国の地位をソ連に保証することによって安全保障に関するスターリンの懸念を払拭しようとした。次いで，3巨頭は，枢軸諸国の支配から解放されたヨーロッパにおいて，ファシズムを根絶し，民主化を実現することを宣言した（「解放されたヨーロッパに関する宣言」）[5-2a]。そして，会談の最終日には，ドイツ降伏の2〜3カ月後にソ連が対日参戦を行うことが取り決められた。これはかねてからのルーズヴェルトの強い希望であった。ちなみに，対日参戦の

(c) ドイツの労働力の使用。
4　賠償総額の決定，およびドイツの侵略に苦しんだ諸国へのその分配に関して，ソビエトとアメリカの代表団は次のとおりに合意した。
　「モスクワ賠償委員会は，その最初の審議に当たって，第2項の(a)および(b)による賠償総額は200億ドルとし，またそのうちの50％はソビエト社会主義共和国連邦に帰するものとする，というソビエト政府の提案を討議の基礎として取り上げなければならない」
　VII　ポーランド
　ポーランドに関する次の宣言が，会談によって合意された。
　「赤軍によるポーランドの完全な解放の結果，同国に新しい状況が生まれた。このことは，最近のポーランド西部の解放前にはありえなかった，さらに幅広い基盤をもつポーランド臨時政府の樹立を要請している。したがって，現在ポーランドにおいて機能している臨時政府は，ポーランド本国および在外のポーランド人の民主的指導者をふくむ，さらに広範な民主主義的基盤のうえに再編成されなければならない。よってその新政府はポーランド国民統一臨時政府と呼ばれることになろう」
　（A・コント『ヤルタ会談＝世界の分割』山口俊章訳，サイマル出版会，1986年，389-95頁）

■ **5-2b　ソ連の対日参戦に関する秘密協定**（1945年2月11日にヤルタで署名）〈抜粋〉
　三大国，すなわちソヴィエト連邦，アメリカ合衆国及びイギリスの指導者は，ドイツが降伏し，かつ欧州における戦争が終了した後2カ月または3カ月のうちに，ソヴィエト連邦が，次のことを条件として，連合国側に立ち日本国に対する戦争に参加すべきことを協定した。
　1　外蒙古（蒙古人民共和国）の現状は維持されること。
　2　1904年の日本国の背信的攻撃により侵害されたロシア国の旧権利は，次のとおり回復されること。
　　(a)　樺太の南部及びこれに隣接するすべての諸島はソヴィエト連邦に返還されること。
　　(b)　大連商港は国際化され，同港におけるソヴィエト連邦の優先的利益が擁護され，かつソヴィエト社会主義共和国連邦の海軍基地としての旅順口の租借権が回復されること。
　　(c)　東支鉄道及び大連への出口を提供する南満州鉄道は中ソ合同会社の設立により共同で運営されること。ただし，ソヴィエト連邦の優先的利益が擁護されること及び中国が満州における完全な主権を保持することが了承される。
　3　千島列島はソヴィエト連邦に引き渡されること。
　　　　　　　W・S・チャーチル，F・D・ルーズヴェルト，I・V・スターリン

見返りに3巨頭は，ソ連に千島列島を「引き渡す」ことなど秘密の約束を行った [5-2b]。こうして，ヤルタにおいて3大国は，戦後の協調と対日戦争の遂行について最後の誓約を交わした [5-3]。しかし，3大国の間には，戦後の「勢力圏」をめぐって隠然と対立が芽生えていた。

1943年11月のテヘラン会談において，3大国は，枢軸諸国に対して無条件降伏方式をとり，戦後の占領管理によってファシズムの根を取り除く「国家改造」を行うことを決定したが，これが「勢力圏」形成の発想につながっていった。1943年9月にイタリアが降伏した後，「連合国」の名の下にイタリアの占領管理を実施したのは英，米を主力とする連合国であり，ソ連は実質的に占領管理から排除された。次いで，ルーマニアの占領管理に当たっては，この国を軍事的に解放したソ連が「連合国」の名の下に単独で占領管理を担った。この2つの先行事例によって，当該枢軸国を直接軍事占領した国が，占領管理について事実上排他的な実権を有し，他の連合国は占領統治に形式的に参加するという「イタリア方式」が作られたのである[1]。このような前例は，やがて日本の占領管理の実権をめぐって，ソ連の対日参戦やアメリカの原爆投下に関する思惑につながるのである。

ところで，ヤルタ協定そのものは，よく言われるように「世界の分割」を取り決めたものではない。ただし，この段階で，東欧におけるソ連の影響力拡大について，米，英，ソ3国間に暗黙の了解が存在していたと見ることはできる。

1944年10月にモスクワを訪問したチャーチルは，スターリンとの間で，バルカン諸国に関する「百分率取引」を持ち出した。例えば，ルーマニアはソ連が90%に対して英は10%，逆にギリシャについては英・米が90%に対してソ連は10%というように，バルカン諸国に対する戦後の影響力を百分率で示したのである [5-4]。これは，ソ連軍の西進の結果を懸念したチャーチルが，バルカンにおける支配力の配分を密かに取り決めておこうと試みたものであった。チャーチルの回顧録によっても，スターリンがこれにはっきり同意したわけではなかったが，その後のソ連の政策，特にギリシャの左翼勢力に対するソ

---

1) 豊下楢彦『イタリア占領史序説――戦後外交の起点』有斐閣，1984年。

第5章　第二次世界大戦の終結と戦後秩序　133

■ 5-3　ヤルタ会談における3大国首脳（1945年2月）

前列左よりチャーチル，ルーズヴェルト，スターリン
出所）『20世紀──写真で見る世界の100年，日本の100年！』集英社，1996年，177頁．

■ 5-4　チャーチル＝スターリンの「百分率協定」（1944年10月）

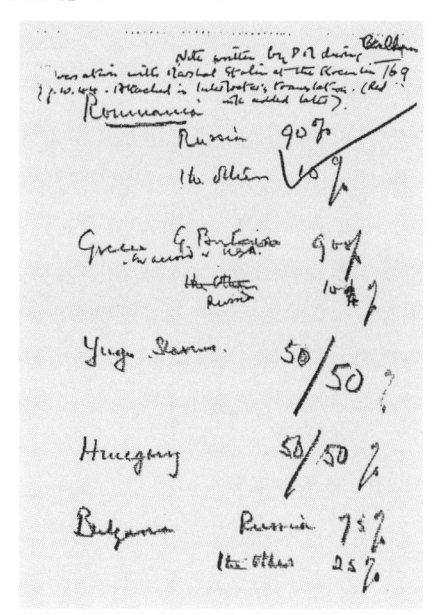

チャーチルがスターリンに示したメモ．チャーチルの回顧録によれば，スターリンは，じっとメモを見た後，青色の鉛筆で大きなチェックを入れてチャーチルに戻し，「とっておいて下さい」と言ったという．
出所）PREM 3/66/7, TNA.

連の冷淡な政策には，スターリンがこれを暗黙のうちに受け入れていたことを窺うことができる。

　ルーズヴェルトは，チャーチル＝スターリン流の勢力圏取引には批判的であった。しかし，ヤルタにおけるルーズヴェルトは，ソ連および東欧の反ファシズム勢力が，その時点で存在させていた力量を「現状」として承認し，それらと米，英との協調を維持しつつ，残余の部分における米，英の指導性を承認させるという態度であった。東欧の「現状」は，3年にわたるソ連の単独の戦いの代償であり，安全保障の確保にきわめて敏感なスターリンへの必要な対応だと判断したからであったと考えられる。

　しかし，このような3大国間の協調の雰囲気は，この年7月にポツダムで開かれた最後の連合国首脳会議までに大きく変わっていた。ルーズヴェルト大統領の死（1945年4月12日）と保守的なトルーマン政権の登場，そしてアメリカの原爆開発成功がその背景にあった。

2) 大戦終結と原爆

　戦後の国際体制に関する構想が固められていく一方で，ヨーロッパと太平洋の戦場では連合国軍とドイツ軍，日本軍の最後の死闘が繰り広げられていた。

　ヨーロッパでは，1944年6月6日にノルマンディーに上陸した英，米を主力とする連合国軍は，8月25日，パリに入城した。そして，敗走するドイツ軍を追って西進を続けたソ連赤軍と，ドイツ軍との激戦を重ねながら東進を進めた英・米軍は，翌45年4月25日，ベルリン南方のエルベ川で邂逅し，お互いの英雄的な戦いを称えあった［5-5］。その翌日，ソ連軍の侵攻によってベルリンは陥落し，4月30日，ヒトラーは自ら死を選んだ。5月8日，ドイツは連合国に無条件降伏し，ここにヨーロッパの戦争は終結を迎えた。この日は「VEデー」すなわちヨーロッパ戦勝記念日として祝われることになった。

　太平洋上では，ミッドウェー海戦（1942年6月）とガダルカナル島をめぐる戦い（1942年8月～43年2月）における日本の敗北によって，戦局は連合国側の勝利へと大きく傾いた［5-6］。1944年11月末からは，B29戦略爆撃機による東京空襲を皮切りに日本本土に対する爆撃が次第に激しさを増した。日本政府と軍部は「本土決戦」を呼号して抗戦姿勢を崩さなかったが，天皇周辺では

第5章　第二次世界大戦の終結と戦後秩序　135

■5-5　第三帝国の終焉と「エルベの邂逅」を報じる英紙（*Daily Express*, April 28, 1945）

THIRD REICH IS DEAD

At 4p.m., April 25, in its 13th year

HANDSHAKE ON TWISTED GIRDER LINKS ARMIES

From SELKIRK PANTON: Torgau on the Elbe, Friday

THE Third Reich of Adolf Hitler is dead. It died in its 13th year at four o'clock on Wednesday afternoon, when General Courtney Hodges' First U.S. Army linked up with Marshal Koniev's First Ukrainian Army and cut Germany into two parts, north and south.

Two junior officers—Lieutenant William Robertson, of California, and Lieutenant Alexander Silvachko, the Russian, shook hands on a twisted girder of the wrecked Torgau railway bridge over the Elbe and arranged details for the meetings between the regimental and divisional commanders on both sides, which took place yesterday.

Soon, Hodges and Koniev will meet. Torgau, which nearly 200 years ago saw the

'THE YANKS ARE HERE'—'THE RUSSIANS ARE HERE'

TWO ARMIES MOVE TO PINCER MUNICH

From MONTAGUE LACEY
SUPREME H.Q., Friday.—

Himmler men shoot Goering

SAYS GERMAN

ZURICH, Friday.—A German diplomat from Munich revealed today the background to Goering's "resignation."

He said: "Last Monday Goering sent Hitler an urgent

4 a.m. LATEST

HITLER CALLS TO BERLIN WOMEN

Hamburg radio says Hitler has issued new appeal to all women and girls to take up arms in

出所）*War Papers*, London: Fontana, 1989.

■5-6　日本の支配範囲（1934～44年）

出所）P・カルヴォコレッシー他『トータル・ウォー――第二次世界大戦の原因と経過』下，八木勇訳，河出書房新社，1991年，557頁。

戦争の前途に対する不安から，戦争終結に向けての工作も試みられるようになった。1945年2月，近衛文麿は，「もっとも憂ふるべきは敗戦よりも敗戦に伴ふて起ることあるべき共産革命」であるという判断から，早期の終戦を天皇に上奏した。

1945年2月に硫黄島を攻略したアメリカ軍は，4月には沖縄本島に上陸した。6月まで続いた沖縄戦では，日本軍戦死者約9万4,000人に加え，病死・餓死を含めて約15万人の一般市民が犠牲者となった。7月に発せられた連合国のポツダム宣言の受諾を拒否した日本を降伏の決断に導いたのは，広島，長崎に投下された2発の原子爆弾であった。

「マンハッタン計画」として知られる原爆開発計画に参画していたデンマークの物理学者ニールス・ボーアは，1944年にルーズヴェルト大統領とチャーチル首相に対して，原爆は「比類のない威力を持つ兵器」であるがゆえに，相互信頼に基づくまったく新しい国際関係のアプローチが必要であるとして，国際協定に基づく原爆の管理を直訴した。しかし，間もなく生まれようとしていた原爆の運命は，すでに科学者の手を離れ，政治家と軍人に握られていた。英，米両国の首脳は，ボーアの提案を拒否するとともに，「爆弾」の準備が最終的に完了したあかつきには「おそらく日本に対して使用されることになろう」と合意した（ハイドパーク会談覚書）[5-7]。

アメリカ政府の公式見解によれば，8月初旬における相次ぐ原爆の投下は，対日戦争を早期に終結させるという目的に基づくものであった。しかし，実際には2つの原爆の投下は，このような軍事的考慮とともに，ある政治的な意図を含んで決断されたと考えられる。ポツダムにおいて連合国最後の首脳会談が開始された当時，対日戦争早期終結の鍵は，ソ連の対日参戦であると考えられていた。この年2月のヤルタ会談において，ソ連は，ルーズヴェルトの要請に応えて，ヨーロッパの戦争終結の「2〜3カ月後」の対日参戦を約束したが，ポツダム会談本番の前にトルーマン大統領と会談したスターリンは，8月15日に参戦する意向をあらためて表明した。スターリンからこの確認を得たトルーマンは，7月17日の日記に「そうなったらジャップも終わりだ」と記し，ソ連参戦による対日戦争の早期終結を確信した。ところが，トルーマンとともにポツダムに滞在していた米陸軍長官スティムソンのもとに，7月16日，メ

■ 5-7　ハイドパーク会談覚書（チューブ・アロイズについて）

　1944年9月18日，ハイドパークにおいて行われた（米）大統領と（英）首相の会談覚書

　1　チューブ・アロイズの管理および使用に関する国際協定を目指すために，これを世界に公表すべきであるという提案は，受け入れることができない。本件は，まだ極秘に付しておくべきである。しかし，「爆弾」の準備が最終的に完了した暁には，十分な検討を加えたうえでおそらく日本に対して使用されることになるであろう。その際，日本に対して，降伏するまでこのような爆弾による攻撃が繰り返される旨の事前の警告を与えるべきである。

　2　チューブ・アロイズを軍事目的および商業目的のために開発することを目指す英米両政府間の完全協力は，両政府の合意によって協力が停止されない限り継続される。

　3　ボーア教授の活動を調査し，同教授が（原子兵器開発に関する）情報を特にソ連にもらさないことを保障するための措置を講ずる。

　1944年9月18日

　　　　　　　　　　　　　　　　　　　　　　　　　　　F・D・R
　　　　　　　　　　　　　　　　　　　　　　　　　　　W・C・C

　注：「チューブ・アロイズ」は原爆の暗号名。F・D・Rはルーズベルト，W・C・Cはチャーチルのイニシャル。

　（M・J・シャーウィン『破滅への道程──原爆と第二次世界大戦』加藤幹雄訳，TBSブリタニカ，1978年，408頁）

■ 5-8a　「原爆投下目標選定小委員会」が決定した投下目標の2つの基準（1945年5月）

(1)　心理的条件：「①日本に対して最大の心理的影響を与えること，②この兵器の重要性が国際的に認められるよう，最初の使用は際立ったものであること」。

(2)　物理的基準：「①直径3マイル以上の大都市にある重要目標，②爆風で効果的に被害を与えられること，③8月までに攻撃されずに残されそうなこと」

　　注：投下目標都市は当初，京都，広島，小倉，新潟が選ばれた。しかし京都については，スティムソン陸軍長官が日本の古都への「理不尽な行為は日本人に憎悪を植えつけ」て日本占領政策に悪影響を及ぼすと反対したため，目標から外されて，代わりに長崎が加えられた。

　　　　　　　　　　（杉江栄一他編著『国際関係資料集［第2版］』法律文化社，2004年，13頁）

■ 5-8b　「暫定委員会」の大統領への勧告（1945年6月1日）

　爆弾をできる限り早く日本に対して使用すること。破壊されやすい労働者住宅に囲まれた軍事目標に投下すること。（爆弾の性質についての）事前通告なしに使用すること。

　　　　　　　　　　　　　　　　　　　　　　　　　　　　　　　　（同上）

キシコの砂漠で行われた原爆実験の成功が伝えられた。この報告を受けたトルーマンは，2日後の日記に，「ロシアが参戦する前にジャップは倒れると確信。マンハッタン計画が日本の本土に出現すれば，そうなるのは確かだ」と記した。原爆を手にしたトルーマンにとって，もはやソ連の対日参戦は戦争終結に必要不可欠ではなくなったばかりか，ソ連参戦の前に米軍単独の力による終戦を実現し，戦後の対日単独占領を手にする条件が生まれたのである。7月25日，トルーマンは陸軍長官に，「8月2日以降，準備が整い次第，投下」という指令を発した［5-9］[2]。

　8月6日，9日の原爆投下の背景の少なくともひとつは，「戦後」を見据え，対日占領政策から実質的にソ連を排除しようという政治的意図であった。広島の原爆の後，ソ連は予定を6日繰り上げて8月9日に参戦した。ソ連の参戦は，それまでは日本との関係では中立国であったソ連の調停による戦争終結を模索していた日本支配層の一部に止めを刺した。8月15日，日本はポツダム宣言を受諾し，無条件降伏を受け入れた［5-10］。

　イギリスの物理学者ブラッケットは，広島，長崎の2つのキノコ雲は，古い戦争の終結を告げるのろしであるというよりも，新しい戦争開始ののろしであったと評した。ヨーロッパでも戦後秩序形成，特に東欧諸国の「民主的」政府の樹立の問題や，ドイツからの賠償取立て等の問題をめぐって英，米とソ連との対立が顕在化しつつあった。トルーマンは，「ポーランド問題は我が国の将来の国際関係の在り方のシンボル」であるとして，ソ連との対決姿勢を強め，経済的に荒廃しているソ連はその復興計画にアメリカの援助を必要としているという駐ソ大使ハリマンの意見を踏まえて，「ソ連を怖れない断固たる態度」をもって中・東欧問題を解決する決意を固めた[3]。

3）総力戦・大量殺戮戦争の諸結果

　第二次世界大戦は，ヨーロッパとアジア・太平洋の戦場を中心に実質的に世

---

2) Robin Edmonds, *Setting the Mould : The United States and Britain 1945-1950*, Oxford : Oxford Univ. Press, 1986, p. 65. ハリー・S・トルーマン『トルーマン回顧録』1，加瀬俊一監修，堀江芳孝訳，恒文社，1992年，300頁。
3) 同上『トルーマン回顧録』1，74，78頁。

5-9 原爆投下指令

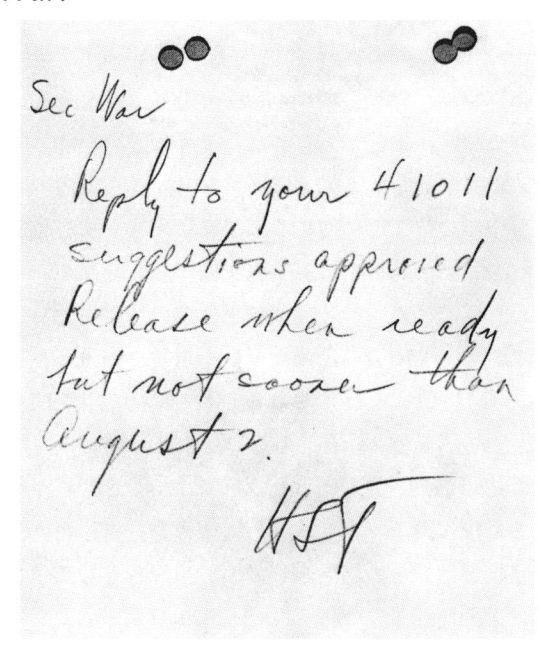

> Sec War
>
> Reply to your 41011 suggestions approved Release when ready but not sooner than August 2.
>
> HST

陸軍長官に宛てたトルーマン大統領のメモ（1945年7月25日）
出所）R. Edmonds, *Setting the Mould : the United States and Britain 1945-1950*, Oxford : Oxford Univ. Press, 1986, p. 64.

界中を巻き込んだという点で，文字通りの世界大戦であった。また，第二次世界大戦は，第一次世界大戦と同様に参戦諸国による「総力戦」であった。いわゆる「銃後」の国民を含めてすべての国家的資源が戦争に動員された。そこで，敵国に対する攻撃は，戦場における戦闘行為にとどまらず，むしろ敵国の資源や国力を消耗させ，国民の士気を弱めるための「戦略爆撃」が重要性を増した。ドイツによるポーランド，ソ連，フランス，イギリスの諸都市に対する空爆，日本による中国の都市部に対する爆撃にとどまらず，戦争の後期には連合国によるドイツや日本の諸都市に対する空襲が熾烈を極め，逃げ惑う多数の民間人を殺傷した。広島，長崎への原爆投下はその行き着いた先であった。原爆投下に先立って，アメリカの「原爆投下目標選定小委員会」は，投下目標の基準として，「効果的に被害を与えられる」ための「物理的基準」と並んで，「日本に対して最大の心理的影響を与える」ために「最初の使用は際立ったものであること」など「心理的基準」を定め，また，「破壊されやすい労働者住宅に囲まれた軍事目標に投下すること」を大統領に勧告した［5-8a, b］。

このような戦略爆撃は，その結果として一般市民を含む無差別大量殺戮を引き起こした。第二次世界大戦の戦死者は，5,000万人とも5,500万人とも言われるが，その正確な数はいまだに確定されていない。この中には2,500万人といわれるソ連人死者と1,000万人と言われる中国人死者が含まれる。特徴的なのは，一般市民の死者数が3,800万人と推定され，1,500万人と推定される軍人戦死者をはるかに上回ったことであった。この中には，ナチス・ドイツによって虐殺された600万人のユダヤ人犠牲者が含まれる。総力戦，無差別大量殺戮（ジェノサイド）が第二次世界大戦の特徴であった。

戦争終結の後，ニュルンベルクと東京において，それぞれナチス・ドイツと日本の戦争犯罪を裁く国際軍事裁判が開かれた。この裁判には，勝者による事後法に基づく裁判であるという批判も投げかけられたが，法廷は，既存の国際法に基づく通常の戦争犯罪とともに，両国家の指導者による「平和に対する罪」および「人道に対する罪」を裁いた。「平和に対する罪」とは，侵略戦争を計画，準備，開始，実行した罪を意味し，この審理の過程で，ナチス・ドイツおよび日本による侵略戦争の歴史が鮮明にされた。「人道に対する罪」によって裁かれたのはナチス・ドイツがユダヤ人に対して行ったホロコーストで

■ 5-10　ポツダム宣言（1945年7月26日）〈抜粋〉
1. 吾等合衆国大統領，中華民国政府主席および連合王国総理大臣は，――日本国に対し，今次の戦争を終結する機会を与ふることに意見一致せり。
4. 無分別なる打算により日本帝国を滅亡の淵に陥れたる我儘なる軍国主義的助言者に依り日本国が引き続き統御せらるべきか，または理性の経路を日本国が履むべきかを日本国が決定すべき時期は，到来せり。
5. 吾等の条件は，左の如し。
　　吾等は右条件より離脱することなかるべし。右に代わる条件存在せず。吾等は，遅延を認むるを得ず。
6. 吾等は，無責任な軍国主義が世界より駆逐せらるるに至る迄は，平和，安全及正義の新秩序が生じ得ざることを主張するなるを以て，日本国民を欺瞞し，之をして世界征服の挙に出ずるの過誤を犯さしめたる者の権力は，永久に除去せられざるべからず。
7. 右の如き新秩序が建設せられ，且日本国の戦争遂行能力が破砕せらることの確証あるに至る迄は，聯合国の指定すべき日本国領域内の諸地点は，吾等の茲に指示する基本的目的の達成を確保する為占領せらるべし。
8. カイロ宣言の条項は，履行さるべく，又日本国の主権は，本州，北海道，九州及四国並に吾等の決定する諸小島に極限せらるべし。
9. 日本国軍隊は，完全に武装を解除せられたる後，各自の家庭に復帰し，平和的且生産的の生活を営むの機会を得しめらるべし。
10. 吾等は，日本人を民族として奴隷化せんとし，又は国民として滅亡せしめんとするの意図を有するものに非ざるも，吾等の捕虜を虐待せる者を含む一切の戦争犯罪人に対しては，厳重なる処罰を加えらるべし。日本国政府は，日本国国民の間に於ける民主主義的傾向の復活強化に対する一切の障害を除去すべし。言論，宗教及思想の自由並に基本的人権の尊重は，確立せらるべし。
11. 日本国は，其の経済を支持し，且公正なる実物賠償の取立を可能ならしむるが如き産業を維持することを許さるべし。但し，日本国をして戦争の為再軍備を為すことを得せしむるが如き産業は，此の限に在らず。
12. 前記諸目的が達成せられ，且日本国国民の自由に表明せる意思に従い平和的傾向を有し且責任ある政府が樹立せらるるに於ては，聯合国の占領軍は，直に日本国より撤収せらるべし。
13. 吾等は，日本国政府が直に全日本国軍隊の無条件降伏を宣言し，且右行動に於ける同政府の誠意に付，適当且充分なる保障を提供せんことを同政府に対し要求す。右以外の日本国の選択は，迅速且完全なる壊滅あるのみとす。

あった。無差別大量殺戮を「人道に対する罪」とする考え方は，1948年の第3回国連総会が採択した「集団殺害罪の防止及び処罰に関する条約（ジェノサイド条約）」として結実した［8-2を参照］。

　第二次世界大戦は，「反ファシズム・民主主義」の理念によって統合された連合国の勝利に終わった。その結果，戦後処理は大西洋憲章とこれを継承した連合国宣言の理念を主要な側面として進行した。しかし，その反面で，国際連合に基づく集団安全保障体制と自由・無差別・多角の3原則に基づく国際経済協力システムによる世界の秩序形成という戦後の理念も，すでにその出発点において大国間の力の政治という現実政治的軋轢にさいなまれつつあった。やがて，国際連合憲章の理念は，冷戦という大国間政治の冷たい現実に取って代わられ，また，世界の経済は2つの対立する体制に分裂することになるのである。

■**参考文献**
・紀平英作『パクス・アメリカーナへの道――胎動する戦後世界秩序』山川出版社，1996年。
・荒井信一『原爆投下への道』東京大学出版会，1985年。

第 II 部

冷戦と地域紛争の時代

第6章　冷戦の起源とヨーロッパの分裂

1　米，ソの戦後政策と冷戦の起源

1)「冷戦」とは何か

「冷戦」という用語は，一説によればアメリカの著名なジャーナリストであるウォルター・リップマンの造語であるとされ，他説によればイギリスの文学者ジョージ・オーウェルが初めて用いた概念だとされる。いずれも，世界的規模の「熱い戦争」が終結した後に世界を襲った「冷たい戦争」，すなわち米，ソ両超大国を中心とする東西両軍事ブロック間の，戦争には至らない軍事的・政治的緊張状態を表現したものである。「冷戦」は，資本主義と社会主義とのイデオロギー対立ならびに2つの異なった経済体制の対峙を背景に，第二次世界大戦の後，約40年にわたって世界を覆った。

ところで，後述するように，冷戦の世界は，東西2つのブロック間の軍事的対立であると同時に，この対立を背景にした米，ソ両超大国による世界の共同支配のシステム，すなわち一種の覇権システムとして機能し続けた事実を見落としてはならない。むしろ，両超大国は，イデオロギーに基づく対立を現象させ，二極間の軍事的緊張の下でそれぞれの勢力圏を形成し，これに対する支配と介入を維持し続けたと言うべきかもしれない [6-1]。

第二次世界大戦が終結に向かう中で，戦時連合に内在していた対立が戦後世界の構想をめぐって顕在化していったが，エルベ川における英・米軍とソ連軍の邂逅から1年余，諸国民のレベルでの連合国間の連帯意識や戦勝の喜びは決して終息してはいなかった。しかし，現実の国際政治には暗雲が立ち始め，「反ファシズム連合」の平和の意思を継承した国際連合の理念は，次第に冷戦

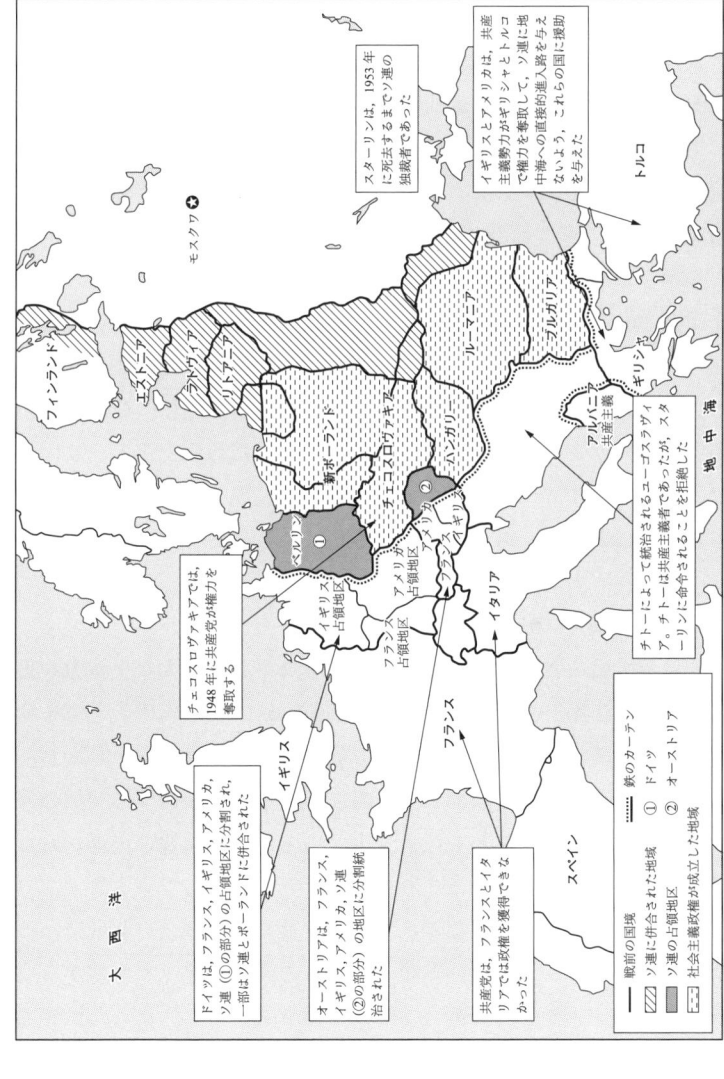

第 6 章 冷戦の起源とヨーロッパの分裂

■ 6-1　1948 年末のヨーロッパ

ドイツは、フランス、イギリス、アメリカ、ソ連（①の部分）の占領地区に分割され、一部はソ連とポーランドに併合される

オーストリアは、フランス、イギリス、アメリカ、ソ連（②の部分）の地区に分割統治された

共産党は、フランスとイタリアでは政権を獲得できなかった

チェコスロヴァキアでは、1948 年に共産党が権力を奪取する

スターリンは、1953 年に死去するまでソ連の独裁者であった

イギリスとアメリカは、共産主義勢力がギリシャとトルコで権力を奪取して、地中海への直接的進入路を与えないよう、これらの国に援助を与えた

チトーによって統治されるユーゴスラヴィアでは、チトーは共産主義者であったが、スターリンに命令されることを拒否した

凡例：
―― 戦前の国境
（網掛）ソ連に併合された地域
（灰色）ソ連の占領地区
（点線）社会主義政権が成立した地域
―――― 鉄のカーテン
① ドイツ
② オーストリア

地名：フィンランド、エストニア、ラトヴィア、リトアニア、モスクワ、ポーランド、新ポーランド、チェコスロヴァキア、ドイツ、フランス占領地区、アメリカ占領地区、イギリス占領地区、ハンガリー、オーストリア、ルーマニア、ブルガリア、ユーゴスラヴィア、アルバニア共産主義、ギリシャ、トルコ、イタリア、フランス、イギリス、スペイン、大西洋、地中海

出所）J・S・ナイ・ジュニア『国際紛争――理論と歴史［原書第 5 版］』田中明彦・村田晃嗣訳、有斐閣、2005 年、151 頁。

という現実政治に取って代わられていったのである。

　戦時大連合の協調関係はなぜ破綻したのか。冷戦はなぜ生じたのか。この問題について，1950年代のアメリカに登場した冷戦史解釈の「正統派」は，冷戦の原因は主としてソ連の膨張主義にあると定式化した。一方，1960年代に，ベトナムにおけるアメリカの「汚い戦争」に対する批判を背景に登場した「修正主義派」は，冷戦を，世界的規模の開放経済体制の形成や軍事的覇権の維持など，アメリカの国益に基づくアメリカの政策だととらえた。さらに，冷戦終結の前後から，新たにアクセスが可能になったソ連や東欧諸国の文書史料を用いて冷戦史を洗い直す研究成果が相次いで現れた。これらは「ポスト修正主義」と一括されるが，諸著作の論旨は，新しい文書史料に依拠した「正統派」への先祖がえりと評価されるものから，冷戦の起源にかかわるソ連側の政策にも目配りをしながら，「修正主義派」の論旨を実証的に裏付けるものまで様々である。これまでの所説を吟味するならば，冷戦の原因について，例えばソ連の指導者スターリンの安全保障に関する過度なこだわりをその一要因とすることはできるが，基本的にはアメリカの政策として進められたと考えるのが妥当である。以下においてこの点を検証する。

2） アメリカと冷戦への道

　第二次世界大戦中に，アメリカは軍需産業を中心に巨大な生産力を獲得した[6-2a, b]。自国を含む連合国の大きな軍需需要が，1930年代の恐慌を吹き飛ばし，アメリカ経済に天井知らずの繁栄をもたらしたのである。しかし，好況のさなかにあったアメリカの政界・経済界には，この戦時需要の突然の停止がもたらす恐るべき結果，すなわち巨大な生産力と急速な需要の後退がもたらす恐慌の悪夢が蘇った。生産縮小となれば，全世界に展開しているアメリカ兵の帰還に伴う雇用の問題も深刻になる。このような重大な懸念を背景に，戦時中から政財界のシンクタンクでは，戦後アメリカの政策が様々な角度から検討されていた。ブレトン・ウッズの連合国経済金融会議に持ち込まれた世界的規模の自由貿易体制構築の計画は，そのプログラムのひとつであった[1]。

1） 紀平英作『パクス・アメリカーナへの道——胎動する戦後世界秩序』山川出版社，1996年。

第 6 章　冷戦の起源とヨーロッパの分裂　149

■ 6-2a　アメリカの戦時生産（1939～45 年）

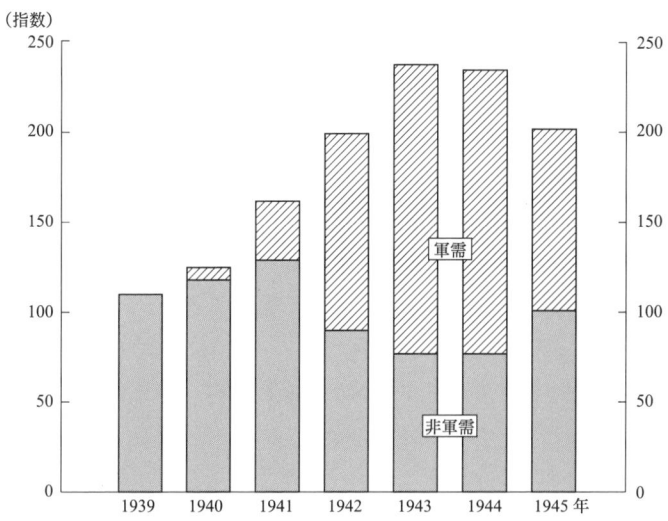

（指数）

軍需

非軍需

出所）S・ストレンジ『国際政治経済学入門——国家と市場』西川潤他訳，東洋経済新報社，1994 年，111 頁。

■ 6-2b　日米の戦時生産の推移比較（1940～45 年）

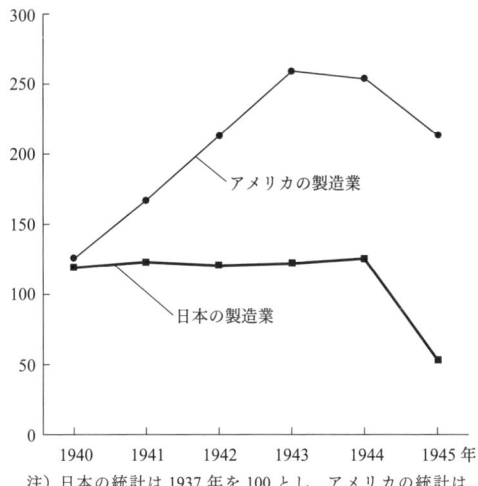

アメリカの製造業

日本の製造業

注）日本の統計は 1937 年を 100 とし，アメリカの統計は，1935～39 年の平均値を 100 とする。
出所）油井大三郎・古田元夫『世界の歴史 28　第二次世界大戦から米ソ対立へ』中央公論社，74 頁。

しかし，たとえ世界自由市場が形成されようとも，戦争で疲弊したヨーロッパ市場がアメリカの生産力をただちに吸収することは期待できず，また，平時における需要が軍需産業を中心に肥大化したアメリカの生産力を吸収することも不可能なことであった。もし，大戦終結の後になお，戦時に準じた軍需需要が継続するならば，あるいはそれを必要とする世界情勢が存在するならば，アメリカ経済は引き続く成長を見込むことができた。冷戦がその条件を生み出したのである。

戦後の自由貿易体制構築の課題とかかわって，第二次世界大戦終結後の最優先課題は，戦争による荒廃からヨーロッパの経済を速やかに立ち直らせることであった。ところが，連合国が掲げた「反ファシズム・民主主義」の理念を背負ったヨーロッパ各国のレジスタンスの延長線上に，体制変革勢力が台頭しつつあった。ソ連軍によって解放された東ヨーロッパの諸国ばかりでなく，イタリア，フランス，ギリシャなどで共産主義勢力を中心にした左翼政権成立の可能性さえ生まれていた。ヨーロッパを経済的疲弊から救済し，同時に左翼政権の成立を阻止して政治的安定を実現することが，アメリカに課せられた課題であると認識された。アメリカは，「ソ連・共産主義の脅威」との対決を強めながら，西欧諸国を経済的・軍事的に統合し，政治的安定を実現していくのである。

3）戦争終結とソ連の政策

1945年7月の総選挙の結果，イギリス首相の座を労働党党首アトリーに譲ったチャーチルは，翌46年3月にアメリカのミズーリ州フルトンを訪れ，アメリカ大統領トルーマンが見守る中で，よく知られる「鉄のカーテン」演説を行った［6-3］。チャーチルは「バルト海のステッティンからアドリア海のトリエステまで，大陸を横切って鉄のカーテンがおろされ」，その向こうではソ連による強固な統制が進み，カーテンのこちら側でもソ連共産主義の膨張的傾向の下で「先頃まで連合国の勝利に輝いていた状況にかげりがさしている」と論じた。この「共産主義の膨張」という警告は，ちょうど1年後の「トルーマン・ドクトリン」に受け継がれることになる。

しかし，当時のソ連の政策に積極的な膨張主義を認めるのは難しい。第二次

■ 6-3　チャーチルのフルトン演説（「鉄のカーテン」演説，1946年3月5日）

　先頃まで連合国の勝利に輝いていた状況にかげりがさしている。ソヴィエト・ロシアと共産主義者の国際組織が近い将来になさんとしていることについて，あるいは彼らの膨張的傾向，他国に改宗を迫る行動に限界があるとすれば，それは何なのかということは誰も知らない。

　バルト海のステッティンからアドリア海のトリエステまで，大陸を横切って鉄のカーテン（iron curtain）がおろされている。このカーテンの背後には，中部および東部ヨーロッパの古くからの首都がある。ワルシャワ，ベルリン，ウィーン，ブダペスト，ベオグラード，ブカレスト，そしてソフィア，これら有名な都市すべてその周囲の住民がソヴィエト圏内にあり，何らかの形で，ソヴィエトの影響下におかれているだけでなく，ますます増大するモスクワからの強固な統制のもとに従属している。

　ヨーロッパを横切っておろされた鉄のカーテンのこちら側には別の心配がある。──ロシア国境から遠く離れた世界中の多くの諸国において，共産主義者の第五列が結成され，固く統一しながら，共産主義者の中枢部からの指揮に絶対的に服従して活動しているのである。共産主義が未熟な状態にある英連邦と合衆国を除いて，共産党あるいはその第五列は，キリスト教文明に対する挑戦を強化し，キリスト教文明を大いなる危険にさらしているのである。

（杉江栄一他編著『国際関係資料集［第2版］』法律文化社，2004年，18頁）

世界大戦によってソ連は 2,000 万人を超える戦死者を出し，レニングラード，モスクワ，スターリングラードなど主要都市を含む国土は荒廃の極にあった。したがって，ソ連の最大の課題は戦後復興であり，くわえて将来にわたるソ連の安全保障の確保であった。戦後復興にはアメリカからの支援が必要であった。したがって，ソ連は，ブレトン・ウッズ協定に率先して調印するとともに，1945 年 1 月以来数度にわたって米政府に借款を要請した。1946 年 1 月にスターリンから駐ソ大使ハリマンに宛てた借款要請に対して，同年 3 月，米国務省は，借款供与には市場経済の受け入れが条件であると回答した。こうして，同年末までに対米借款問題は立ち消えとなったのである。

　このような経済的事情も加わっていたため，後述のポーランド問題を別にして，安全保障を求めるソ連の政策は膨張主義と非難されるほどのものではなかった。しかし，ロシア革命直後の連合国による干渉戦争や，ヒトラーのドイツによるバルバロッサ作戦（対ソ戦争）の苦い経験から，スターリンは一貫してソ連の安全保障の確保を第二次世界大戦後の最重要課題とし，これに過度なまでの関心を向けた［6-4］。独ソ戦争開始の後，1941 年 12 月にモスクワを訪問した英外相イーデンに対してスターリンは，ヨーロッパ第二戦線形成の要請とともに，戦後ヨーロッパの構想に関する協定を提案した。その後もソ連は英，米に対して，戦後の領土問題を含むソ連の安全保障の約束を求めたが，英，米両国はこれに応じなかった。したがって，ソ連は，1943 年 2 月のスターリングラード攻防戦の勝利の頃から，独自に本格的な戦後処理構想を進めることになった。

　しかし，戦争終結後のスターリンは，一方的な力による戦後処理・領土画定ではなく，西側連合国との少なくとも暗黙の了解による戦後ヨーロッパの処理が，彼の望む安全保障を確保する最善の方法であると考えた。したがって，自国の安全保障を目的としながら，ソ連の東欧諸国への政策は多様で柔軟であった。たとえば，ギリシャに関してソ連は，チャーチルとの「百分率協定」に忠実にイギリスの権益優先を承認するかのように，政権掌握に向けて有力であったギリシャ共産党を主力とする解放戦線を支持することをあえてしなかった。また，戦争終結が見えてきた頃，ソ連とコミンテルンは各国の共産主義者に対して，戦後の再建に当たってはファシズムに反対するすべての勢力を結集した

■ 6-4 「鉄のカーテン」演説に対するスターリンの批判（『プラウダ』1946 年 3 月 13 日）

問：アメリカ合衆国におけるチャーチル氏の演説について意見をお聞かせください。

答（スターリン）：それは，連合国の間に不和の種を蒔き，協力を妨げようと計算された，危険な動きだと思う。

問：チャーチル演説は平和と安全にとって有害だと考えられますか。

答：疑いもなくそうだ。実際にチャーチル氏は今，戦争屋の立場をとっており，また，その点では彼はひとりではない。イギリスばかりかアメリカにも彼の仲間がいる。

　この点で指摘しておかなければならないのは，チャーチル氏とその仲間は，ヒトラーとその仲間によく似ているということだ。ヒトラーは，ドイツ語圏の人間だけが優れた国民であると宣言し，その人種理論の主張によって戦争への道を開く仕事を始めた。チャーチル氏は，英語諸国民のみが優れた国民であり，世界全体の運命を決定することを任されているのだと断言する一種の人種理論を用いて，戦争への道を開こうとしているのだ。……

　以下のような事情を忘れてはならない。ドイツ人は，フィンランド，ポーランド，ルーマニア，ブルガリア，ハンガリーを通過してソ連の侵略を行った。当時，これらの国々にはソ連に敵対的な政府が存在していたために，ドイツはその国々を経由して侵略を行うことができたのだ。ドイツの侵略の結果，……ソ連は，イギリスとアメリカを合わせたよりも数倍も大きな人命を失うことになった。おそらくある筋の人々の間には，このソ連人民の途方もない犠牲がヒトラー主義の圧制からヨーロッパの解放を勝ち取ったという事実を，忘れがちな傾向が存在する。しかし，ソ連はこれを忘れることはできない。したがって，ソ連が，その将来の安全を求めて，前途の国々にソ連に対して誠実な態度をとる政府の存在を実現しようと試みていることは，何ら驚くべきことではないではないか。気が狂った人でなければ，このソ連の平和的願望を侵略的傾向だと描くことなどできるわけがないのだ。

　　（M. McCauley, *The Origins of the Cold War*, New York : Longman, 1983, pp. 115-16）

「国民戦線」を結成するように指示した。ソ連指導部は，この「国民戦線」政府がやがて共産主義者による最終的な権力掌握につながる可能性を排除はしなかったであろうが，現実には，ただちにそのような発展を想定した政策をとることはなかった。

スターリンとソ連指導部は，ポーランドがソ連の安全保障の鍵であると考えていた。ソ連指導部の課題は，まず第一に，第一次世界大戦後のブレスト・リトフスク条約によって失った領土を回復するために，ソ連・ポーランド国境を西へ深く移動すること，第二に，戦後のポーランドに「親ソ」政権を樹立することであった［6-5］。

1944 年 8 月，ソ連軍がワルシャワへ迫ったことを知ったロンドン亡命政府に忠実なポーランド地下組織は，戦後の政局においてソ連と共産主義者の影響力を排除しロンドン亡命政府のイニシアチブを確保するために，自力によるワルシャワ解放を目的にナチス・ドイツに対する武装蜂起を決行した（ワルシャワ蜂起）[2]。ソ連軍はあえてこれを支援する軍事行動をとらなかった。そして，ドイツ軍の苛烈な報復によって 20 万人の死者を出して蜂起が失敗に終わった後に，ヴィスワ川を渡って瓦礫と化したワルシャワへ入城したのである。次いで，ヤルタ会談においてスターリンは，「赤軍によるポーランドの完全な解放の結果，同国に新しい状況が生まれた」ことを宣言に明記させ［5-2a を参照］，ポーランドの戦後復興をソ連のイニシアチブで進める意思を示した。ただし，スターリンは，ポーランドにただちに共産主義政権を求めることはせず，「民主主義的」な「親ソ」政権の樹立を約束した。

ところが，長い歴史的な遺産としてポーランド国内には強烈な反ソ感情が存在し，したがって，「親ソ」的な勢力は共産主義者以外には存在しなかった。結局，ポーランド新政府は，ソ連の肝いりで結成された「ポーランド民族解放委員会（ルブリン委員会）」を軸に形成され，「いっそう広範な民主主義的基盤の上に立った挙国臨時政府」というヤルタにおける宣言は空文化していく。ここに，英，米とソ連との政治的対立が険しくならざるをえない背景が存在したのである。

2）J・M・チェハノフスキ『ワルシャワ蜂起 1944』梅本浩志訳，筑摩書房，1989 年。

第 6 章　冷戦の起源とヨーロッパの分裂　155

■ 6-5　ポーランド国境線の変更

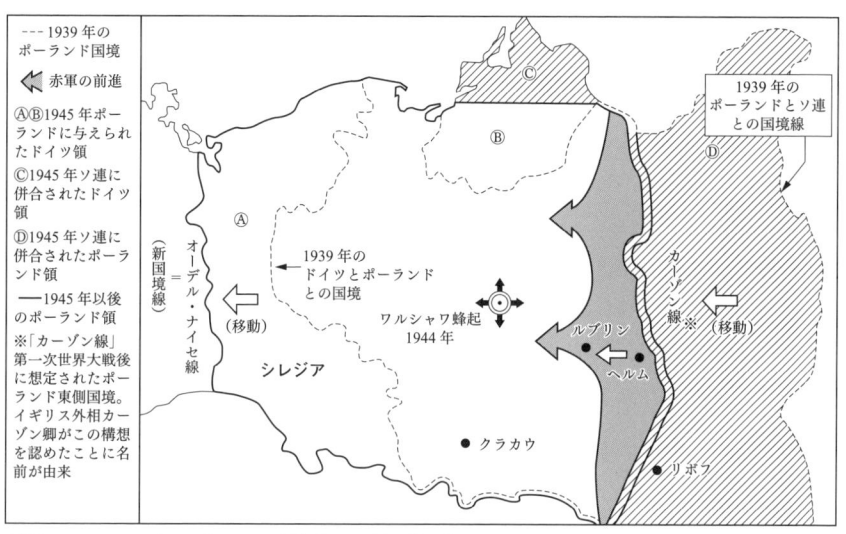

- --- 1939 年の ポーランド国境
- ◀ 赤軍の前進
- ⒶⒷ1945 年ポーランドに与えられたドイツ領
- Ⓒ1945 年ソ連に併合されたドイツ領
- Ⓓ1945 年ソ連に併合されたポーランド領
- ── 1945 年以後のポーランド領
- ※「カーゾン線」第一次世界大戦後に想定されたポーランド東側国境。イギリス外相カーゾン卿がこの構想を認めたことに名前が由来

（新国境線）＝オーデル・ナイセ線

シレジア

1939 年のドイツとポーランドとの国境

ワルシャワ蜂起 1944 年

ルブリン
ヘルム

（移動）

カーゾン線※

（移動）

1939 年のポーランドとソ連との国境線

● クラカウ
● リボフ

出所）B・キャッチポール『アトラス現代史 3　ソ連』創元社，1989 年，79 頁。

2 ヨーロッパ分断への政治過程

1)「鉄のカーテン」の内と外

戦後における連合国間協力は，ドイツ占領政策をめぐってほころびを見せた。1945年2月，ヤルタにおける米，英，ソ3大国首脳の会談は，3大国にフランスを加えた4カ国によるドイツ分割占領と共同管理を決定するとともに，ドイツから総額20億ドルの賠償を取り立て，その半分をソ連が受け取ることに合意した［5-2aを参照］。6月に開始された分割占領政策は，将来におけるドイツの経済的統合と中央行政機関の設置という点に4大国の合意が存在してはいたが，具体的な政策は実質的に各占領国の必要に従って進められた［6-6］。

ソ連は，スターリンが想定していた以上に広い占領地域を与えられたが，その大部分は農業地帯であり，工業地帯の大部分は英，米，仏の占領地域に含まれていた。ドイツからの賠償を戦後経済復興の大きな資源と想定していたソ連は，ドイツからの徹底的な賠償取立を計画し，自国占領地域からの賠償接収に加えて，西側占領地域の資本財あるいは現物生産の10％を賠償の一部としてソ連に引き渡すことを求めた。

ところが，西側占領地域，特にイギリス占領地域も，その工業地帯的性格から生じた深刻な経済問題に直面していた。終戦時におけるこの地域は，戦争の被害が大きく，戦時中からの亡命者の流入による著しい人口増加も相まって，甚だしい食糧・燃料の不足をきたしていた。元来，この地域の食糧自給率は戦前においても50％をわずかに上回るだけで，今やソ連占領地域となった東部ドイツが伝統的な食糧供給地であった。分割占領の開始に伴って東部ドイツからの食糧供給がほとんど途絶えるに至って，西側占領地域の食糧問題を解決するには，占領国による援助か，あるいはその地域における工業生産力を復活させ，外貨獲得のための輸出力を生み出す以外になかった。ここに，ヤルタ会談での合意に基づいて西側占領地域からの賠償取立を求めるソ連の要求は，英，米との対立を招いたのである。

じつは，ドイツ分割占領を決めたヤルタ会談の直後に，イギリス戦時内閣の

■ 6-6　ドイツの分割占領

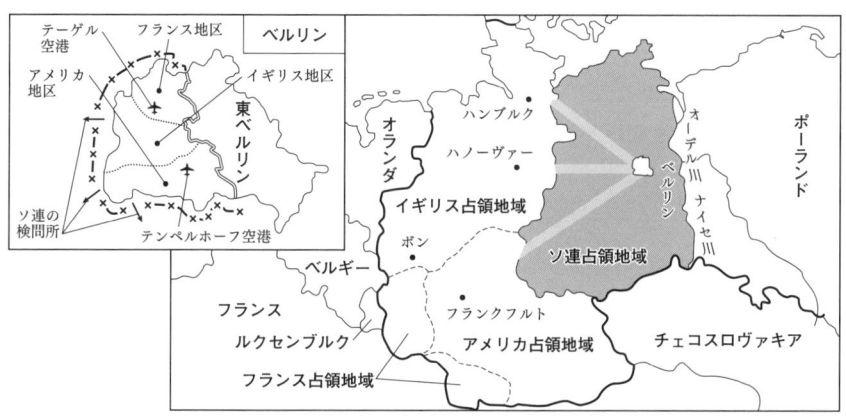

出所）細谷千博監修，滝田賢治・大芝亮編『国際政治経済資料集』有信堂，2001年，14頁。

一部では，ドイツからの産業設備の剥奪など厳しい賠償取立てはヨーロッパの経済復興や政治的安定の障害になると認識され，「西ヨーロッパ諸国の経済に組み込みうる西ドイツ」の形成の論議がなされていた。西側占領国による実際の政策転換は1946年春であった。この頃を境に西側とくに英，米の占領政策はドイツの経済復興政策へと急速に傾斜し，ソ連との対立を強めながら「西ドイツ」を含めた「西ヨーロッパ」の復興を目指すことになる。

　1946年2月，バーンズ米国務長官は，ソ連の強引な行動ではなくて，むしろヨーロッパの戦後状況の危機的性格に注目しながら，アメリカ外交の「試練」を語った。同じ頃，アメリカの駐ソ参事官ケナンは「長文電報」として知られる報告書において，ソ連の外交は「ロシアの本能的な安全保障への不安感に由来する」もので，「不必要な危険を冒そうとはしない」が，ソ連には平和共存の意思は存在せず，アメリカは「西ヨーロッパ」重視の政策を進めるべきだと提言した。チャーチルが「鉄のカーテン」の向こう側の全体主義を指弾し，同時に「鉄のカーテンのこちら側の別の心配」に注意を喚起したのは1946年3月であった［6-3］。米政府もフランス，イタリア，ドイツをはじめとする諸国の政治・経済情勢を重大視し，「西ヨーロッパ」の復興を緊急課題とし，その責任を引き受ける用意を整えつつあった。

　1946年5月，ドイツ占領に当たっていた米軍政長官は，アメリカ占領地域における他の連合国への賠償引渡しを停止する通告を行い，7月に入ると，米，英の軍政長官は両国占領地域の経済統合への動きを開始した。9月6日，米国務長官バーンズはシュトゥットガルトで演説し，西側占領地域の経済統合と「暫定ドイツ政府樹立」の用意を表明し，さらに，「我々は自らの義務をのがれるつもりはない。われわれは撤退するつもりはない」と宣言した［6-7］。12月2日，英外相ベヴィンとバーンズは両地域の統合に関する協定を締結した。ここに「バイゾーン」が形成され，ドイツ分割への一歩が印された。

　ソ連と英，米との対立は決定的となり，米政府はこれを引き受けてヨーロッパに積極的に関与する意思を明らかにした。しかし，米政府の行動は世論によって拘束されていた。なぜなら，アメリカにおいてもイギリスにおいても，まだ「輝かしい赤軍」の「英雄的な戦い」が国民一般のソ連観であったからである。米政府は，「西ヨーロッパ復興」への介入の手法と，アメリカの関与に

■ 6-7　バーンズ米国務長官のシュトゥットガルト演説（1946年9月6日）〈抜粋〉

　アメリカ合衆国は，ドイツがひとつの経済単位として管理されるべきであり，ドイツの経済生活・経済活動に関する限り，占領ゾーンの境界は完全に除去されるべきだと固く信じている。

　現在のドイツに存在する状況では，工業生産が，ドイツの平和時における最小限度の経済に不可欠だと占領管理国が合意する水準に到達することは，不可能である。明らかなことは，合意された産業水準が実現されるべきであるとすれば，物，人，思想がドイツ全土を行き来することを制約し続けることはできないということである。……

　占領ゾーンの境界は，諸占領国の軍隊が安全保障の目的でそれぞれの地域を占領するためだけに画されたものであり，独立した経済あるいは政治の単位として画されたものではない。この点をあらためて認識すべき時である。

　それこそが，ポツダム協定によって想定された発展の道であり，アメリカ政府がその権限の及ぶ限り追求しようと意図する発展の道である。すでに公式に表明したとおり，アメリカ占領ゾーンの経済を，参画したいという意志を持ついずれかの，あるいはすべてのゾーンと統一しようというのが，アメリカ政府の意図するところである。

　これまでのところ，イギリス政府のみがその占領ゾーンの統合に同意している。……

　我々はドイツの経済的統一が好ましいと思っている。もし，完全な統一が実現できないのなら，最大限可能な統一を実現するために，持てる力のすべてを傾けたい。……

　同時に，産業と海外貿易のために，何らかの中央ドイツ行政機関を設立する緊急な必要性が存在する。……

　ポツダム協定は，ドイツ中央政府が存在してはならないとは規定していない。同協定は，当分の間，ドイツ中央政府が存在してはならないと規定しているだけである。この規定の実際上の意味は，ドイツの地に何らかの類の民主主義が根づき，何らかの地域的責任の観念が発展するまでは，いかなる中央政府も作られてはならないということにとどまる。……

　ドイツ全域のドイツ人が，適切な保護の下で，今や彼ら自身の問題を処理する第一義的責任を与えられるべきだというのが，アメリカ政府の見解である。

（McCauley, *The Origins of the Cold War*, pp. 117-18）

関する世論および議会の説得の方法を模索しなければならなかった。

2) トルーマン・ドクトリンと対決の論理

　アメリカのヨーロッパ介入のチャンスはバルカン半島に生まれた。大戦末期のギリシャでは，レジスタンスの延長線上に勢力を強めた共産党を中心とする民族解放戦線とその軍事組織による支配が確立しつつあった。これに対してイギリスは1944年12月以来，強力な軍事介入を行い，左翼勢力の武装解除と右派・王党派の権力樹立工作を続けた。左翼勢力の選挙ボイコットの下で行われた1946年3月の総選挙では王党派連合内閣が成立した。しかし同じ時期に，いったんは武装を解除されて北部や中部山岳地帯へ撤退した左翼勢力が武装蜂起し，やがて事態はギリシャ全土にわたる内戦へと発展した。

　財政破綻に瀕していたイギリスには，もはやギリシャでの内戦を戦う余裕がなかった。1946年夏，ギリシャの事態に加えてダーダネルス海峡をめぐるソ連とトルコの政治危機が生じたことから，「共産主義の圧力」に対してギリシャ，トルコを強化する課題について英，米間の会談が開始された。同年9月，英政府は，ギリシャ撤退の意思を密かに米政府に通告した。米政府はギリシャに大規模な援助を与える旨の政策決定を行い，経済使節団をギリシャに派遣した。同月，米政府の主要な政策スタッフの協議の結果まとめられた大統領特別顧問クリフォードの報告は，アメリカが全世界にわたって積極的な経済的，軍事的関与に乗り出す政策を具体化しつつあることを示した。

　課題は，国民と議会の同意を獲得することであった。国務省は，アメリカによる世界的関与の必要性の訴えは，「国民が電撃的な衝撃を受けるような」形で，「世界的規模の問題を論じる図式をとってなされるべきであろう」と考えた[3]。1947年2月21日，英政府は，3月31日をもってギリシャ，トルコに対する援助を停止し，軍を撤退させることを米政府に通告した。この「突然の」通告に対して，3月12日，トルーマン大統領は米上下両院合同会議において演説し，ギリシャ，トルコ援助肩代りの意思と，そして「自由な諸国民」を援助するアメリカの決意を表明した。いわゆる「トルーマン・ドクトリン」の宣

---

[3] Melvyn P. Leffler, *A Preponderance of Power : National Security, the Truman Administration, and the Cold War*, Stanford : Stanford Univ. Press, 1992, p. 145.

■ **6-8 トルーマン・ドクトリン**（米上下両院合同会議におけるトルーマン米大統領の演説, 1947年3月12日）〈抜粋〉

　合衆国は，ギリシャ政府から財政的・経済的援助を求める緊急要請を受けとった。……民主主義的ギリシャが頼ることができるのは，合衆国を除いて他にない。
　ギリシャの場合と同様に，もしトルコも自国が必要とする援助を受けるべきであるとすれば，合衆国はそれを供与しなければならない。
　合衆国の対外政策の第一義的目的の一つは，われわれと他の諸国が強制から解放された生活様式を生みだすことができる条件をつくることである。これはドイツと日本との戦争における基本的問題であった。
　もしわれわれが，自由な諸国民が全体主義的体制を強制しようとする侵略的運動に抵抗して，自国の自由主義的制度と国家的保全を維持しようとすることに対して，すすんで援助を与えないならば，われわれは自分の目的を認識していないことになろう。
　われわれは，直接または間接の侵略によって自由な諸国民に課せられた全体主義体制が，国際平和を，従って合衆国の安全の根底を覆すものであることをはっきり認識しなければならない。
　最近，世界の多数の諸国人民は，その意志に反して全体主義的体制を強制されている。……世界史上のこの時点において，ほとんどすべての国家は，生活様式の二者択一を迫られている。この選択は自由な選択でない場合が極めて多い。
　第一の生活様式は，多数者の意志に基づくものであり，かつ自由な諸制度，代議政体，自由選挙，個人の自由の保障，言論と宗教の自由および政治的弾圧からの自由をその特徴としている。
　第二の生活様式は，多数者に強制的に課せられた少数者の意志に基づいている。それは恐怖と弾圧，出版ならびに放送の統制，選挙干渉，個人的自由の抑圧に依拠している。
　私は，武装した少数派もしくは国外からの圧力によって計画された破壊活動に抵抗している自由な諸国民を援助することが，合衆国の政策でなければならないと信じる。
　もしギリシャが武装した少数派の支配に陥るならば，その隣国であるトルコへの影響は緊急かつ重大なものであろう。混乱と無秩序は，中東全体に波及するであろう。
　さらに，独立国家としてのギリシャが消滅するならば，戦争の損害を回復しつつ自国の自由と独立の維持のために大きな困難と闘っているヨーロッパ諸国に，深刻な影響を与えるであろう。
　世界の自由な人民は，われわれが彼らの自由を維持することに支持を与えるよう熱望している。もしわれわれがわれわれの指導性にためらいを示すならば，われわれが世界の平和を危機にさらし，われわれ自身の国家の安寧を危くするであろうことは明らかである。

　　　　　　　　　（杉江栄一編『現代国際政治資料集』法律文化社, 1979年, 60頁）

言であった［6-8］。

　トルーマンは，まず「自由主義」と「全体主義」という「2つの生活様式」の対立という「世界的規模の問題」を提示した。また，「独立国家としてのギリシャの消滅」はトルコへ，中東へ，そして戦後の困難と戦っているヨーロッパ諸国に深刻な影響を与えるであろうという図式，すなわち「ドミノ理論」によって，アメリカのギリシャ，トルコへの介入が必要不可欠であることを論じたのである。これは，経済体制やイデオロギー等の異質性を根拠とした対決の論理の表明であり，「全体主義の脅威」を高唱することによって「鉄のカーテン」の「内側」における「自由主義体制」を確保する意思の宣言にほかならなかった。この演説は，「ドクトリン」として以後のアメリカの内外政策を規定することになる。

3）マーシャル・プランとヨーロッパの分断

　トルーマン・ドクトリンは，その強烈なレトリックにもかかわらず，対ソ関係にただちに大きな変化をもたらすことはなかった。冷戦への道を固めたのは，同年6月のマーシャル・プランであった。

　1947年4月，アメリカの3省（国務，陸軍，海軍）調整委員会の特別委員会「暫定報告」は，アメリカの対外援助にかかわる最大の課題は，「西ヨーロッパ」の復興とその開放経済体制への統合であり，これを「合衆国の計画に従った援助」を通して行わねばならないと論じた。同時に同報告は，この援助対象からソ連とこれに追随する東欧諸国を排除する方針を示した。同年5月から6月にかけて，国務省政策企画室は，大規模な援助の必要性を確認するとともに，それは西ヨーロッパの主体性に基づく西ヨーロッパの全体計画を受け皿として進め，大西洋をはさむ資本主義的政治経済秩序の中核を構築するという方針を決定した。5月8日，クリーヴランドで演説したアチソン国務次官は，ヨーロッパに対する援助の必要性を強調するとともに，アメリカは4大国協定を待たずにドイツ，日本両国の経済復興に当たると声明した。

　6月5日，国務長官マーシャルはハーヴァード大学で演説し，「世界経済の運行を再生させ，自由な経済組織が存在し得るような政治的，社会的条件が出現できるようにする」ことを目的に，総額130億ドルにのぼる大規模なヨー

■ **6-9 マーシャル・プラン**（G・C・マーシャル国務長官のハーヴァード大学における演説，1947年6月5日）〈抜粋〉

　この問題の核心は次の点にある。即ち，ヨーロッパは今後3，4年の間に，食料その他の緊要な物資を，外国――特にアメリカ――から得なければならないが，その必要額は今日ヨーロッパの持つ支払能力をはるかに上廻り，従って多額の援助の附加が必要で，若しそれがないと，ヨーロッパは極めて重大な経済的，社会的，政治的退化に直面せざるをえないということである。

　ヨーロッパの人々が自暴自棄に陥ったならば，世界全体を沈滞させることとなり，混乱が起る可能性があるが，それを別にしても，アメリカ合衆国の経済に悪影響を及ぼすことは明らかであろう。従って，世界に正常で健全な経済を回復することを助けるために，アメリカ合衆国がその為しうることを尽くすのは当然である。健全な経済なくしては政治的安定も，恒久平和もありえないのである。

　わが国の政策は，何れかの国とか教義とかに対抗するためにあるのではなく，飢餓，貧窮，自暴自棄，混沌たる状態に対抗するためにある。その目的は，世界経済の運行を再生させ，自由な経済組織が存在し得るような政治的，社会的条件が出現できるようにすることにある。このような援助は，今までに各種の危局において採られたような部分的なものであってはならないと私は確信する。わが政府が将来行なうべき援助は，単なる緩和剤ではなくて，根本的治癒を与えるものでなければならない。

　この経済復興の任務に賛助しようとする政府に対しては，アメリカ合衆国政府としても，完全な協力をするものと私は信じる。他国の復興を妨害するような策動をする政府は，わが国政府の援助を予期することができない。さらに，人々の惨苦を永からしめ，それによって政治的その他の利益を得ようとする政府や，政党その他の政治団体に対して，アメリカ合衆国は反対するものである。

　　　　　（アメリカ学会編『原典アメリカ史』別巻，岩波書店，1958年，263-65頁）

ロッパ復興計画を明らかにした [6-9]。「この経済復興の任務に賛助しようとする政府」とこれを「妨害するような策動をする政府」や「政党その他の政治団体」を区別し，後者に反対することを明言したマーシャルの演説は，イタリアやフランスの保守勢力を勇気づけ，彼らが共産主義者を連合政権から追放する決断を促した[4]。

この援助計画は，表向きはソ連や東欧諸国を排除するものではないとされた。しかし，政策企画室の報告書によれば，計画は「ソ連の衛星諸国」に，提案された諸条件の受容を嫌がって自ら身を引くか，あるいは彼らの経済政策上の方針を放棄するか，いずれかの選択を迫る形で提案されることとされていた。これは，ソ連，東欧諸国を排除する経済圏の形成を意図するという点で，ブレトン・ウッズ体制の修正であった。政策企画室長であったケナンは「X論文」として知られる『フォーリン・アフェアーズ』(1947年7月) 掲載論文で，「アメリカの対ソ政策の主たる要素は，ソ連邦の膨張傾向にたいする長期の，辛抱強い，しかも確固として注意深い封じ込めでなければならない」と論じた [6-10]。マーシャル・プランは，この長期にわたる「対ソ封じ込め政策」の一環であった。

ソ連は，この計画への反発と疑惑を抱きながらも，ポーランド，チェコスロヴァキア，ユーゴスラヴィアとともにパリで開かれた援助受入れのための会議に参加した。しかし，この計画の真意が明らかになるに及んで，ソ連は準備会議から脱退し，東欧諸国にも会議のボイコットを迫った。当時はまだ共産党政権ではなかったチェコスロヴァキアを含めた3国は，結局，マーシャル・プランを拒否し，ソ連が支配する「東側陣営」を選択した。

1947年9月，ポーランドでヨーロッパ共産党代表者による秘密会議が開かれた。スターリンの意を受けてこの会議の基調演説を行ったジダーノフは，「社会主義」と「資本主義」という2つの敵対的で和解し難い陣営の存在に言及した。この対立のドクトリンは，ジダーノフが演説の直前に，より攻撃的に味付けするために付け加えたと言われるが，アメリカに続いてソ連の側も世界の分断の方針を固めつつあったことを示している。この会議において，ヨー

---

4) Leffler, *Preponderance of Power*, p. 157.

■ 6-10　ジョージ・F・ケナンのX論文「ソ連邦の行動の淵源」（*Foreign Affairs*, vol. 25, no. 4, July 1947）〈抜粋〉

　……ソヴェトの外交は，一方では，反対勢力にたいしナポレオンやヒトラーより敏感であるし，その勢力が強すぎると考えられた場合に個々の外交戦線の面で比較的容易に譲歩するし，また力の論理と表現の仕方においてより合理的である。だが他方においてソヴェトの敵手が1回だけ勝利したというようなことでは，なかなかこれを屈服させたり，その戦意を挫折させたりすることができない。……

　これらの事情からみてアメリカの対ソ政策の主たる要素は，ソ連邦の膨張傾向にたいする長期の，辛抱強い，しかも確固として注意深い封じ込めでなければならないことは明瞭である。

　かくてソヴェト権力の将来は，クレムリンの人々がロシア人の自己妄想力によって考えているほどには，決して安定しているものでないかもしれない。かれらは権力を保持しつづけることのできることを証明した。かれらがその権力を静かに，容易に他のものへ移転できるかどうかは，まだ証明されないでいる。他方かれらの苛酷な統治と変動した国際生活とは，かれらの権力がよって立っているその大国民の力と希望にたいして重大な打撃を与えて来た。……しかしソヴェトの権力は，かれらが考えている資本主義世界と同じように，その内部に自分を亡ぼす種をふくんでおり，この種の発芽がかなり進行しているという可能性（私の考えでは強い可能性）が残ることになる。

　　（G・F・ケナン『アメリカ外交50年』近藤晋一他訳，岩波書店，1986年，159-68頁）

ロッパ各国共産党の組織「コミンフォルム（共産党・労働者党情報局）」が結成された。この組織は「情報局」という名称にもかかわらず，共産主義者が団結して資本主義と戦うための調整機関であった。この会議では，それまではスターリンによって推奨されてきた「国民戦線路線」や「議会主義への幻想」が批判の対象とされた。以後，フランスやイタリアの共産党を含めて各国共産党は，「資本主義経済体制の破壊」と親米政権の打倒，あるいは国内のあらゆる組織的反対派の排除を方針とした。そして，ブルガリア，ルーマニア，ハンガリー，チェコスロヴァキアにおいて相次いで共産党単独政権の樹立が進行したのである［6-1］。「東西対立」が本格化し，ヨーロッパの政治情勢は緊張の度を高めていった。

■参考文献
・ヴォイチェフ・マストニー『冷戦とは何だったのか──戦後政治史とスターリン』秋野豊・広瀬佳一訳，柏書房，2000年。
・ルイス・J・ハレー『歴史としての冷戦──超大国時代の史的構造』太田博訳，サイマル出版会，1970年。
・デイビッド・ホロビッツ『超大国時代──米国世界政策の批判／ヤルタからベトナムまで』山口房雄訳，サイマル出版会，1968年。
・油井大三郎・古田元夫『世界の歴史28　第二次世界大戦から米ソ対立へ』中央公論社，1998年。

第 7 章　冷戦と超大国の支配

1　覇権システムとしての冷戦体制

1) 大戦後の世界と冷戦の意味

　第二次世界大戦後，アメリカが引き続きヨーロッパへの関与を続けるレトリックが「共産主義の脅威」・「ソ連の膨張」との「対決」であった。アメリカの群を抜く経済力と核兵器を含めた軍事力が，この「対決政策」を実行する条件を与えた。ドイツ問題，東欧諸国の政権問題，マーシャル・プラン等をめぐって冷戦の進行が確定的になったが，冷戦が政策としてアメリカの国民や議会に受け入れられるためには，「冷戦の信憑性」が必要であった。後述のように，1948 年の一連の事件がこれを立証した。そして，翌 49 年 4 月に締結された北大西洋条約に基づく対ソ軍事同盟 NATO の結成が「冷戦の体制」を形成し，その後の核兵器開発競争による緊張の高まりが「冷戦の信憑性」をさらに強めたのである。
　このように，アメリカの対ソ対決政策（冷戦政策）とこれに対するソ連の対抗政策を通して，1950 年代前半期に冷戦が「構造化」していくが，やがて冷戦世界は，米，ソ両超大国を両極の頂点とする「二極構造」に収斂していった。それは，「東西の対立」の構造であると同時に，米，ソ両超大国によるそれぞれの勢力圏の統合と支配の構造でもあった［7-1, 7-2］。
　戦争末期にそれぞれに戦後世界秩序を構想していた諸大国の政府にとって最も大きな問題は，大戦の勝利を支えたヨーロッパの民衆的な力あるいはアジアをはじめ各地に展開した民族解放勢力への対応であった。戦後ヨーロッパの秩序再建の錯綜した経緯については前章で考察したが，植民地の民族解放運動へ

第7章 冷戦と超大国の支配　169

■ 7-1　冷戦世界の構造

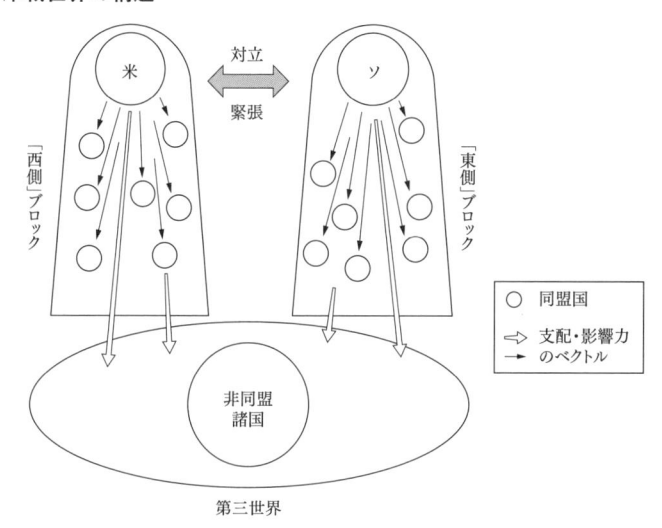

- 米
- ソ
- 対立／緊張
- 「西側」ブロック
- 「東側」ブロック
- ○ 同盟国
- ⇨ 支配・影響力のベクトル
- 非同盟諸国
- 第三世界

■ 7-2　東西両陣営の安全保障体制

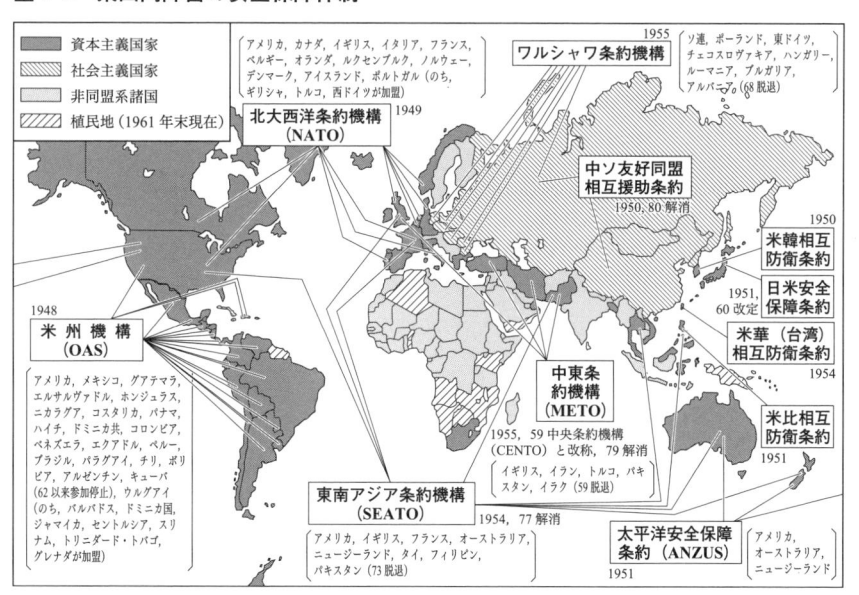

凡例：
- 資本主義国家
- 社会主義国家
- 非同盟系諸国
- 植民地（1961年末現在）

北大西洋条約機構（NATO）　1949
アメリカ、カナダ、イギリス、イタリア、フランス、ベルギー、オランダ、ルクセンブルク、ノルウェー、デンマーク、アイスランド、ポルトガル、ギリシャ、トルコ、西ドイツ（のち加盟）

ワルシャワ条約機構　1955
ソ連、ポーランド、東ドイツ、チェコスロヴァキア、ハンガリー、ルーマニア、ブルガリア、アルバニア（68脱退）

中ソ友好同盟相互援助条約　1950、80 解消

米州機構（OAS）　1948
アメリカ、メキシコ、グアテマラ、エルサルヴァドル、ホンジュラス、ニカラグア、コスタリカ、パナマ、ハイチ、ドミニカ共、コロンビア、ベネズエラ、エクアドル、ペルー、ブラジル、パラグアイ、チリ、ボリビア、アルゼンチン、キューバ（62以来参加停止）、ウルグアイ（のち、バルバドス、ドミニカ国、ジャマイカ、セントルシア、スリナム、トリニダード・トバゴ、グレナダが加盟）

米韓相互防衛条約　1950
日米安全保障条約　1951、60 改定
米華（台湾）相互防衛条約　1954
米比相互防衛条約　1951

中東条約機構（METO）　1955、59 中央条約機構（CENTO）と改称、79 解消
イギリス、イラン、トルコ、パキスタン、イラク（59脱退）

東南アジア条約機構（SEATO）　1954、77 解消
アメリカ、イギリス、フランス、オーストラリア、ニュージーランド、タイ、フィリピン、パキスタン（73脱退）

太平洋安全保障条約（ANZUS）　1951
アメリカ、オーストラリア、ニュージーランド

出所）柴田三千雄・木谷勤『世界現代史』山川出版社、1985年、339頁。

の対応にはさらに複雑な問題が含まれていた。第二次世界大戦後に、まず民族解放をめぐる紛争に直面したのは、イギリス、フランス、オランダなどヨーロッパの帝国主義国であった。

　第一次世界大戦後から次第に力を強化した植民地の解放勢力は、「すべての国民」の「政体を選択する権利を尊重する」という大西洋憲章の原則に力を得て、第二次世界大戦後に独立の要求をいちだんと強めた［7-3］。イギリスをはじめ帝国主義国には、もはや植民地住民に「帝国に属することに伴う恩恵」を与える力は存在しなかった。そこで、彼らが帝国を維持するために用いたのは「冷戦の論理」であった。すなわち、マラヤにおけるイギリス、インドシナにおけるフランス、インドネシアにおけるオランダに共通して見られたのは、各地の民族主義者による解放運動を「共産主義者による秩序紊乱」と断定し、「非常事態」を宣言して軍事介入を行うことであった。また、中東におけるイギリスは、「ソ連の膨張」や「共産主義の脅威」に対抗する諸国間協力に「帝国」の共通利益を見出そうとし、イラク、トルコを引き込んでバグダッド条約を締結し、これにエジプト、ヨルダンを引き入れようと画策した。しかし、例えばエジプトの民族主義者ナセルは、この「冷戦の論理」を受け入れなかった。彼にとってエジプトの真の独立を妨げているのは、ソ連ではなく、目の前のスエズ基地に居座るイギリスと、アラブ民族に敵対するイスラエルなのであった[1]。

　一方、アメリカとソ連は、第二次世界大戦後の世界に反植民地主義のチャンピオンとして登場した。「遅れて来た帝国主義国」アメリカは、20世紀の初頭以来、「反植民地主義」を対外政策の基本路線として打ち出し、ヨーロッパ帝国主義国の植民地への経済的、政治的浸透を進めた。第二次世界大戦後に「西側」の盟主となったアメリカから見ると、イギリスやフランスの「時代錯誤も甚だしい植民地主義」こそが、被支配民族の「反欧米意識」を駆り立て、彼らを「共産主義」の陣営に追いやる要因なのであった。しかし、植民地主義に取って代わる選択肢が「共産主義革命」以外ではありえない場合には、アメリカは古い植民地主義を支援し、場合によっては植民地支配の肩代わりを引き受

1）佐々木雄太『イギリス帝国とスエズ戦争――植民地主義・ナショナリズム・冷戦』名古屋大学出版会，1997年，10-12，109-10頁。

■ 7-3　民族運動の指導者たち

スカルノ

出所）C. Bayly & T. Harper, *Forgotten Wars : The End of Britain's Asian Empire*, London : Penguin, 2007.

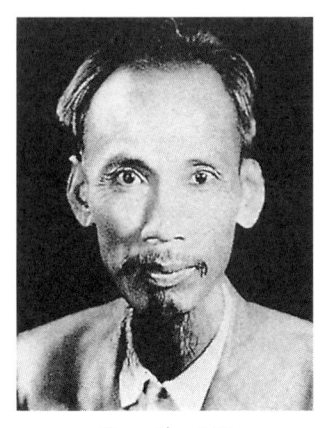

ホー・チ・ミン

出所）小倉貞男『ドキュメント　ヴェトナム戦争全史』岩波書店，1992年，7頁。

ナセル

出所）『20世紀——写真で見る世界の100年，日本の100年！』集英社，1996年，237頁。

け，軍事介入をも辞さなかった。したがって，「冷戦の論理」は，イギリスやフランスが中東やアジアの帝国を維持するに当たって，アメリカとの「共通の利益」を強調し，アメリカの支援を引き出す論理にもなりえたのである。

2）ドイツ分断と西欧の統合

　ドイツ問題とマーシャル・プランをめぐる紛糾を経て，ヨーロッパにおける東西対立は緊迫度を強めた。イギリスをはじめ西欧諸国は，アメリカとともに「共産主義」に対して全面的に対決する運命を選択し，コミンフォルムの結成によって形を明らかにしつつあったソ連ブロックに対抗する相互協力の体制を，経済的領域から政治的，軍事的領域に進める必要に迫られた。マーシャル・プランに基づくヨーロッパ復興計画には，援助期間中の生産努力に関するアメリカの監督，通商障壁の最終的除去に関する各国の義務など，内政干渉にもつながるアメリカ側からの厳しい条件が付せられ，アメリカと被援助国との間に多くの摩擦が生じた。しかし，東西関係の緊張が強まる中で，対立をはらみながらも全体としてアメリカに対するヨーロッパ諸国の経済的・政治的従属の制度化が押し進められた。

　英外相ベヴィンは，このアメリカへの依存と従属は過渡的現象であると考えつつ，1947年夏以降，ヨーロッパにおける共同防衛体制の構築と，アメリカのヨーロッパに対する直接の政治的・軍事的関与を実現することに外交努力を集中し，イニシアチブを発揮した［7-4］。1947年12月，4大国ロンドン外相会議がドイツ，オーストリア講和問題をめぐって最終的に決裂した後，ベヴィンは，マーシャル米国務長官に西欧の同盟構想を提起してその支持を取りつけ，次いで，フランスとの事前協議を経て，ベネルクス3国に対して政治的・軍事的関係の強化に関する打診を開始した。

　ヨーロッパ情勢の緊迫がこの構想実現を促した。1947年末にルーマニアが王制を廃止して人民共和国を宣言した。また，イタリアでは1948年4月に予定された総選挙を前に共産党の進出が予想され，アメリカはこれに厳しい対抗措置で臨もうとした。そのさなかの1948年2月，チェコスロヴァキアにおいて国民連合政府が崩壊し，共産党単独政権が成立した。この政変は西欧諸国に一種の反共パニックを生んだ。3月17日，英，仏とベネルクスの5カ国はブ

■ 7-4　ベヴィン英外相の外人記者クラブでの演説（1947年6月13日）〈抜粋〉

　われわれは，帝国と連邦の中心であるが，かつてなくヨーロッパの運命に結び付けられるようになっていることを承知している。われわれはヨーロッパの一国であり，それにあった行動をしなければならない。

　われわれは二つの大戦で，自己の領土を守るだけでなく，われわれの魂と世界の自由を守るためにも，何百年もの努力によって築きあげてきた富を費消したのである。しかしながら，もしイギリスが意気沮喪し，度を失っていると考える人がいるとしたら，どうかその考えを改めていただきたい。われわれには精神と科学と生産的可能性がある。われわれは犠牲をはらったが，数年のうちにかつてあった地点にたちもどるであろうことをあえて予言する。

　われわれはアメリカの国務長官マーシャル氏によってわれわれとヨーロッパの諸国民に与えられた激励的導きを歓迎する。私は，彼がハーバード大学でおこなった演説は世界史上もっとも偉大な演説の一つだと考える。

　私は，この演説が，現実の要請に合致していると考える。この演説の基礎には，ヨーロッパとすばらしくかつ強力な西半球との間の偉大な協力という構想が存在していると思われる。私が，他の国々にいえることは，合衆国が東西にかけ橋をかけようとしている時に，合衆国のこの偉大な努力をイデオロギーその他の理由から挫折させるならば，それはきわめて不幸なことであるということだけである。

　今回——ヨーロッパにおける4ケ国条約を提案した時に彼らがまさにしたことであるが——非常に大きな，潜在的な富を持っている，この偉大な，若々しくかつすばらしい国は，ヨーロッパを再度の破滅から守り，できうるかぎりすみやかに再建するために，利己心にとらわれずにその持てる力を発揮している。われわれイギリス人は，この導きにもっとも良く答えうる方途を速やかに見出すべく積極的に検討を進めている。なお，この作業は，フランスと協議の上で行われなければならない。

（杉江栄一編『現代国際政治資料集』法律文化社，1979年，76-77頁）

リュッセル条約（経済的，社会的及び文化的協力並びに集団的自衛のための条約）に調印した。この条約は多目的をうたっているが，その本質は国連憲章第51条に基づく集団的自衛のための軍事同盟であった。また，この条約は潜在的侵略者をドイツであると装っているが，実際にはソ連をはじめ東側諸国が対象であることは疑いえなかった。

　この年の4月以降，ベルリンをめぐって冷戦が進行した。すでに英，米，仏3国はドイツの3国占領地域を統合し，ソ連占領地域とは別個の管理方式を導入することを決定していた。ソ連はこれに対抗して，ソ連占領地域の内部に位置するベルリンへの西側からの交通路の閉鎖を開始した。「ベルリン封鎖」である［6-6を参照］。これは，あらかじめ綿密に計画された政策ではなかったが，緊張を高めるには充分であった。ベヴィンはソ連を激しく非難するとともに，「アメリカを招き入れて」北大西洋規模の同盟を構築する意図を明らかにした。米政府も，西欧防衛に全面的・公式的関与を行う用意があった。6月11日に米上院で採択された「ヴァンデンバーグ決議」は，アメリカが国連憲章第51条を根拠として集団的自衛権を行使するための地域的取決めすなわち軍事同盟に加わる決意を示すものであった［7-5］。

3）NATOと「招かれた帝国」

　この間，西欧6カ国はドイツの西側占領地域の統合と「ドイツ連邦共和国基本法」制定に合意し，西側占領地区の通貨改革を強行した。ここに「2つのドイツ」への道が確定した。ソ連は，6月24日，ベルリンの全面封鎖によってこれに対抗し，西側は「ベルリン空輸」による西ベルリンへの物資供給と［7-6］，アメリカの核爆弾搭載可能爆撃機60機のイギリス本土派遣で応酬した。ここに軍事衝突の可能性が生まれたが，両陣営にはまだそこまで事態を進める用意はなかった。しかし，政治的闘争として始まった冷戦は，軍事化の局面に入ったのである。

　東側では，1948年6月のユーゴスラヴィア共産党のコミンフォルムからの追放の後，東欧の「人民民主主義」諸国による「社会主義への各国の道」は否定され，ソ連による統合と支配が強まった。また，1949年1月にソ連・東欧諸国は経済相互援助会議（コメコン）を創設した。これはマーシャル・プラン

第7章 冷戦と超大国の支配

■ 7-5 **ヴァンデンバーグ決議**（1948年6月11日米国上院決議）〈抜粋〉

上院は，共通の利益のためにする場合を除き武力の行使が行われないように国際連合を通じて国際の平和及び安全を達成するという合衆国の政策を再確認し，並びに合衆国政府が憲法上の手続に従い国際連合憲章の範囲内で特に次の諸目的を追求すべきであるという上院の見解を大統領に通報するものとする。

(1) 国際的な紛争及び事態の平和的解決に関係あるあらゆる問題並びに新加盟国の加入について拒否権を排除するための自発的協定
(2) 憲章の目的，原則及び条項による個別的及び集団的自衛のための地域的その他の集団的取極の漸進的発展
(3) 継続的かつ効果的な自助及び相互援助を基礎とし，かつ，合衆国の国家的安全に影響のある地域的その他の集団的取極に合衆国が憲法上の手続に従つて参加すること。
(4) 合衆国の国家的安全に影響を及ぼす武力攻撃が発生する場合には第五十一条に基き個別的又は集団的自衛権を行使するという合衆国の決意を明らかにすることにより平和の維持に寄与すること。

（横田喜三郎・高野雄一編『国際条約集』1988年版，有斐閣，347頁）

■ 7-6 **ベルリン空輸**

出所）H・S・トルーマン『トルーマン回顧録』2，加瀬俊一監訳，堀江芳孝訳，恒文社，1978年。

に対抗する経済協力の計画であったが，この組織の下で東欧 5 カ国に対するソ連の経済的・政治的統制が強められた。

　1948 年 7 月上旬より，アメリカと西欧 6 カ国は北大西洋同盟構築の協議を重ね，次いで周辺諸国との加盟交渉が進められた。こうして，1949 年 4 月 4 日，12 カ国によって北大西洋条約が調印され，この条約に基づいて北大西洋条約機構（NATO）が設立されたのである［7-7］。アメリカによる大規模な経済援助と核兵器を含む圧倒的な軍事力を中心とする西側の多角的軍事同盟の成立であった。この同盟構築の立役者は英外相ベヴィンであった。彼は，対ソ対決を高唱しながらアメリカをヨーロッパに「招き入れる」ことに努めた。ゆえに，アメリカによる統合と支配を伴ったこの欧米関係は「招かれた帝国」と表現されることがある[2]。

　1949 年 5 月，ドイツ連邦共和国（西ドイツ）の成立が宣言され，次いで同年 10 月，ドイツ民主共和国（東ドイツ）が成立した。西側陣営にとって次の課題は，西ドイツを含めた経済復興と同盟体制の強化であった。

　西欧諸国は，アメリカからのマーシャル・プランによって復興を開始したが，アメリカからの援助の受け皿となったヨーロッパ経済協力機構（OEEC）を通じた経済協力を進めるとともに，1950 年代に西ドイツを含めた経済統合を進めた。戦争末期のアメリカ政府内では，戦後にドイツの工業力を奪い，これを農業国化するという構想（モーゲンソー・プラン）が存在したが，前述のように，やがて西欧の復興にはドイツの工業力復活が必要であると認識された。フランスをはじめ西欧諸国にとっては，過去 100 年間に 3 度の戦争の相手となったドイツの復活は脅威の種であったが，1952 年のヨーロッパ石炭鉄鋼共同体（ECSC）の設立は，フランスとドイツの石炭・鉄鋼の資源を共同機関の下にプールすることによって，両国の永年にわたる対立を解消しつつ，西ドイツを含めた西欧の復興を進めるヨーロッパの知恵であった。西欧諸国は，ECSC に続いて 1957 年にはヨーロッパ経済共同体（EEC），1958 年にはヨーロッパ原子力共同体（EURATOM）を誕生させた。やがてヨーロッパ共同体（EC）として統合されるこれらの経済協力は，本来ヨーロッパに生まれた独自

---

2) Geir Lundestad, *The United States and Western Europe since 1945 : From "Empire" by Invitation to Tranceatlantic Drift*, Oxford : Oxford Univ. Press, 2003.

■ 7-7　北大西洋条約〈抜粋〉

　　署　　名　1949年4月4日（ワシントン）　　効力発生　1949年8月24日
　前　文
　この条約の締約国は，国際連合憲章の目的及び原則に対する信念並びにすべての国民及び政府とともに平和のうちに生きようとする願望を再確認する。
　締約国は，民主主義の諸原則，個人の自由及び法の支配の上に築かれたその国民の自由，共同の遺産及び文明を擁護する決意を有する。
　締約国は，北大西洋地域における安定及び福祉の助長に努力する。
　締約国は，集団的防衛並びに平和及び安全の維持のためにその努力を結集する決意を有する。
　よつて，締約国は，この北大西洋条約を協定する。

第一条【紛争の平和的解決】締約国は国際連合憲章に定めるところに従い，それぞれが関係することのある国際紛争を平和的手段によつて，国際の平和及び安全並びに正義を危うくしないように解決し，並びに，それぞれの国際関係において，武力による威嚇又は武力の行使を，国際連合の目的と両立しないいかなる方法によるものも慎むことを約束する。

第三条【武力攻撃に対する抵抗力の発展】締約国は，この条約の目的を一層有効に達成するために，単独に及び共同して，継続的かつ効果的な自助及び相互援助により，武力攻撃に抵抗する個別的及び集団的な能力を維持し発展させる。

第五条【武力攻撃に対する共同防衛】締約国は，ヨーロッパ又は北アメリカにおける一又は二以上の締約国に対する武力攻撃を全締約国に対する攻撃とみなすことに同意する。したがつて，締約国は，そのような武力攻撃が行われたときは，各締約国が，国際連合憲章第五十一条の規定によつて認められている個別的又は集団的自衛権を行使して，北大西洋地域の安全を回復し及び維持するためにその必要と認める行動（兵力の使用を含む。）を個別的に及び他の締約国と共同して直ちに執ることにより，その攻撃を受けた締約国を援助することに同意する。

第六条【武力攻撃の対象】第五条の規定の適用上，一又は二以上の締約国に対する武力攻撃とは，次のものに対する武力攻撃を含むものとみなす。
　(i)　ヨーロッパ若しくは北アメリカにおけるいずれかの締約国の領域，フランス領アルジェリアの諸県，トルコの領土又は北回帰線以北の北大西洋地域におけるいずれかの締約国の管轄下にある島
　(ii)　いずれかの締約国の軍隊，船舶又は航空機で，前記の地域，いずれかの締約国の占領軍が条約の効力発生の日に駐とんしていたヨーロッパの他の地域，地中海若しくは北回帰線以北の北大西洋地域又はそれらの上空にあるもの

　　　　　　　　　　　　　　　　　　（横田・高野編『国際条約集』346-47頁）

の構想ではあったが，冷戦の深化に促され，またアメリカの強い後押しによって実現したのである。

　1949年にソ連の原爆所有が明らかにされ，翌年，朝鮮戦争が勃発した。アジアで「熱い戦争」の戦端を開いたアメリカは，朝鮮戦争はソ連の世界戦略の一環であるという認識に基づき，西欧諸国に対して西ドイツの再軍備を含めた西欧独自の軍事力強化を求めた。西ドイツの再軍備についてはフランスなどから強い警戒感が示されたが，紆余曲折を経て，1955年5月，西ドイツは主権を回復するとともにNATOに正式加盟した[3]。

　その10日後，ソ連と東欧6カ国は友好協力相互援助条約に調印し，ワルシャワ条約機構を設立した。ここに，ヨーロッパにおいて2つの軍事ブロックが対峙する「冷戦の体制」が完成した。冷戦が次第に軍事的色彩を強めるとともに，対立の進行に伴って米，ソ両超大国の「覇権システム」が本格的に機能し始めるのである。

2　アジアと冷戦

1）冷戦と日本

　アジアにおける冷戦は，ヨーロッパからは少し遅れて1947年夏以降，徐々に進行した。アメリカは，戦時中から中国の国民党に対する支援を続けてきたが，戦争終結後も国民党の中国を軸にしたアジア・太平洋の秩序を漠然と構想していた。しかし，中国では，国民党と中国共産党が抗日戦争を共通の課題としながらも軍事衝突を繰り返し，終戦後にはこの両勢力間の内戦が本格化した。国民党は，支援国であった米，英からの再三の警告にもかかわらず政治的な腐敗を払拭できず，次第に民心を失っていった。1949年4月，共産党軍は国民党政府の首都南京を制圧し，国民党は台湾へ逃れた。10月1日，中華人民共和国の成立が宣言された。中国新政府は，翌50年2月，ソ連と友好同盟相互援助条約を締結した。こうして，アジアでは米，中の対立を軸とする冷戦の構図が形成された。アジアの冷戦は，インドシナ半島および朝鮮半島におけ

3）アルフレート・グロセール『欧米同盟の歴史』上，土倉莞爾他訳，法律文化社，1987年，196-98頁。

■ **7-8　降伏後ニ於ケル米国ノ初期ノ対日方針**（1945年9月22日）〈抜粋〉
　　　　第一部　究極ノ目的
日本国ニ関スル米国ノ究極ノ目的ニシテ初期ニ於ケル政策ガ従フベキモノ左ノ如シ
(イ)　日本国ガ再ビ米国ノ脅威トナリ又ハ世界ノ平和及安全ノ脅威トナラザルコトヲ確実ニスルコト
(ロ)　他国家ノ権利ヲ尊重シ国際連合憲章ノ理想ト原則ニ示サレタル米国ノ目的ヲ支持スベキ平和的且責任アル政府ヲ究極ニ於テ樹立スルコト
此等ノ目的ハ左ノ主要手段ニ依リ達成セラルベシ
(イ)　日本国ノ主権ハ本州、北海道、九州、四国並ニ「カイロ」宣言及米国ガ既ニ参加シ又ハ将来参加スルコトアルベキ他ノ協定ニ依リ決定セラルベキ周辺ノ諸小島ニ限ラルベシ
(ロ)　日本国ハ完全ニ武装解除セラレ且非軍事化セラルベシ軍国主義者ノ権力ト軍国主義ノ影響力ハ日本国ノ政治生活，経済生活及社会生活ヨリ一掃セラルベシ軍国主義及侵略ノ精神ヲ表示スル制度ハ強力ニ抑圧セラルベシ
(ハ)　日本国国民ハ個人ノ自由ニ対スル欲求並ニ基本的人権特ニ信教，集会，言論及出版ノ自由ノ尊重ヲ増大スル様奨励セラルベク且民主主義的及代議的組織ノ形成ヲ奨励セラルベシ
(ニ)　日本国国民ハ其ノ平時ノ需要ヲ充シ得ルガ如キ経済ヲ自力ニ依リ発達セシムベキ機会ヲ与ヘラルベシ

　　　　　　　　　　　　　　　（杉江編『現代国際政治資料集』89-90頁）

■ **7-9　日本国憲法**（前文抜粋と第9条）
日本国民は，恒久の平和を念願し，人間相互の関係を支配する崇高な理想を深く自覚するのであつて，平和を愛する諸国民の公正と信義に信頼して，われらの安全と生存を保持しようと決意した。われらは，平和を維持し，専制と隷従，圧迫と偏狭を地上から永遠に除去しようと努めてゐる国際社会において，名誉ある地位を占めたいと思ふ。われらは，全世界の国民が，ひとしく恐怖と欠乏から免かれ，平和のうちに生存する権利を有することを確認する。
　　　第2章　戦争の放棄
第9条　日本国民は，正義と秩序を基調とする国際平和を誠実に希求し，国権の発動たる戦争と，武力による威嚇又は武力の行使は，国際紛争を解決する手段としては，永久にこれを放棄する。
②前項の目的を達するため，陸海空軍その他の戦力は，これを保持しない。国の交戦権は，これを認めない。

る 2 つの熱戦を経験したが，朝鮮戦争を契機にアメリカは中国の周囲に相次いで反共軍事同盟（米比，日米，米韓，SEATO，米華，ANZUS の諸同盟条約）を形成し，「中国封じ込め」政策を強化した［7-2］。

　このようなアジアにおける冷戦の進行の下で，戦後日本の政治的進路が決定された。1945 年 8 月，連合国による対日占領政策が開始されたが，それは実質的にはアメリカの単独占領であった。米政府の「初期の対日方針」［7-8］は，日本の平和国家化，非軍事化，民主化をうたった。この方針を象徴したのが翌 46 年 11 月に公布された日本国憲法であった［7-9］。憲法草案の審議過程で，吉田茂首相は，この憲法の「第 9 条は自衛権の発動としての戦争も交戦権も放棄した」と明言した。

　ところが，中国の内戦における共産党の勝利がほぼ明らかになった 1948 年 1 月，ロイヤル米陸軍長官は，日本を「全体主義者による戦争の脅威に対応するための防壁」とする方針を明らかにした。ここから「逆コース」が始まった。民主化の「行き過ぎ」を防ぐために公務員の団交権・争議権は禁止され，共産党員とみなされた者の公職追放（レッド・パージ）が進められた。一方，「経済安定 9 原則」に基づいて日本経済の再建が始まり，財閥の復活が進んだ。1950 年の年頭に，連合国最高司令官マッカーサーは「日本国憲法は自己防衛の権利を否定するものではない」と言明し，吉田首相は「戦争放棄は自衛権の放棄を意味しない」と述べてこれに追随した。

　同年 6 月に朝鮮戦争が始まると，日本は米軍の前線基地とされたが，米軍出動後の治安維持部隊として警察予備隊が創設された。日本の再軍備の開始であった。同年 11 月，米国務省は講和条約を締結して日本を独立させる方針を表明し，「対日講和 7 原則」を提示した。この原則によれば，講和の当事国は提案された条項で講和を結ぶ意志のある国とされ，講和の条項には，琉球・小笠原の信託統治，対日賠償請求権放棄を含み，再軍備制限条項は設けないとされた。1951 年 9 月，サンフランシスコ講和条約が調印され［7-10］，同時に日米安全保障条約が調印された。

　この講和会議には，日本の侵略戦争の最大の犠牲者であった朝鮮，中国の代表は招請されず，また，インド，ビルマ，ユーゴスラヴィアは「7 原則」に異議を唱えて参加を拒否した。会議に参加したソ連，ポーランド，チェコスロ

7-10　サンフランシスコ講和条約（日本国との平和条約，1951年9月8日）〈抜粋〉

第1章　平和

第1条（戦争の終了，主権の承認）(a)　日本国と各連合国との間の戦争状態は，第23条の定めるところによりこの条約が日本国と当該連合国との間に効力を生ずる日に終了する。

(b)　連合国は，日本国及びその領水に対する日本国民の完全な主権を承認する。

第2章　領域

第2条　（領土権の放棄）(a)　日本国は，朝鮮の独立を承認して，済州島，巨文島及び鬱陵島を含む朝鮮に対するすべての権利，権原及び請求権を放棄する。

(b)　日本国は，台湾及び澎湖諸島に対するすべての権利，権原及び請求権を放棄する。

(c)　日本国は，千島列島並びに日本国が1905年9月5日のポーツマス条約の結果として主権を獲得した樺太の一部及びこれに近接する諸島に対するすべての権利，権原及び請求権を放棄する。

(d)　日本国は，国際連盟の委任統治の制度に関連するすべての権利，権原及び請求権を放棄し，且つ，以前に日本国の委任統治の下にあった太平洋の諸島に信託統治制度を及ぼす1947年4月2日の国際連合安全保障理事会の行動を受諾する。

(e)　日本国は，日本国民の活動に由来するか又は他に由来するかを問わず，南極地域のいずれの部分に対する権利若しくは権原又はいずれの部分に関する利益についても，すべての請求権を放棄する。

(f)　日本国は，新南群島及び西沙群島に対するすべての権利，権原及び請求権を放棄する。

第3条　（潜在主権）日本国は，北緯29度以南の南西諸島（琉球諸島及び大東諸島を含む），孀婦岩の南の南方諸島（小笠原群島，西之島及び火山列島を含む。）並びに沖の鳥島及び南鳥島を合衆国を唯一の施政権者とする信託統治制度の下におくこととする国際連合に対する合衆国のいかなる提案にも同意する。このような提案が行われ且つ可決されるまで，合衆国は，領水を含むこれらの諸島の領域及び住民に対して，行政，立法及び司法上の権力の全部及び一部を行使する権利を有するものとする。

第6条（占領の終了）(a)　連合国のすべての占領軍は，この条約の効力発生の後なるべくすみやかに，且つ，いかなる場合にもその後90日以内に，日本国から撤退しなければならない。但し，この規定は，一又は二以上の連合国を一方とし，日本国を他方として双方の間に締結された若しくは締結される二国間若しくは多数国間の協定に基く，又はその結果としての外国軍隊の日本国の領域における駐とん又は駐留を妨げるものではない。

ヴァキアも条約には調印せず，また，フィリピン，インドネシア等は賠償請求権の放棄等に不満を表明した。この講和は，当事国の偏りゆえに「片面講和」と呼ばれた。この講和条約によって日本に与えられた道は「アジアへの復帰」ではなく，「西側の一員」としての国際社会への復帰であった。

　「西側の一員」として日本に求められたのは，琉球と小笠原諸島を「合衆国を唯一の施政権者とする信託統治制度の下に」置くことを承認し，さらに日本各地を米軍の基地として貸与する安保条約の締結であった。アメリカの意図は，日本をソ連を含む連合国の名目による占領状態から解放し，独立国家としてアメリカと締結した2国間条約に基づいてアメリカの自由な基地使用を承認させることにあった。日米安保条約こそ，講和条約調印の本質的要素であった。

　日米安保条約は1960年に改定され，一方的な基地貸与条約から双務的な軍事協力条項を含む条約へと一新した［7-11］。その第5条は，「日本国の施政の下にある領域」においていずれかが武力攻撃を受けた場合の共同の軍事行動を定めた。国連憲章第51条を根拠とするこの条項自体が「憲法第9条は集団的自衛権を認めてはいない」とする政府見解と齟齬をきたしているばかりでなく，実際に自衛隊が公海上での米軍との共同演習に参加していることなど，憲法上の疑義がしばしば提起されてきた。また，第6条は，米軍による日本の基地使用を定めたが，米軍の広範囲な軍事活動によって日本が戦争に巻き込まれる恐れがあることから，条約は，米軍による日本の基地の使用目的を，日本および「極東」の平和と安全のためと限定した。また，日本への核兵器の持ち込みや日本の基地からの「戦闘作戦行動」を制約する趣旨で「事前協議」が約束された［7-12］。しかしその後，「極東」の範囲が幾度も拡大解釈され，また「核持ち込み」に関する「密約」の存在など，不透明な運用が指摘され続けた。

　ちなみに，冷戦終結の後，1996年の「日米安保共同宣言」は，第5条と第6条をひと括りにしてその適用範囲を「日本周辺事態」と「再定義」し，また，本来は戦闘行動と不可分の兵站活動を「後方支援」という概念に置き換えて，自衛隊の海外における軍事行動，特に米軍との共同行動の余地を拡大した。1972年に施政権が返還された沖縄に存続する米軍基地が象徴するように，安全保障をめぐる日本のアメリカへの従属状態はいまだに変わっていない。

■ 7-11　**日本国とアメリカ合衆国との間の相互協力及び安全保障条約**（日米安保条約）〈抜粋〉

　　署　　名　1960年1月19日（ワシントン）
　　効力発生　1960年6月23日
　　日　本　国　1960年6月19日国会承認，6月23日批准書交換，公布（条約第6号）

第3条〔自助・相互援助〕締約国は，個別的に及び相互に協力して，継続的かつ効果的な自助及び相互援助により，武力攻撃に抵抗するそれぞれの能力を，憲法上の規定に従うことを条件として，維持し発展させる。

第5条〔共同防衛〕各締約国は，日本国の施政の下にある領域における，いずれか一方に対する武力攻撃が，自国の平和及び安全を危うくするものであることを認め，自国の憲法上の規定及び手続に従って共通の危険に対処するように行動することを宣言する。

第6条〔基地許与〕日本国の安全に寄与し，並びに極東における国際の平和及び安全の維持に寄与するため，アメリカ合衆国は，その陸軍，空軍及び海軍が日本国において施設及び区域を使用することを許される。

■ 7-12　**条約第6条の実施に関する交換公文**（内閣総理大臣から合衆国国務長官宛の書簡）〈抜粋〉

　　書簡をもって啓上いたします。本大臣は，本日署名された日本国とアメリカ合衆国との間の相互協力及び安全保障条約に言及し，次のことが同条約第6条の実施に関する日本国政府の了解であることを閣下に通報する光栄を有します。
　　合衆国軍隊の日本国への配置における重要な変更，同軍隊の装備における重要な変更並びに日本国から行なわれる戦闘作戦行動（前記の条約第5条の規定に基づいて行なわれるものを除く。）のための基地としての日本国内の施設及び区域の使用は，日本国政府との事前の協議の主題とする。

2) 脱植民地化と冷戦

　冷戦と並んで，第二次世界大戦後の国際政治のもうひとつの大きな特徴は，植民地体制の崩壊であった [7-13]。まず，1940年代にインド，ビルマ（ミャンマー）がイギリスから独立し，インドシナ，インドネシア，マラヤなど東南アジア諸地域に解放運動の攻勢が見られた。1950年代には，中東や北部アフリカの民族革命やキューバ革命が国際社会の耳目を集めた。さらに1960年代に入ると脱植民地化の波はアフリカにおよび，1960年には17の植民地が一挙に独立を達成し，「アフリカの年」と言われた。以上のような脱植民地化の過程に特徴的なのは，いずれの場合も植民地からの独立と国家建設の困難な過程が冷戦と重なり，民族主義勢力の中でのイデオロギー的対立や分裂，あるいは大国による介入の結果，武力紛争が引き起こされ，最悪の場合には分断国家への道を余儀なくされたことである。

　1943年のカイロ会談は，日本の支配下にあった朝鮮に「やがて自由と独立」を与えると決めたが，米，ソ両国は朝鮮の暫定的な「信託統治」に合意した。1945年に対日参戦したソ連軍が朝鮮に進撃すると，アメリカは北緯38度線を境界とする分割占領を提案し，ソ連も同意して両国による軍政が開始された。朝鮮内部では，左翼民族主義者を中心に即時独立を求める運動が全土で始まっていたが，北朝鮮では，ソ連軍とともに帰国した金日成を中心とする共産主義勢力が力を強め，他方，南朝鮮では，アメリカから帰国した李承晩を中心とする右翼勢力が，信託統治に反対するスローガンを掲げて勢力を拡大した。1945年12月のモスクワ外相会議は5年後の独立を想定した信託統治案を決定したが，南朝鮮における右翼勢力の「反託運動」と，米ソ共同委員会の決裂（1947年10月）によって事態は行き詰まった。そこで，アメリカは南朝鮮統治を国連に移管し，1948年5月，国連監視下で南朝鮮単独の選挙を強行した。その結果，同年8月に李承晩を大統領とする「大韓民国」成立が宣言された。翌9月，北朝鮮では金日成を首班とする「朝鮮民主主義人民共和国」の樹立が宣言され，ここに朝鮮の南北分断が確定した。

　1950年6月25日，北緯38度線の全域で突然戦端が開かれた。この朝鮮戦争は，北朝鮮が武力統一を目指した「内戦」の性格を持っていた。しかし，アメリカはこれを国際共産主義運動による武力侵略と認定し，ただちに国連安保

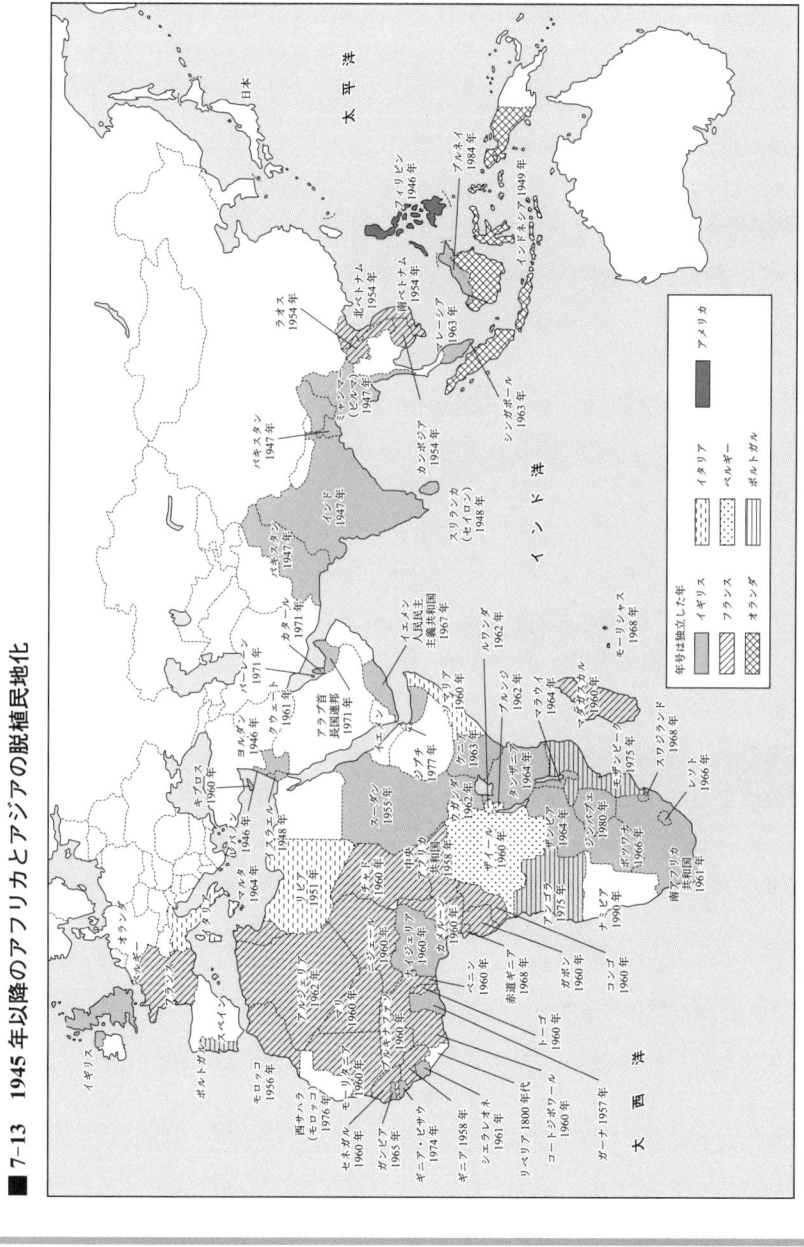

第7章　冷戦と超大国の支配　185

■ 7-13　1945年以降のアフリカとアジアの脱植民地化

出所）O・A・ヴェスタッド『グローバル冷戦史』佐々木雄太監訳、名古屋大学出版会、2010年、95頁。

理を招集し，北朝鮮の行為を「平和に対する侵犯」とする決定を行った。当時，ソ連は，安保理常任理事国における中国の議席を中華人民共和国政府ではなく台湾政府が占め続けていることに抗議して安保理を欠席していたため，アメリカの提案に拒否権を行使することができなかった。アメリカはただちに米地上軍の投入を決定し，韓国軍を指揮下に編入して国連軍を編成した。戦争は，やがて中国の義勇軍の参入を含めて激しい攻防を重ねたが，翌51年春には38度線を境に膠着状態に陥った［7-14］。その夏に始まった停戦交渉は1953年7月の休戦協定につながったが，朝鮮半島には分断国家の悲劇が残った。

　日本占領下の仏領インドシナでは，共産党を中心として広く民族的基盤を持った民族統一戦線（ベトミン）の抗日戦争が続いていたが，1945年8月，ベトミンは「ベトナム民主共和国」の独立を宣言した。しかし，その直後から，再植民地化をもくろむフランス軍との間に武力紛争が生じ，翌年には戦争が本格化した。フランスは，旧王朝の皇帝バオダイを担ぎ出して「ベトナム国」を樹立し，戦争を「共産主義者に対する民族主義者の内戦」という姿に描こうとし，アメリカが「共産主義封じ込め」の世界戦略の一環としてこれに支援を与えた。この第一次インドシナ戦争は，冷戦の枠組に組み込まれながら長期化し，1954年のジュネーヴ協定によって，2年後に南北統一選挙を実施するという約束の下で，北緯17度線を軍事境界線とする停戦が実現した。しかし，統一選挙は行われず，南に対するアメリカの後押しで南北分断の固定化が進んだ。

　1960年12月，南ベトナムに南ベトナム解放民族戦線（ベトコンと呼ばれた）が結成され，アメリカの傀儡政権に対する本格的な闘争が開始された。ケネディ米政権は，大量の軍事顧問団を南ベトナムに派遣し，その下で南政府軍による解放戦線掃討作戦が進められた。しかし，解放戦線は多彩なゲリラ戦を展開しながら農村部を中心に支持勢力と戦力を強化し続けた。1964年8月，米軍機による北ベトナムへの爆撃（北爆）が開始された。これに対抗するように，同年末から北ベトナムの正規軍の南への投入が始まり，他方，ジョンソン米政権は，1965年7月，南ベトナムに大規模な米軍戦闘部隊を投入する決定を行った。ベトナム戦争は，アメリカと南北のベトナム民族解放勢力との本格

■ 7-14 朝鮮戦争

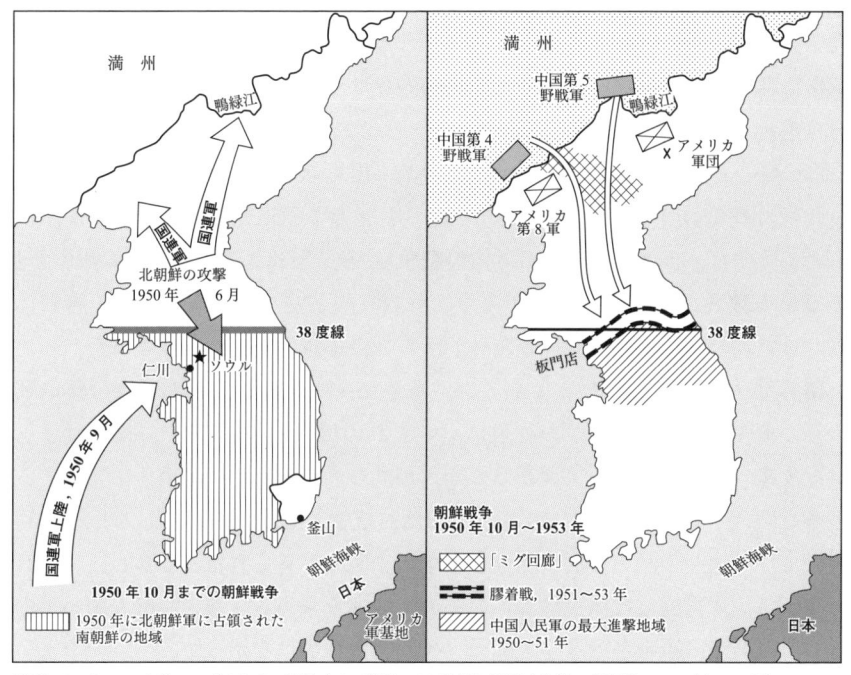

出所）B・キャッチポール『アトラス現代史 1 激動の 20 世紀』辻野功他訳，創元社，1988 年，125 頁。

的な局地戦争となった [7-15]。

　南ベトナムに投入された米軍は最大時には54万人に達し，またアメリカの同盟国からも兵力の動員が行われたが，1968年の解放戦線の「テト攻勢」を転機に戦局は解放戦線側に傾いた。米国内ではベトナム反戦運動が高揚し，政府は窮地に立った。1968年3月，ジョンソン大統領は，北爆の部分的停止と交渉の呼びかけを行い，自らの大統領選挙不出馬を表明した。その後，ニクソン政権は戦争の「ベトナム化」を図り，「名誉ある撤退」をもくろんだが，ベトナム戦争は，アメリカによる「汚い戦争」，新兵器による「無差別殺戮戦争」の痕を多数残しながら，1975年4月，解放戦線と北ベトナム人民軍の勝利に終わった。翌年，南北を統一したベトナム社会主義共和国が樹立された。

　朝鮮戦争と二次にわたるインドシナ戦争は，冷戦の下で戦われた「熱い戦争」の典型であった。2つの戦争は，いずれの場合にも，「南」の側には「反共産主義」を建前とするアメリカの介入が見られ，それが局地戦争に発展する大きな要因となった。「北」の側もこれに対抗する必要から，むしろ冷戦を利用して，ソ連や中国の支援や関与を引き出す側面が見られた。しかし，いずれの戦争も，本質的には植民地からの解放と独立を求める現地の諸勢力間の「内戦」であって，冷戦を戦う超大国の「代理戦争」ではなかった。

3) バンドン会議と非同盟運動

　朝鮮戦争の勃発に直面したアジアの新興独立国は，冷戦の激化に懸念を強め，冷戦とは異なる国際政治の在り方を模索しようとした。インドのネルー首相は，1953年2月に，東西両陣営に参加せずに平和のために努力する地域としての「第三地域論」を提唱し，翌54年4月にセイロンの首都コロンボに結集したインド，パキスタン，セイロン，ビルマ，インドネシアの首脳は，インドシナの和平に強い希望を表明した。同年6月，インドを訪問した中国の周恩来首相とネルー首相は，①主権尊重，②相互不可侵，③内政不干渉，④互恵平等，⑤平和共存の「平和5原則」を，アジアおよび世界の国々の関係に適用すべきであることを確認した。この原則を掲げるアジアの2つの大国インドと中国の求心力の下に開かれたのがバンドン会議であった。

　1955年4月，インドネシアのバンドンにアジア，アフリカの29カ国が集結

第7章　冷戦と超大国の支配　189

■ 7-15　ベトナム戦争

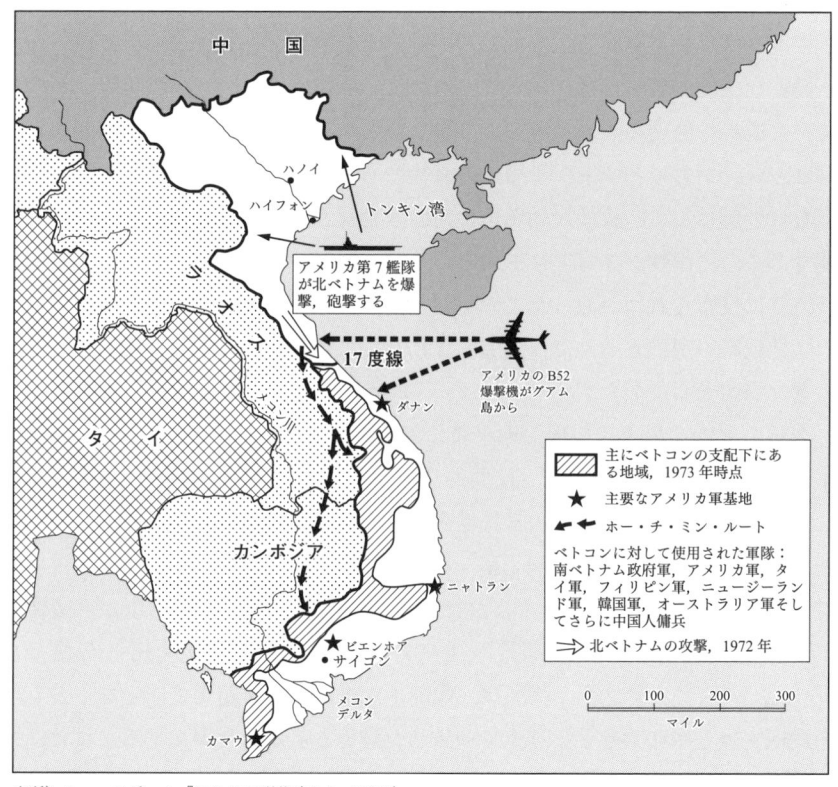

中国
ハノイ
ハイフォン
トンキン湾
アメリカ第7艦隊が北ベトナムを爆撃，砲撃する
ラオス
17度線
アメリカのB52爆撃機がグアム島から
ダナン
タイ
カンボジア
ニャトラン
ビエンホア
サイゴン
メコンデルタ
カマウ

主にベトコンの支配下にある地域，1973年時点
★　主要なアメリカ軍基地
◀＝　ホー・チ・ミン・ルート
ベトコンに対して使用された軍隊：南ベトナム政府軍，アメリカ軍，タイ軍，フィリピン軍，ニュージーランド軍，韓国軍，オーストラリア軍そしてさらに中国人傭兵
⇒　北ベトナムの攻撃，1972年

0　100　200　300
マイル

出所）キャッチポール『アトラス現代史』1，129頁。

し，アジア・アフリカ会議（バンドン会議）が開かれた。会議に参加した国々は総計15億人を超える人口を代表していた。参加国の構成は社会主義国である中国や，反共軍事同盟に参加している国々を含めて多様であったが [7-16]，新興独立諸国の代表には，ヨーロッパに代わる新たな文明と国際関係における新たな道義や倫理の担い手としての自負がみなぎっていた。会議が開催されたのは，フランスのインドシナ撤退の直後であり，また複数のアフリカ諸国が独立を目の前にして，反植民地闘争に対する希望と期待が最高潮に達していた時期であった。冷戦がアジアに拡大し，イデオロギー対立を伴った東西対立が国づくりに投影されつつあったこの時期に，新興諸国家は，国民国家形成のための開発戦略の選択と並んで，国際関係においてたどるべき方向を見出すことを大きな課題としていた。

　会議の大きな争点は，植民地主義に対する態度，「平和5原則」の是非，軍事同盟参加の是非であった。反共的立場をとる8カ国は，「共産主義の脅威」を意識して「あらゆる形態の植民地主義」を糾弾すべきだと主張し，また，国連憲章第51条を根拠に軍事同盟への参加を肯定する立場をとった。会議はコンセンサス方式によって進められたために，様々な妥協を残したが，最終コミュニケは「バンドン10原則」として知られる宣言を満場の拍手で確認した [7-17]。アジア・アフリカ諸国が，体制や立場の違いを超えて，少なくとも反植民地主義と平和共存という点で一致した意思を表示したのである。また，アジア・アフリカ諸国は，この会議を通して，ヨーロッパ国際政治の文化である「力の政治」に対する地域（アジア・アフリカ）の存在証明として，また大国による支配を排除する政策原則として，「非同盟政策」を共有した。ネルー首相は，会議における最後の演説で，超大国が「バンドン10原則」を尊重し，米ソ関係にも同じルールを形成することを訴えた。

　バンドン会議を起点とするアジア・アフリカ諸国の運動は，冷戦が進行する中で非同盟の原則と反植民地主義を掲げる非同盟諸国首脳会議に継承された。続々と独立を達成した国々を加えた非同盟諸国は，1960年代から70年代前半にかけて，主として国連総会を舞台に，「南北問題」の解決や核軍縮運動に大きな力を発揮した。「天然資源に対する恒久主権」や「新国際経済秩序」を求める決議や，国連軍縮特別総会開催のイニシアチブなどにその足跡が見られ

■ 7-16　バンドン会議（1955年4月）**参加29カ国**

「西側」	「非同盟」	社会主義
1　トルコ	9　カンボジア　　17　黄金海岸（ガーナ）	28　北ベトナム
2　タイ	10　セイロン　　　18　ラオス　　19　レバノン	29　中華人民共和国
3　イラク	11　アフガニスタン　20　リベリア	
4　イラン	12　ビルマ　　　　21　リビア　　22　ネパール	
5　日本	13　エジプト　　　23　ヨルダン	
6　パキスタン	14　エチオピア　　24　サウジアラビア	
7　フィリピン	15　インド　　　　25　スーダン　26　シリア	
8　南ベトナム	16　インドネシア　27　イエメン	

出所）キャッチポール『アトラス現代史』1, 115頁。

■ 7-17　**バンドン10原則**（アジア・アフリカ会議の最終声明，1955年4月18〜24日，バンドン）〈抜粋〉

世界の平和と協力の増進に関する宣言

諸国民は，他国民への信頼と善意をもって，以下の諸原則に基づいて寛容な態度を持し，善き隣人として互に平和のうちに生活し，友好的協力を促進せねばならない。
1　基本的人権及び国際連合憲章の目的と原則の尊重。
2　すべての国家の主権及び領土保全の尊重。
3　すべての人種の平等及び大小にかかわらず，すべての諸国民の平等の承認。
4　他国の内政にたいする干渉を止めること。
5　国際連合憲章に従い，個別的あるいは集団的に自国を防衛するすべての国民の権利の尊重。
6　(a)　集団的防衛機構を，いかなる大国の特殊利益のためにも用いないこと。
　　(b)　いかなる国も，他国に圧力をかけないこと。
7　いかなる国の領土の安全，政治的独立にたいしても，侵略行為，侵略の脅威，あるいは力の使用を避けること。
8　あらゆる国際紛争を交渉，調停，仲裁，裁定あるいはその他国際連合憲章に従って関係国が選択する平和的手段によって解決すること。
9　われわれの共通の利益と協力の増進。
10　正義と国際的義務の尊重。

アジア・アフリカ会議は，これらの諸原則に従った友好的協力は，国際の平和と安全の維持・増進に大いに貢献するとの確信を宣言し，経済・文化・社会の分野での協力は，すべての共通の繁栄と安寧を招来するに役立つとの確信を宣言する。

（浦野起央編『第三世界国際関係資料集』有信堂，1976年）

る。しかし，1970年代以降，石油戦略によって莫大なオイル・マネーを手にした石油産油国や新興工業経済地域の登場など第三世界内部の経済発展の不均衡や，ラテンアメリカ諸国等の累積債務への世界銀行やIMFの介入などが生じ，非同盟諸国は次第に結集力と発言力を後退させていった。

■**参考文献**

- 菅英輝『冷戦史の再検討——変容する秩序と冷戦の終焉』法政大学出版局，2010年。
- ジョン・ルイス・ギャディス『ロング・ピース——冷戦史の証言「核・緊張・平和」』五味俊樹他訳，芦書房，2002年。
- アルフレート・グロセール『欧米同盟の歴史』上・下，土倉莞爾他訳，法律文化社，1987年。
- 山極晃編『東アジアと冷戦』三嶺書房，1994年。
- 和田春樹『朝鮮戦争全史』岩波書店，2002年。
- 古田元夫『ベトナムの世界史——中華世界から東南アジア世界へ』東京大学出版会，1995年。

第8章　冷戦の諸相

1　冷戦と核兵器体系

1) 核兵器と「核抑止」の論理

　果てしない瓦礫の広野にいくつかのコンクリート状の建物の残骸だけが識別できる——この被爆直後の広島市の写真［8-1］から，その瞬間に何が起こったのかを想像することは不可能に近い。原爆の破壊力は，強力な熱線と爆風と放射能である。原爆投下直後に，広島では約14万人，長崎では7万人が命を失った。人々は逃避する余裕を与えられず，老若男女，戦闘員，非戦闘員の区別もなく，瞬時の殺傷を被った。生き残った人々にも，命の不安とともに暮らしや心の問題を含む過酷な被害を与えた。とりわけ原爆に固有の致死障害効果を生み出す放射線による被害は，長く被爆者に苦しみを残した[1]。

　当初は占領軍のプレス・コードによって封じられていた広島・長崎の被害の実態が明らかになるにつれて，原爆は戦争の手段として許容限度を超えた究極兵器であることとともに，その使用は非人道的であることが次第に認識されるようになった。第二次世界大戦終結直後にニュルンベルクと東京で開かれた国際軍事裁判は，ナチスによるユダヤ人虐殺などを「人道に対する罪」として裁き，1948年の国連総会はジェノサイドを禁止する条約の協定を決議した［8-2］。一方，1946年以来，国連では原子力の国際管理に関する協議が行われたが，査察や拒否権の問題をめぐって米，ソが対立し，1948年には交渉決裂

---

[1] 1977 NGO被爆問題シンポジウム日本準備委員会編『被爆の実相と被爆者の実情』朝日イブニングニュース社，1978年。広島市・長崎市原爆災害誌編集委員会編『広島・長崎の原爆災害』岩波書店，1979年。

■ 8-1　被爆直後の広島

出所）荒井信一『ビジュアル版世界の歴史 19　第二次世界大戦』講談社，1984年，135頁。

■ 8-2　集団殺害罪の防止及び処罰に関する条約（ジェノサイド条約）〈抜粋〉

　　採択　1948年12月9日（国連第3回総会）　　効力発生　1951年1月12日
　締約国は，
　　国際連合の総会が，1946年12月11日付けの決議九六（1）において，集団殺害は国際連合の精神及び目的に反しかつ文明世界により有罪とされた国際法上の犯罪であるという宣言を行なつたことを考慮し，歴史上のあらゆる時期において集団殺害が人類に多大な損失をもたらしたことを認め，このいまわしい苦悩から人類を解放するために国際協力が必要であると確信し，ここに，次のとおり協定する。
第一条【国際法上の犯罪性】締約国は，集団殺害が，平時に行なわれるか戦時に行なわれるかを問わず，国際法上の犯罪であることを確認し，これを防止し及び処罰することを約束する。
第二条【定義】この条約において集団殺害とは，国民的，人種的，民族的又は宗教的な集団の全部又は一部を破壊する意図をもつて行なわれる次の行為をいう。
　(a) 集団の構成員を殺すこと。
　(b) 集団の構成員の肉体又は精神に重大な危害を加えること。
　(c) 集団の全部又は一部の肉体的破壊をもたらすために意図された生活条件を集団に故意に課すること。
　(d) 集団内における出生を妨げることを意図する措置を課すること。
　(e) 集団の児童を他の集団に強制的に移すこと。

（横田喜三郎・高野雄一編『国際条約集』1988年版，有斐閣，92頁）

に至った。こうして核兵器は，少なくとも戦争の手段としては許容限度を超えているという点での国際的な認識にもかかわらず，廃絶や国際管理を逃れて生き残り，冷戦構造の不可欠の要素として増殖を続けることになった。

核兵器の生き残りの論理が「核抑止（nuclear deterrence）」すなわち，核兵器を保有することによって敵対する国からの侵略を抑止するという論理であった。核兵器の保有を相手方に誇示し，侵略行為に対しては核兵器による報復を実行することを宣言し，これによって相手方の自制を引き出そうというこの理屈は，国家間関係において，「説得」（外交）によって相手方との合意を形成するのではなく，「脅迫」によって相手方を操作しようという政策につながる。核兵器は，そのための政治的武器として存続し，その下で「核抑止政策・核抑止戦略」が展開されたのである。

核抑止戦略は，実際に戦争を遂行することとは区別され，核兵器は「使われない」兵器，あるいは，少なくとも「先には使わない兵器」であると説かれた。しかし，「抑止力」が「信頼性」を持つためには，相手方がその核兵器攻撃に恐怖を抱かなければならない。相手方に真の恐怖を抱かせるためには，まず，侵略に対する報復力が十分に大きくなければならない。アメリカが原爆を独占していた1949年までは，アメリカの一方的な脅迫が効果を持つと考えられた。しかし，ソ連が原爆開発に成功した後は，「十分な報復力」は相手方をはるかに上回る核戦力でなければならず，目安は相手の「10倍の戦力」であると論じられた。しかし，相手方の核戦力を明確に算定することは不可能であるから，「十分な報復力」とは「未知数の10倍」の核戦力となる。「Xの10倍」すなわち無制限の戦力拡大がアメリカの軍部の考え方であった。米，ソは，このような論理のもとで原爆から水爆の開発へと進み，核戦力の量的増強を競ったのである［8-3］。

1954年にアメリカは太平洋のビキニ環礁で17メガトンの水爆の実験を実施し，1961年にソ連は58メガトンの巨大な水爆の実験を誇示した。1メガトンとは，核爆発の威力をTNT火薬に換算して100万トンに相当することを意味する。ちなみに，広島に投下された原爆は約13キロトンである。ビキニの水爆1個は第二次世界大戦中に使用された爆弾総量の約6倍に当たる［8-4］。このような巨大な核戦力を背景に，米，ソ間で「大量報復」あるいは「戦争瀬戸

■8-3　米ソの核兵器関連技術開発の足どり

	アメリカ	ソ連
	年　月	年　月
原爆研究開始	1939・10	1942・6
最初の原子炉	1942・12	1947・1
最初の原爆実験	1945・7	1949・8
大陸間爆撃機配備	1948　　（B 36）	1956　　（Tu-20）
戦術用核兵器生産開始	1951・4	
水爆装置の実験	1951・5（ジョージ，200 kt）	1953・8（ジョー・4，100 kt）
原子戦争演習	1951・11（デザート・ロックⅠ）	1957・10（トルコ国境？）
原子砲	1953・5（280ミリ，発射実験）	1957・10（40センチ，パレード）
実用水爆完成	1954・3（ブラボー，15 Mt）	1955・11（1 Mt）
最初の原子力潜水艦	1954・9（ノーチラス）	1960　　（E-1）
中性子爆弾開発開始	1957	
人工衛星打上げ	1958・1（エクスプローラー）	1957・10（スプートニク）
ICBM発射実験	1958・8（アトラスA）	1957・8
戦略原子力潜水艦	1959・6（ジョージ・ワシントン）	1961　　（Y型）
SLBM水中発射	1960・7	1962・7
ABM配備	1967・1	1967・9
MIRV試験	1968	1973
MIRV配備	1970	1975

出所）平和運動30年記念委員会編『シンポジウム核時代と世界平和』大月書店，1981年，134頁。

■8-4　核兵器の威力

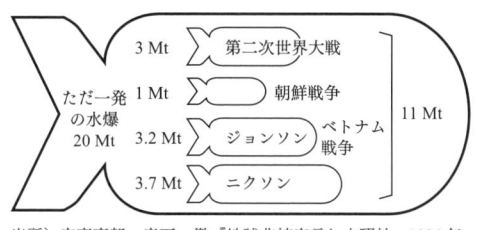

```
       ┌ 3 Mt  ─ 第二次世界大戦 ┐
ただ一発 │ 1 Mt  ─ 朝鮮戦争      │
の水爆  │ 3.2 Mt ─ ジョンソン ┐ ベトナム │ 11 Mt
20 Mt   │                    │ 戦争    │
       └ 3.7 Mt ─ ニクソン   ┘        ┘
```

出所）安斎育郎・森下一徹『地球非核宣言』水曜社，1986年，20頁。

際」を標榜する軍事戦略が展開された。

　次に，前述のように核抑止戦略は実際に戦争を遂行することとは区別されるが，核抑止力が有効であるためには，核兵器の保有は実際の発動の可能性と不可分でなければならない。また，核兵器攻撃の瞬間奇襲性を想定するならば，従来の軍事戦略のように政治情勢が緊迫した後に動員を行うのではなく，いつでもただちに戦闘状態に移ることが可能な「常時即応戦略」が必要である。ところが，常時即応戦略は，敵方の攻撃に関する誤認から偶発的に戦争が生じる可能性も伴う。ゆえに，核保有国は常に核戦争という最悪事態を想定せねばならず，ゆえに，常に「核戦争に勝ち残る」方途を模索しなければならなかった。

　核戦争に生き残るには，2つの方法──防御して生き残る消極的方法と，先に使って勝ち残る積極的方法──が考えられた。1950〜70年代には，表向きは前者の方策が講じられた。核戦争の廃墟から国家を再建するに必要な生き残り要員のための堅固な核シェルターの用意をはじめ，民間防衛のためにも核シェルターを作ることが奨励されたのである。

2) 相互抑止と恐怖の均衡

　1957年，ソ連はアメリカに先駆けてICBM（大陸間弾道ミサイル）の開発を公表し，翌年に人工衛星「スプートニク」を軌道に乗せて，その能力を実証した。長距離戦略爆撃機に加えてミサイルが核爆弾の運搬手段として登場したのである。以後，米，ソはミサイル開発競争に入り，戦略ミサイルを搭載した潜水艦や，中距離弾道ミサイル，あるいは複数の核弾頭を装着できるミサイル（MIRV）の開発が続いた［8-5，8-6］。

　1962年10月，ソ連がキューバにミサイル基地設置を計画したことから，米，ソ両国は核戦争寸前の緊張状態に至った（キューバ危機）。1950年代の核兵器開発競争の末に両超大国の核兵器の蓄積は，核戦争が生じた場合には米，ソ両国ばかりか人類の絶滅がまぬがれえないと想定される状態にあった。この頃から両超大国は，双方の核戦力の均衡の上に「平和」を維持する「相互抑止」状況の維持を意識するようになった。

　冷戦時代の核戦略体制は，しばしば「恐怖の均衡」と表現される。これは，

第 8 章　冷戦の諸相　199

■ 8-5　米ソ ICBM の比較

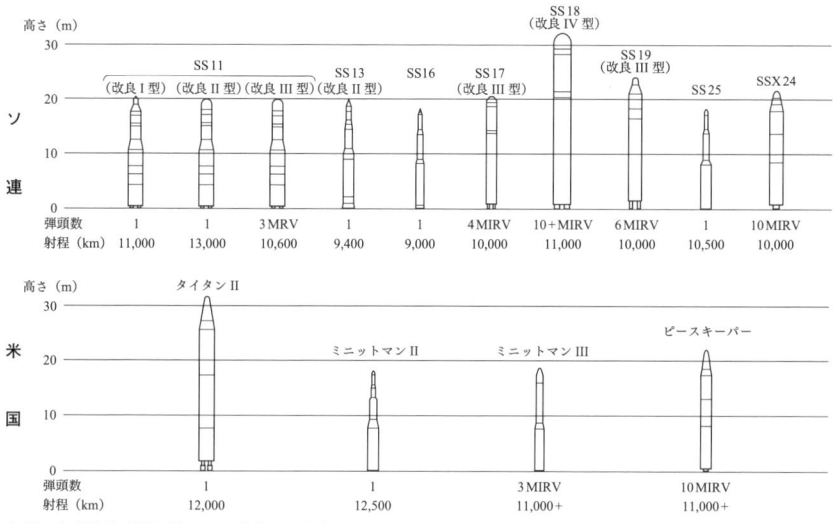

ソ連

	SS11 (改良Ⅰ型)	SS11 (改良Ⅱ型)	SS11 (改良Ⅲ型)	SS13 (改良Ⅱ型)	SS16	SS17 (改良Ⅱ型)	SS18 (改良Ⅳ型)	SS19 (改良Ⅲ型)	SS25	SSX24
弾頭数	1	1	3 MRV	1	1	4 MIRV	10 MIRV	10+MIRV	6 MIRV	1	10 MIRV
射程(km)	11,000	13,000	10,600	9,400	9,000	10,000	11,000	10,000	10,500	10,000

米国

	タイタンⅡ	ミニットマンⅡ	ミニットマンⅢ	ピースキーパー
弾頭数	1	1	3 MRV	10 MIRV
射程(km)	12,000	12,500	11,000+	11,000+

出所）今井隆吉『核軍縮——軍備管理の実態』サイマル出版会，1987 年，178 頁。

■ 8-6　MIRV ミサイルによる攻撃

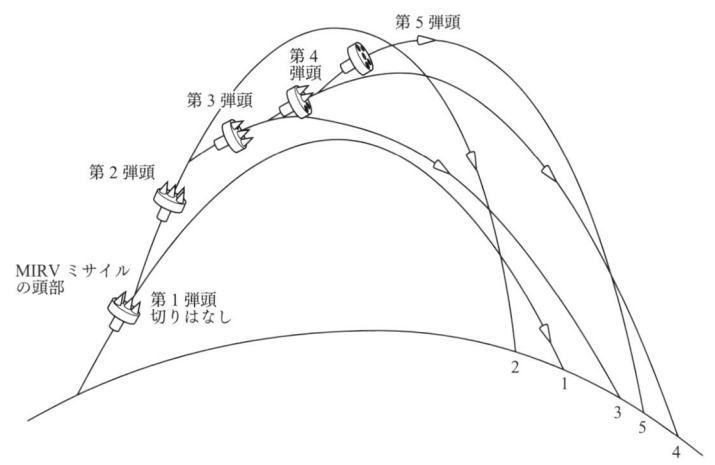

（図：MIRV ミサイルの頭部から第1弾頭切りはなし、第2弾頭、第3弾頭、第4弾頭、第5弾頭が放出される軌道図）

出所）安斎・森下『地球非核宣言』53 頁。

2匹のサソリが尻を振り上げて対峙している様に譬えられるように、均衡が破れた際には敵・味方の共滅を招きかねない状況を意味している。また、「恐怖の均衡」とは、お互いが相手の核戦力による報復攻撃に対して抱く「恐怖感」が釣り合っていることを含意していると読むこともできる。「抑止力の信頼性」は、相手方が報復に対して真に恐怖を抱き続けること、すなわち「恐怖の信憑性」にかかっている。そして、「恐怖の信憑性」は、相手からの報復攻撃に対する相互の「脆弱性」が存在し続けることを条件とする。いずれかの側が相手方の攻撃力に恐れ慄くことがなかったり、あるいはミサイル攻撃に対する防衛システムを配備して「脆弱性」を払拭した場合には、「恐怖の均衡」は成立しない。このような「脆弱性」維持の必要性から、弾道弾迎撃ミサイル（ABM）や戦略防衛構想（SDI）［8-7］が批判の対象となった。

相互抑止のために均衡が必要だとされる「恐怖」は、本来、数量化にはなじまない。しかし1970年代になると、「恐怖の信憑性」の算定概念として「相互確証破壊（Mutual Assured Destruction: MAD）」能力が提唱された［8-8］。これは、米、ソ両国が、それぞれに相手国の人口の25％を殺戮し、工業能力のほとんどを確実に破壊する核戦力を持ち合うことによって「平和」が維持できるという考えである。核時代の「勢力均衡」・「恐怖の均衡」の典型的な定式化であった。

3）第一撃能力と限定核戦争論

「MAD戦略」（狂気の戦略）と揶揄されたこの戦略は、それまでの核戦略と同様に敵の工業地帯や大都市、人口密集地帯を標的にした対都市戦略（カウンター・ヴァリュー戦略）であり、報復力に依存した第二撃戦略であった。しかし、軍部は早くから報復戦略に満足せず、人を標的とする「対都市戦略は非人道的である」などと批判しつつ、第一撃戦略すなわち「先に使って勝つ」戦略へと傾いていた。1970年代における核弾頭の「効率化」（小型・軽量で破壊力の大きな核弾頭の開発）と運搬手段としてのミサイル・システムの急速な発達が、第一撃戦略に可能性を開いた。まず、攻撃目標の探査からミサイルの誘導システムに至る様々な分野でのエレクトロニクス技術の発達が、ミサイルの命中精度の驚くべき向上を実現した。また、核弾頭の「効率化」が、ミサイルの命中

■ 8-7　戦略防衛構想（SDI）の弾道ミサイル防衛

（図：SDIの弾道ミサイル防衛の概念図。静止軌道ステーション（高度3,600km、レーザー反射鏡）、早期警戒衛星（ミサイル発射の探知と追跡、赤外線センサー）、低軌道ステーション、原潜打上げX線レーザー兵器、粒子ビーム兵器、おとり、化学レーザー兵器、宇宙配備センター（弾頭・おとりの追跡）、ブースト期（2～5分）、ポスト・ブースト期（2～10分）、ミッドコース期（15～20分）、再突入期（1～2分）、大気圏再突入、最終段階迎撃ミサイル、山上の紫外線レーザー基地、ICBM、ICBMサイロ、BMD原潜（米）、ミサイル原潜（ソ）、SLBM、核弾頭、攻撃目標、高度100km・1,000km・3,600kmの表示）

出所）安斎・森下『地球非核宣言』77 頁。

■ 8-8　核抑止と相互確証破壊（MAD, 1966 年度米国防総省報告）〈抜粋〉

われわれの全面核戦争部隊の戦略目標は次のとおりである。
1. 敵が最初に攻撃をしてきたとしても，その敵に対して耐えがたい損害を与える能力を米国がもっていることをはっきり信じさせて，米国とその同盟国に対する故意の核攻撃を思い止まらせる（抑止する）こと。
2. 万一そのような戦争が起きた場合でも，われわれの人口と工業力に対する損害を局限すること。

　　この2つの能力のうち，潜在的侵略国を抑止するに必要な第一のものを，「確証破壊」と呼ぶ。つまり敵が十分に計画された奇襲攻撃をわが部隊の上に加えたのちでも，その侵略国が社会として生活できないように壊滅する能力である。第二の能力は「損害限定」と称する。すなわち，攻撃と防御の両手段で敵の攻撃の程度を減殺し，かつ核爆発による効果から相当程度の人口を守るための手段を整える能力である。

（杉江栄一他編著『国際関係資料集［第2版］』法律文化社，2004年，34頁）

精度の向上やMIRVミサイルの開発と相まって，定められた攻撃目標を確実に破壊しうる能力につながった。ここに，相手国のミサイル基地をはじめ兵力を攻撃目標とする対兵力戦略（カウンター・フォース戦略）への傾斜が始まり，それは第一撃戦略につながった[2]［8-9］。

さらに，1970年代の中頃から，核兵器の攻撃目標を相手国の兵力に「限定」した戦略が提唱された。また，1970年代末から80年代の初めには，ヨーロッパに「戦域」を「限定」した「限定核戦争」の可能性が論じられた。1980年8月，アメリカの大統領指令第59号は，自国の戦略核ミサイル攻撃の「優先性」をソ連の「軍事力および開戦後の管制維持能力」に与えることを指令した。この「限定的核攻撃」戦略は第一撃戦略への移行を意味した。なぜなら，ソ連のミサイルや爆撃機が飛び立った後の軍事基地攻撃は無意味だからである。

1983年にレーガン米大統領は，大気圏内外の空間にミサイル迎撃システムを構築する「戦略防衛構想（SDI）」を提唱した［8-7］。この構想は，核抑止の体制を揺るがすものとして批判を浴びたが，1990年代には規模を縮小した形でのミサイル防衛システムが実際に配備され始めた。アメリカのある軍事戦略家は，「先制攻撃に必要な対兵力能力」と「有効な戦略的防衛システム」の獲得によって核戦争に勝利するプログラムを描いた。楯と矛を備えた国は「無敵になる」のである[3]。

第二次世界大戦が産み落とした核兵器という鬼子は，冷戦の開始とともに超大国の「政治的武器」として生き残り，冷戦の下で増殖し，冷戦体制を支える柱となった。当初は「使われない兵器」とされた核兵器は，科学技術の発達とともに進化を続け，ついには先制攻撃力の地位を獲得することになった。ところで，核抑止力の実際の抑止効果は検証不能なのであって，ただ抑止力が破れた時に，抑止効果はなかったことが証明されるのみである。幸い人類は核戦争との遭遇を免れて今日に至るが，ひたすら破壊力・殺傷力の最大化による「恐怖の均衡」を求め続けた核兵器体系と核戦略の歴史は，人類の英知と資源の浪費の歴史であったと言うしかない。

2）ストックホルム国際平和研究所編『核時代の軍備と軍縮』服部学訳，時事通信社，1979年，63-67頁。

3）リチャード・B・フォスター『比較戦略論』三好修監訳，学陽書房，1985年。

■ 8-9 MIRV の効果

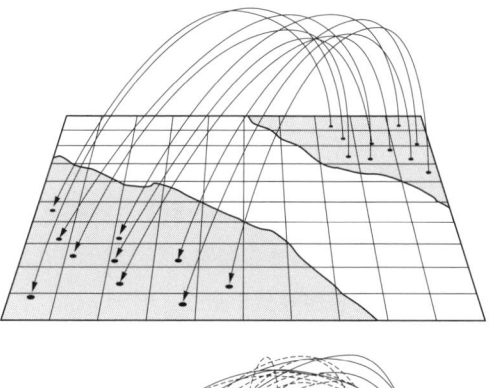

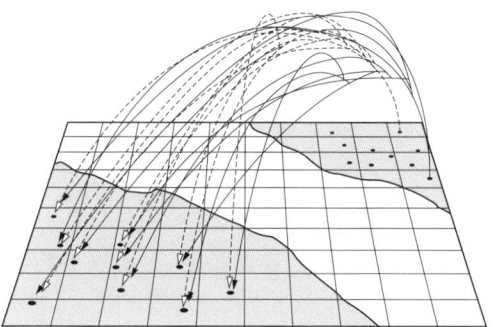

MIRV 化ミサイルの出現以前は，ある国の ICBM 戦力による他国の ICBM 戦力にたいする先制攻撃は，被攻撃国のミサイルのサイロ 1 個にたいして少なくとも 1 基のミサイルを必要とした（上図）。しかし，MIRV 化ミサイルを用いれば，ある国は他国のミサイルにたいする攻撃に原理的には一部のミサイルを用いるだけですむ。自国のミサイルの大部分をサイロに保全したまま，全部でないにせよ他国ミサイルのほとんどを破壊することも考えられるのである（下図）。この場合先に攻撃した方が有利であることがわかる。MIRV の攻撃は 1 つのサイロにたいして 2 発の交差目標攻撃として示してある。

出所）『核兵器の包括的研究――国連事務総長報告』服部学監訳，連合出版，1982 年，51 頁。

4) 冷戦の変容と軍備管理交渉

キューバ危機において核戦争の瀬戸際を経験した米，ソ両国は，「相互抑止」体制の一環として，核兵器開発に関する相互の合意形成を求めるようになった。1950年代に経済の急成長を遂げ，またアメリカに先駆けてICBMを開発して自信を強めたソ連は，アメリカと世界に向かって，社会主義陣営と資本主義陣営の「平和共存」を訴えた。ケネディ以降のアメリカ政府も，国内向けにはソ連との「ミサイル・ギャップ」の克服を訴えて核開発を進めながら，核軍備管理に関するソ連との交渉に応じる姿勢を示した。1963年に米，英，ソ3国によって締結された部分的核実験禁止条約（PTBT）は，「大気圏内，宇宙空間ならびに領水および公海を含む水中」における核爆発実験の禁止を取り決めた。1968年に調印された核兵器不拡散条約（NPT）は核兵器の水平拡散（保有国の拡大）の防止を取り決めた。さらに，米，ソ両国は1969年以降，戦略核ミサイル等の制限に関する交渉を継続し，1972年に第一次戦略兵器制限暫定協定（SALT-I），1979年には戦略兵器制限条約（SALT-II）に調印した。

このように，部分的ではあれ核実験の禁止や核兵器蓄積の制限を取り決めることは，一見歓迎すべきことのように見える。しかし，核兵器撤廃を展望する視点から見ると，PTBTやNPTのような核兵器に関する部分的あるいは暫定的な措置は，近い将来における核兵器撤廃が約束されてこそ，段階的措置として意味を持ちうる。PTBTによって，締約国の核爆発実験に伴う「死の灰」の危険は取り除かれた。しかし，PTBTは地下における核爆発実験を禁止しなかった。この条約の締結後，米，ソ両国による地下核実験の回数は激増した [8-10]。PTBTは，すでに地下核実験の技術を獲得していた米，ソに核実験の独占を可能にする仕掛けにもなった。やがて1996年に国連総会は包括的核実験禁止条約（CTBT）を採択した。しかし，アメリカとロシアは，この条約が禁止しているのは「核爆発」を伴う実験であるとし，核爆発を伴わない「未臨界実験」を実施している。

NPTは，核兵器保有国の増加を止める趣旨で取り決められた。この条約は，「核兵器国」と「非核兵器国」とを区別し，前者には核兵器その他の核爆発装置をいかなる国にも移譲しないこと，後者には，そのような装置をいかなる国からも受領しないことを義務付けた [8-11]。これは，「核兵器国」の核兵器保

■ 8-10　核実験回数（1945年7月16日～96年6月8日。*SIPRI Year Book*, 1999 による）

	アメリカ		ソ連		イギリス		フランス		中国		インド		合計
	a	u	a	u	a	u	a	u	a	u	a	u	
1945.7.16～1963.8.5 部分的核実験禁止条約（PTBT）締結まで	217	114	219	2	21	2	4	4	0	0	0	0	583
1963.8.6～1996.6.8 中国最後の実験（包括的核実験禁止条約調印前）まで	0	701	0	494	0	22	42	160	23	22	0	1	1,477
各実験回数合計	217	815	219	496	21	24	46	164	23	22	0	1	2,048
総核爆発実験回数	1,032		715		45		210		45		1		

注）a＝atmospheric（大気圏内・外，水中実験），u＝underground（地下実験）。継続して一連の実験が行われた場合には，1回に数えてある。
出所）杉江他編著『国際関係資料集［第2版］』39頁。

■ 8-11　核兵器不拡散条約（NPT，1968年7月調印，70年5月発効）の概要
1）核兵器拡散防止＝水平拡散防止
　　イ）締約国である核兵器国は，非核兵器国の核兵器開発を援助しない〔第1条〕
　　ロ）締約国である非核兵器国は，核兵器を製造せず，そのための援助を受けない〔第2条〕
　　ハ）「核兵器国」の定義──1967年1月1日前に核兵器その他の核爆発装置を製造しかつ爆発させた国をいう〔第9条3項〕＝米，ソ連（→ロシア），英，仏，中国。
　　ニ）地域的非核化条約の尊重〔第7条〕
2）核エネルギーの平和目的利用の権利
3）軍縮の効果的措置と全面完全軍縮のための誠実な交渉義務＝垂直拡散防止
　　イ）核軍備競争の停止の早期達成，包括的核実験禁止条約のための交渉，全面完全軍縮条約に基づく核兵器製造停止・破棄の達成〔前文〕
　　ロ）締約国は，核軍縮の効果的な措置につき，誠実に交渉する義務を負う〔第6条〕

（同上，45-46頁）

有自体をとがめることなく,「非核兵器国」の核兵器保有を禁じる不平等条約である。同条約第6条は,「核兵器国」が核軍縮について「誠実に交渉を行う」約束をうたっているが,核軍縮がいっこうに進展しない中で「非核兵器国」からの強い批判が投げかけられ,インド,パキスタン,イスラエル,キューバ等は条約の締結を拒否している。核拡散の防止は,核兵器保有国による核兵器撤廃へのイニシアチブなしでは進展しえず,不平等性を伴った NPT 自体には核兵器撤廃につながる条件が伴っていない。

　米,ソ両国間の SALT 交渉は,典型的な「軍備管理 (arms-control)」交渉である。「軍備管理」とは「軍縮」あるいは「軍備撤廃 (disarmament)」とは似て非なる概念である。それは,力の「均衡」によって戦争や紛争を回避あるいは抑止しようという概念であり,この場合,「均衡」は必ずしも軍備の削減や撤廃を意味せず,軍備増強による均衡を含むのである。例えば SALT-II は,米,ソ両国の MIRV 化した戦略ミサイルの発射装置数を 1979 年時点の両国の保有数を大きく上回る 1,200 基で均衡させることを取り決めた［8-12］。

　このように,核兵器に関する部分的・暫定的措置と同様に,軍備管理交渉も,核兵器撤廃という目標が約束されてこそ,そこに至る段階的措置として意味を持ちうるのである。1970 年代の米,ソ間の軍備管理交渉は,他の諸国を圧倒する両国の核戦力の均衡の下で「米ソ・デタント」を実現し,同時に,同盟体制内に生じた「遠心化」傾向に対処して世界の共同管理（パクス・ルッソ＝アメリカーナ）を目指したものと評価することができる。

2　デタントから冷戦終結へ

1) アメリカの覇権の揺らぎ

　1960〜70 年代に,核抑止戦略を背景とする米,ソ両超大国の軍事的覇権は絶頂を極めたように見えた［8-13］。しかし,1970 年代に入るとアメリカの力に陰りが見えた。長期にわたるベトナム戦争はアメリカの政治的,軍事的威信を著しく損なう結果に終わったが,この過程でアメリカ経済の危機が生じた。ベトナムに投入した多額の戦費は深刻な「ドル危機」を招き,ついに 1971 年にニクソン政権は,ブレトン・ウッズにおける国際的約定を一方的に破棄して

■ 8-12　米ソの戦略核兵器（1979年）と SALT II 条約による上限

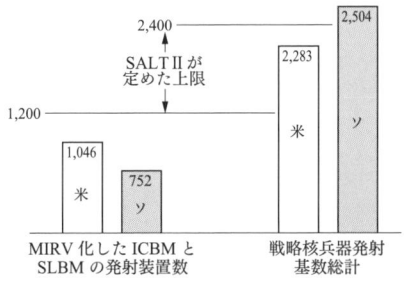

```
                            2,504
        2,400 ──────
              SALT II が    2,283
              定めた上限
        1,200 ──────
                            米    ソ
              1,046
                    752
              米    ソ

        MIRV 化した ICBM と      戦略核兵器発射
        SLBM の発射装置数         基数総計
```

出所）早川幸男・保原充・藤井隆・松井芳郎監修『宇宙・航空の時代を拓く』パンリサーチ出版局，1988年，237頁。

■ 8-13　大国の軍事支出（1950～70年）

(10億ドル)

年	アメリカ	ソ連	西ドイツ	フランス	イギリス	イタリア	日本	中国
1950	14.5	15.5		1.4	2.3	0.5		2.5
1955	40.5	29.5	1.7	2.9	4.3	0.8	0.4	2.5
1960	45.3	36.9	2.9	3.8	4.6	1.1	0.4	6.7
1961	47.8	43.6	3.1	4.1	4.7	1.2	0.4	7.9
1962	52.3	49.9	4.3	4.5	5.0	1.3	0.5	9.3
1963	52.2	54.7	4.9	4.6	5.2	1.6	0.4	10.6
1964	51.2	48.7	4.9	4.9	5.5	1.7	0.6	12.8
1965	51.8	62.3	5.0	5.1	5.8	1.9	0.8	13.7
1966	67.5	69.7	5.0	5.4	6.0	2.1	0.9	15.9
1967	75.4	80.9	5.3	5.8	6.3	2.2	1.0	16.3
1968	80.7	85.4	4.8	5.8	5.6	2.2	1.1	17.8
1969	81.4	89.8	5.3	5.7	5.4	2.2	1.3	20.2
1970	77.8	72.0	6.1	5.9	5.8	2.4	1.3	23.7

出所）P・ケネディ『大国の興亡』下，鈴木主税訳，草思社，1988年，167頁。

金とドルとの交換停止を声明した。

　ブレトン・ウッズにおいてドルを基軸通貨とすることを諸国に認めさせたアメリカは、いずれも深刻なドル不足にあえいでいた諸国に対して米ドルを供給し続けるために、諸国からの安定した輸入水準を維持しなければならなかった。そのためにアメリカは、国内ではケインズ主義の政策によって有効需要の水準を一定程度に維持する政策を引き受けた。この政策は、アメリカの慢性的な国際収支赤字と財政赤字を伴わざるをえなかった。くわえて、冷戦に伴う対外援助や軍事支出の増加は、世界に向けた「ドルの垂れ流し」と言われる状況を作り出し、アメリカ国内のインフレとドル危機を招いたのである［8-14］。

　1973年に国際為替市場は正式に変動相場制に移行し、ブレトン・ウッズ体制は崩壊した[4]。その後もドルは国際取引における中軸的地位を保持し続けたが、国際経済は、金融資本や機関投資家による投機的な為替取引も加わって、各国の通貨危機を伴いながら不安定な変動をたどることになる。

　さらに、1960年代に力を強めた第三世界諸国の資源ナショナリズムが、石油産出国による「石油戦略」に結びついた。1973年の第四次中東戦争において親イスラエルの立場をとったアメリカと西欧諸国に対して、アラブの産油国は原油産出量を大幅に減少させて原油輸出を停止したのである。この措置は原油価格をそれまでの約4倍（1バレル約6ドル）に押し上げ、アメリカをはじめ先進諸国の経済に大きな打撃を与えた。石油資源がはじめて政治的武器として使用されたのである。6年後の1979年にイラン革命を機に再度引き起こされた石油危機は、原油価格を一挙に1バレル30ドルに跳ね上げ、長期不況に突入していたアメリカ、日本、ヨーロッパの経済にさらに深刻な影響を及ぼした［8-15］。

　西欧諸国は、1967年にEEC、ECSC、EURATOMをひとつに統合し、ヨーロッパ共同体（EC）を成立させた。ECは、1973年にはイギリスの加盟を受け入れ、その後の「沈滞の15年」を経て、1980年代には域内単一市場の完成と政治的一体化に向けた発展を遂げた。1991年のマーストリヒト条約によるヨーロッパ連合（EU）の結成はその到達点であった。前章で述べたように、

　4）猪木武徳『戦後世界経済史――自由と平等の視点から』中公新書、2009年。

■ 8-14　アメリカ経済マクロ指標（1977〜92年）

年次	実質成長率(%)	失業率(%)	消費者物価(%)	労働生産性(%)	財政収支(億ドル)	経常収支(億ドル)	貿易収支(億ドル)
1977	4.5	7.1	6.5	1.4	−537	−145	−311
1978	4.8	6.1	7.6	0.7	−592	−154	−339
1979	2.5	5.8	11.3	−1.4	−402	−10	−275
1980	−0.5	7.1	13.5	−0.9	−738	11	−255
1981	1.8	7.6	10.3	0.9	−790	69	−280
1982	−2.2	9.7	6.2	0.1	−1,280	−59	−364
1983	3.9	9.6	3.2	2.4	−2,078	−401	−671
1984	6.2	7.5	4.3	2.1	−1,854	−990	−1,125
1985	3.2	7.2	3.6	0.8	−2,123	−1,223	−1,221
1986	2.9	7.0	1.9	1.9	−2,212	−1,454	−1,451
1987	3.1	6.2	3.6	0.8	−1,498	−1,602	−1,595
1988	3.9	5.5	4.1	0.9	−1,552	−1,262	−1,270
1989	2.5	5.3	4.8	−0.9	−1,535	−1,063	−1,159
1990	1.0	5.5	5.4	−0.1	−2,205	−921	−1,081
1991	−1.2	6.7	4.2	n. a.	−2,695	−83	−667
1992	2.1	7.4	3.0	n. a.	−2,902	−664	−845

注）財政収支の年次は財政年度。
出所）福田茂夫他『現代アメリカ合衆国――冷戦後の社会・経済・政治・外交』ミネルヴァ書房，1993年，148頁。

■ 8-15　国際原油価格の推移（名目値）

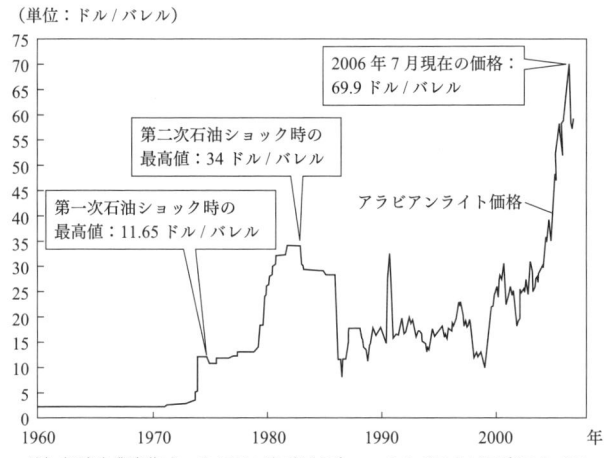

（単位：ドル/バレル）

2006年7月現在の価格：69.9ドル/バレル
第二次石油ショック時の最高値：34ドル/バレル
第一次石油ショック時の最高値：11.65ドル/バレル
アラビアンライト価格

注）経済産業省作成。我が国の取引量が多い，サウジアラビア産アラビアンライト価格推移。但し，価格決定方式は時期により異なる。
出所）田所昌幸『国際政治経済学』名古屋大学出版会，2008年，177頁。

西欧の統合は，もともとはドイツ問題を解決するヨーロッパの発想であったが，その実現はソ連に対抗する西欧独自の結集を求めたアメリカの後押しによって進められた。しかし，独自の経済発展を遂げた西欧諸国は，次第に政治的にもアメリカからの自立を強めることになる。アメリカのベトナム戦争に対する批判はその大きなきっかけであった。また，西欧諸国は，その頭越しに進められる米，ソの軍備管理交渉や「デタント」に懸念を強め，東欧諸国との間に独自の平和的関係を形成する動きを進めた。その背景には，冷戦の緊張と閉塞感からの解放を求める市民レベルの意識が存在した。

2） 社会主義世界の揺らぎ

社会主義世界でもソ連の政治的威信の揺らぎが現れ始めた。1960年代初頭以来の中ソ対立は，イデオロギー的対立から国境をめぐる国家間対立にまで発展し，社会主義の理念を傷つけ，社会主義諸国間の結束に深刻な打撃を与えた。また，1956年のハンガリー事件に続いて1960年代の末にはチェコスロヴァキアやルーマニアなど東欧諸国に，ソ連による統制からの自立と国内における自由民主主義を求める動きが現れた。1968年の「プラハの春」と呼ばれたチェコスロヴァキアの改革運動は，「人間の顔をした社会主義」を標榜する共産党改革派の政権を実現した［8-16］。しかし，改革運動が周辺諸国に及ぶことを懸念したソ連は，「全体として社会主義的共同体の安全が脅威にさらされる時」に「兄弟国を軍事援助するというような行動」は「やむをえない手段」であるという論理（ブレジネフ・ドクトリン）をかざして，ワルシャワ条約機構軍の武力介入によって改革を押しつぶした［8-17］。しかし，東欧諸国の遠心化傾向と民主化要求の底流を押しとどめることはできなかった。その流れはやがて冷戦の象徴であった「ベルリンの壁」を突き崩し，ソ連をはじめとする社会主義体制の崩壊を導くのである。

ところで，「社会主義」とは何であったのか。社会主義の経済体制ならびに政治体制はなぜ瓦解したのか。

近代ヨーロッパ社会の根本的価値は「人間の自由と平等」に求められた。すべての人間は生まれながらにして自由であり，また自由権を含む基本的人権を等しく保障される存在である点で平等であり，社会や国家はこの自由と平等の

■ 8-16　チェコスロヴァキアの二千語宣言（労働者・農民・勤労者・芸術家およびすべての人々のものである二千語宣言，1968年6月27日）〈抜粋〉

　国民の大半は希望をもって社会主義のプログラムを受け入れた。しかしその運営は正しくない人々の手に陥ちた。彼らが，他人の意見に耳を傾け，より有能な人々に漸次交替してゆけるだけの賢明さと節度をわきまえていたならば，たとえ政治家としての経験や専門的知識また人間としての教養などをさほど持ち合わさなくても，問題はなかったであろう。

　戦後，絶大な信頼を集めていた共産党は，その信頼を次第に機構にすりかえてしまい，その機構がすべてで，それ以外の何物でもない状態になった。

　今年の初め以来，われわれは民主化というルネサンス過程にある。このルネサンス過程が共産党内部から始まったことを，われわれはあえて言わねばならないし，また共産党には何も期待していなかったわが国の非共産党員もこのことを知っている。

　このように，希望を前にしながら，その希望が未だに脅かされている現在，われわれはあなた方に呼びかける。自分の考えを表明できうると多くの人々が信じるまでに数ヵ月がかかった。しかし，未だに信じていない人々が大勢いる。われわれが，これほど明確に宣言したからには，この制度を人間的にしようというわれわれの企てを，最後まで推し進めなければならない。さもないと，旧勢力の狂暴な報復をこうむるであろう。われわれは，特に今まで手をこまねいて待っていた人々に呼びかける。来たるべき時は，今後の長年にわたる運命を決することになろう。

　国民戦線の活動を復活させよう。国民委員会の公開会議を要求しよう。誰もが知ろうとしない問題には，われわれ自身の市民委員会を設立しよう。

　国民戦線の代表者から成る編集委員会を創設するよう要求を出すか，或いは他の新聞を創刊しよう。言論の自由を守る委員会を設立しよう。集会を催す時は，独自の警備班を組織しよう。

　最近，わが国の発展に外国勢力が介入してくるかも知れぬという大きな不安が生じている。われわれはすべての点で圧倒的な優勢な力に直面して，節度を守って自己の考えを主張し，こちらからは手を出さないということしかできない。政府が，われわれが委任していることを実行する限り，われわれは武器を手にしてでも政府を擁護するであろう。われわれの同盟諸国に対しては，同盟条約，友好協定，通商条約を守ると断言できる。

　　　　　　　（杉江栄一編『現代国際政治資料集』法律文化社，1979年，146-48頁）

実現のために組織されたと説かれた。ところが，産業革命を経て資本主義経済が発達するに伴って社会的・経済的不平等が顕著に現れた。この不平等を取り除き，「法の下での平等（形式的平等）」にとどまらない実質的な社会的・経済的平等を実現しようというひとつの思想が社会主義である。19世紀の半ばにカール・マルクスとフリードリッヒ・エンゲルスによって理論化された。

　マルクス主義の理論によれば，経済的不平等の原因は，資本主義生産様式における生産手段（土地，工場，機械など）の私的所有にある。地主は土地の所有者であることを理由に，農民の労働によってその土地から生まれた生産物を取得する。同様に，資本家は，土地や工場，機械など生産手段の所有者であることを理由に，労働者の労働によって生まれた生産物を私的に取得するのである。この生産手段の私的所有と労働市場を含む市場のメカニズムが，資本家に利益をもたらす一方で労働者の貧困を生むのである。そこで，マルクスは，生産手段の社会化（共有化）によって生産物の社会的取得（共有）を実現すべきであると説いたのである。

　史上はじめて登場した社会主義国家ソ連は，すべての生産手段を国有化し，国家による計画経済によって国民の実質的平等を実現しようと試みた。しかし，ソ連をはじめ現実に存在した社会主義経済体制は，いずれもその理念の実現に失敗した。失敗の主な理由は，ひとつには，重化学工業を中心とした国家による中央指令型計画経済が労働や生産に対するインセンティブを欠如させたこと，いまひとつは，共産党一党制の下で国家と党が一体化し，そこに跋扈した官僚制と権威主義が政治システムの硬直化や独裁政治を生み，経済発展の停滞と社会的な閉塞感を生み出したからであった[5]。

　例えば，資本主義経済の場合，商品の「価格」が財やサービスの希少性・選好の尺度になり，企業が利潤機会を察知してリスクを背負って投資を行う判断基準になる。しかし，ソ連では，何に投資すべきかの判断は「国家計画委員会」によってなされる単なる「物量」に関する技術的な計算に基づく。こうして作られた生産計画が上から下へと指令され，生産のノルマとともに資源が分配されたのである。また，軍需産業を中心とした重化学工業を重視し，消費財

5）和田春樹『歴史としての社会主義』岩波新書，1992年。

■ **8-17　ブレジネフ・ドクトリン**（ポーランド統一労働者党第 5 回大会〔1968 年 11 月〕におけるブレジネフ・ソ連共産党書記長の演説）〈抜粋〉

　社会主義諸国は，あらゆる国の主権を厳格に尊重する。

　われわれはいずれの国の内政干渉にも，国家主権の侵害にも，だんこ反対である。

　それとともに，われわれ共産主義者にとってとくに重要な意義をもっているのは，社会主義建設の道をあゆむようになった諸国家の主権を確立し，擁護することである。帝国主義と反動勢力は，あれこれの社会主義諸国の国民から，かれらが獲得した，自国の繁栄を保証する主権，広範な勤労大衆が抑圧や搾取から解放された国を建設することによって獲得する幸福と利益を保証する主権を奪おうとたくらんでいる。ところが，こうした主権の侵害が社会主義陣営の側からの一斉反撃にさらされると，ブルジョア宣伝家たちは，「主権の擁護」だとか，「内政干渉」だとか，声高にわめき立てるのである。かれらの側からみて，これがまったくの欺瞞であり，デマであるのは明らかである。実際のところ，このわめき屋どもが心配しているのは社会主義的主権の維持ではなく，社会主義的主権の絶滅である。

　社会主義に敵対する内外の勢力が，いずれかの社会主義国の発展を，資本主義制度の復活の方向にまげようとするとき，また，その国での社会主義の事業が脅威にさらされ，したがって，全体として社会主義的共同体の安全が脅威にさらされるときには，これはもはやその国の国民だけの問題ではなく，全社会主義諸国の共通の問題となり，心配事となるのである。

　もちろん社会主義制度にたいする脅威を阻止するため兄弟国を軍事援助するというような行動は，非常の，やむを得ない手段であり，これは内外の社会主義の敵の直接行動，社会主義陣営の共同の利益にたいして脅威をつくりだす行動によってはじめて必要とされるのである。

　歴史の教訓を忘れたがり，ヨーロッパの地図をふたたび書きかえたがっている連中は，ポーランド，ドイツ民主共和国，チェコスロバキアの国境は，他のワルシャワ条約加盟国の国境と同様に，不動，不可侵のものであることをよく知るがいい。これらの国境は，社会主義共同体諸国の全武力によってまもられている。他国の国境内に足を踏みいれようとする物好きたちに，以上のことをよくおぼえておけと忠告する。

（杉江編『現代国際政治資料集』148 頁）

生産を軽視したソ連経済では，国民の消費生活が苦境に追いやられるだけでなく，生産の拡大が労働意欲の増進につながらなかった[6]。このような労働者の働きがいや国民への経済的インセンティブを欠いた計画経済は，生産にかかわる技術革新を生まなくなり，ソ連・東欧の経済は，1970年代の長期不況の中で技術革新を重ねた西側経済に対して，決定的な遅れをとることになる。1980年代に登場するソ連のゴルバチョフ政権にとって，この経済システムの根本的な改革が差し迫った課題となり，また，経済改革推進のために硬直した政治体制の改革が不可欠になったのである。

3）ヨーロッパ・デタントとヘルシンキ宣言

　西欧においてアメリカの覇権に挑戦し，独自の外交を展開したのがフランスのド・ゴール大統領であった。ド・ゴールは，NATO加盟国の中で真っ先にアメリカのベトナム戦争を非難し，1964年には中華人民共和国の承認に踏み切り，さらに独自の核戦力を保有するとともに1966年にはNATOの軍事機構から脱退した。これと前後して，ド・ゴールはソ連およびポーランドを相次いで訪問し，東側諸国との関係改善を試みた。このド・ゴール外交はNATO諸国に危機感を生み出したが，しかし冷戦の構造を揺るがすまでには至らなかった。冷戦構造に風穴を開けたのは西ドイツのブラント政権であった。

　西ドイツ政府は，建国以来，ドイツ分割の既成事実化を一貫して拒否し，したがって東ドイツの存在とヨーロッパの国境の不承認を外交原則としていた。しかし，西ドイツのこの政策は，1961年のベルリンの壁構築に象徴されるように，ドイツ分割の現実をいっそう強めることにつながった。1969年に登場したブラント政権は，大胆な方針転換を行い，東ドイツの存在を事実上承認するとともに，東ドイツとポーランドの国境（オーデル・ナイセ線）を含むヨーロッパの国境をも承認したうえで，東欧諸国との和解と交流の促進を進めた[8-18]。ブラント政権は，1970年にはソ連との武力不行使条約，ポーランドとの関係正常化条約，1972年には東ドイツとの基本条約を相次いで締結し，2国間レベルでの東西デタントを実現したのである。

6）猪木『戦後世界経済史』。

■ 8-18　ブラントのユダヤ人犠牲者慰霊碑参詣

西ドイツ首相ヴィリー・ブラントは，1970年のワルシャワ訪問時に，和解のしるしとして，ゲットー（ユダヤ人居留地）の犠牲者慰霊碑の前にひざまずいた。

出所）F・ドルーシュ編『ヨーロッパの歴史』木村尚三郎監修，花上克己訳，東京書籍，1995年，375頁。

1960年代半ばから，ワルシャワ条約機構諸国は，東ドイツの存在を含むヨーロッパの現状承認を前提としたヨーロッパにおける多国間のデタントを提唱し始めた。しかし，東ドイツを承認せず，西ドイツが唯一のドイツ人国家であるとする西ドイツ政府の政策が，その前に立ちはだかっていた。1969年に，ワルシャワ条約機構諸国は再びヨーロッパ安全保障会議を提案したが，前述のようにブラントの東方政策が，その長年の障害を取り除くことになった。

米，ソ両国は，緊張緩和がそれぞれのブロックにおいて同盟国の遠心化傾向を促すことを恐れ，特にアメリカは多国間の東西対話の進展を阻止する姿勢を示した。戦略核兵器をめぐる米，ソの軍備管理交渉は，両超大国の戦略核戦力の均衡の下にヨーロッパ・デタントを封じ込める方策でもあった。しかし，ヨーロッパ諸国政府は世論の圧力を背景に緊張緩和を志向し，1970年代に入るとヨーロッパ規模の安全保障会議の開催に向けて準備交渉が進展した。そして，1975年8月，アルバニアを除く全ヨーロッパ諸国とアメリカ，カナダを加えた東西両陣営35カ国によるヨーロッパ安全保障協力会議（CSCE）が開催された［8-24］。参加した諸国の首脳は，「ヘルシンキ宣言」と呼ばれる最終文書を採択した。

「ヘルシンキ宣言」は，東西ヨーロッパの領土的現状の承認の上に，①信頼醸成措置の導入など安全保障，②経済・科学技術協力，③人的交流と人権尊重を促進することを約束した3つの構成部分（バスケット）から成り，その履行状況を検証する再検討会議の開催などを約束した。①安全保障に関しては，1970年代末からの緊張の再燃に阻まれて進展はなかったが，②および③は冷戦の枠組を揺るがす重要な機能を果たすことになった。すなわち，東西の経済交流の増大は，西側からの融資に依存した東欧諸国の経済成長を進めるとともに，東欧諸国の消費社会化を促進した［8-19］。冷戦の枠組に最も重要な影響を与えたのは，人的交流と人権の尊重をうたった第三バスケットであった。1970～80年代にじわじわと増加しつつあった東ドイツから西ドイツへの訪問は，1987年以降，急増した［8-20］。また，第三バスケットの人権規範を拠り所に，東欧諸国の反体制派が活動を活発化させた。彼らは，ソ連やこれに従属した各国共産党の支配に異議申し立てを行いながら，独自の組織とネットワークを拡大した。ポーランドの非共産党系の労働組合「連帯」の登場はその典型

■ 8-19 西側諸国の共産圏との貿易額（1969～88年）

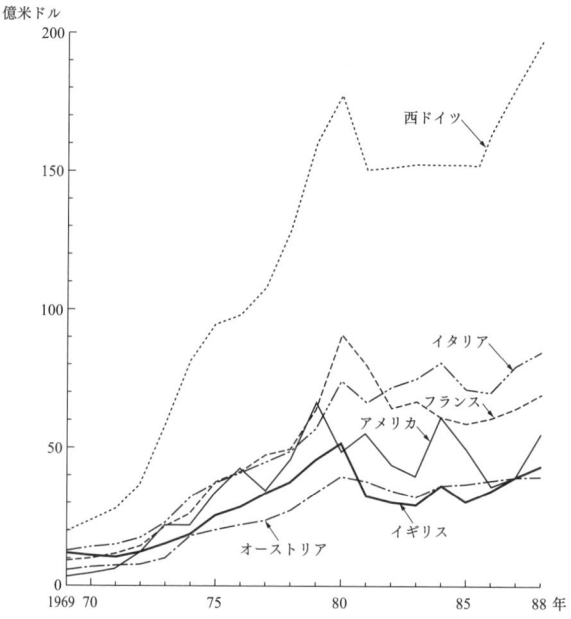

出所）渡邊啓貴編『ヨーロッパ国際関係史――繁栄と凋落，そして再生［新版］』有斐閣，2008年，188頁。

■ 8-20 東ドイツから西ドイツへの訪問件数（1962～89年）

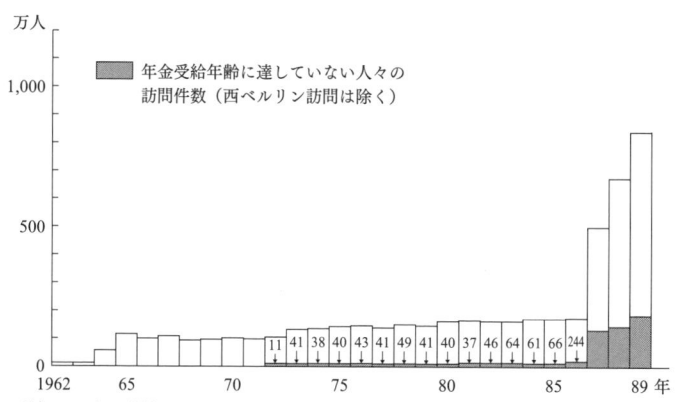

注）1989年の数値は，1月から10月までの合計である。
出所）同上，176頁。

であった。こうして，ヨーロッパのデタントが東欧の民主化を促し，やがて東欧革命と冷戦の終結を導くのである[7]。

4）「新冷戦」から「脱冷戦」へ

　1979年2月，イランにおいてイスラーム原理主義勢力による革命が勃発し，長く「アメリカの番犬」として中東に君臨したパフラヴィー王朝の支配が打倒され，イスラーム共和国が建国された［8-21］。アメリカはCIAによる新政権の転覆を企てたが実現せず，逆にパフラヴィー元国王の引渡しを求める学生の一団によるアメリカ大使館占拠事件に発展した。この年の12月，ソ連は，イランのイスラーム革命が隣接する中央アジアの共和国に波及することを恐れ，アフガニスタンに親ソ政権を樹立するために軍事介入を行った。

　イラン革命とソ連のアフガニスタン侵攻に危機感を募らせたアメリカのカーター政権は，ペルシャ湾岸地域はアメリカにとって死活的重要性を有するのであり，「必要とあれば武力介入も辞さないと」声明した（カーター・ドクトリン）。これは，アフガニスタン問題を根拠に「ソ連の脅威」を高唱しながら同盟諸国を再結集する試みでもあったが，実際には，対ソ軍事戦略の強化というより，ペルシャ湾を中心に緊急展開部隊を配備し，イスラエルを含む周辺諸国に対する軍事援助を強化する戦略がとられた。

　「新冷戦」の開始と言われたこの時期に，ソ連は東西の国境沿いに中距離核ミサイルSS-20を配備し，これに対抗してアメリカはNATO諸国に新型中距離核ミサイルのパーシングⅡを配備した。中距離核ミサイル（INF）は，1970年代における核弾頭の効率化とミサイルの命中精度向上の産物であったが，その実戦配備とともに，米政府内部では，攻撃目標あるいは「戦域」を限定した「限定核戦争」の可能性がしきりに論じられるようになった。特に，「相互確証破壊」状況を場とする「戦域核戦争」論――「相互確証破壊」状況が存在するが故に，地域を限定した核戦争が全面核戦争にエスカレートすることはないという想定に立った「限定核戦争」論――は，ヨーロッパの諸政府と国民を震撼させた。それまでNATO諸国は，ヨーロッパにおける核戦争が戦略核兵器に

7）吉川元『ヨーロッパ安全保障協力会議（CSCE）――人権の国際化から民主化支援への発展過程の考察』三嶺書房，1994年。

■ 8-21 イランのイスラーム革命（1979年）

1979年イランにおける「神の名による革命」。宗教指導者ホメイニの肖像を掲げる民衆。

出所）E. Hobsbawm, *Age of Extremes : The Short Twentieth Century 1914-1991*, London : Michael Joseph, 1994.

よる米ソ間の戦争にエスカレートしていく仕組に「抑止力の信頼性」を期待し，アメリカの核兵器のヨーロッパへの配備を受け入れてきた。しかし，アメリカの「戦域核戦争」概念は，ヨーロッパの戦争と米ソ間の戦争を，あるいはヨーロッパの安全保障とアメリカの安全保障とを「切断（de-coupling）」することを意味した。1980年代初頭のヨーロッパは，中距離核ミサイルの配備に反対し，米，ソの核軍縮を求める平和運動の波に席巻された。連日，各国の中心都市で数十万人規模の集会を繰り広げたこの運動は，「ヨーロッパはひとつ」という意識を高めながら「共通の安全保障」を提唱し，まずは軍事的均衡の下でのデタントや東西間の信頼醸成を求めながら，次第に核兵器に反対し，核軍縮を求める運動へと発展した[8]。

　1985年，ソ連にゴルバチョフ政権が登場した［8-22］。ゴルバチョフ政権の課題はソ連経済の再建であった。1970年代に停滞に陥ったソ連経済は，西側諸国のような技術革新による克服を実現できず，逆にアメリカとの核軍拡競争が重い負担となって深刻な事態を迎えていた。ゴルバチョフは，経済改革を大胆に進めるためには政治改革を含めた大改革運動（ペレストロイカ）が必要であり，ペレストロイカには情報公開（グラスノスチ）が必要であると考えた。また，ペレストロイカの促進にはその国際環境づくりが不可欠であった。ゴルバチョフは，西側との緊張緩和と，同時にソ連経済に過大な負担を強いてきた軍備の縮小を不可避の課題と設定したのである。こうして，ゴルバチョフのイニシアチブの下で，米，ソ間および東，西ヨーロッパ間にデタント・ムードが作られ，ヨーロッパにおいて軍縮が具体化した［8-23］。

　1985年11月，ジュネーヴで会談したゴルバチョフとレーガン米大統領は，「核戦争に勝利はない」という認識を共有して核戦争不戦を誓約し，また，INF撤廃と戦略核兵器50％削減を原則に交渉を促進することに合意した。1987年12月，米ソ首脳はINF全廃条約に調印した。これは，地球上に配備された核兵器を歴史上初めて削減する画期的な条約であった。

　ゴルバチョフのペレストロイカとグラスノスチは，彼自身の思惑を超えてソ連および東欧諸国に改革の機運を作り出した。また，1980年代に入って東欧

8）パルメ委員会報告書『共通の安全保障——核軍縮への道標』森治樹監訳，日本放送出版協会，1982年。

■ 8-22 ソ連邦最後の政治指導者ゴルバチョフ

出所) Hobsbawm, *Age of Extremes*.

■ 8-23 軍縮関連年表

1985. 3.10	ゴルバチョフ書記長就任	89.10. 6	(～9日) ハンガリー社会主義労働者党大会，党名をハンガリー社会党に改称，複数政党制に基づく議会民主主義，市場経済の本格的導入を決定
85.11.19	スイスのジュネーヴで初めてのレーガン・ゴルバチョフ首脳会談		
86. 9.22	ストックホルムでの欧州軍縮会議 (CDE)，東西間の相互現地査察を認めた最終文書に参加35カ国が合意	11. 9	ベルリンの壁，事実上崩壊
		12.21	ルーマニア，チャウシェスク政権崩壊
86.10.11	(～12日) アイスランドのレイキャビクでレーガン・ゴルバチョフ首脳会談 (4回，11時間20分)	12. 2	(～3日) マルタ島にてブッシュ・ゴルバチョフ首脳会談 (8時間)，ソ連の客船「マクシム・ゴーリキー」で初めての共同記者会見
87.12.	ゴルバチョフ書記長の初の訪米 (73年6月のブレジネフ訪米以来14年半ぶり)		
		12. 4	ワルシャワ条約機構，ブレジネフ・ドクトリンを放棄するとの声明発表
12. 8	(～10日) 米ソ首脳会談，INF全廃条約に調印	91. 7.31	START調印 (発効94年12月5日)
89. 9.10	ハンガリー政府，西独移住を希望してハンガリーに殺到していた東独市民の出国を11日から認めると発表	8.18	(～22日) ソ連でクーデター未遂事件
		12.25	ゴルバチョフ大統領，辞任発表。ソ連邦解体

出所) 細谷千博監修，滝田賢治・大芝亮編『国際政治経済資料集』有信堂，2001年，50頁。

の経済が悪化する中で,ハンガリーから,あるいは東ドイツからハンガリー経由でオーストリアへ脱出する人々が急増した。その流れに抗しきれなくなったハンガリー政府は,1989年10月,ついにオーストリアとの国境を開放し,大量の東ドイツ難民の出国を許可した。東ドイツでは民主化と西ドイツへの通行を求める大規模なデモの中で,ホーネッカー首相が退陣した。そして,同年11月9日,東ドイツ政府は国境を開放した。「ベルリンの壁」の崩壊である。

1989年12月,マルタ島で会談した米,ソ首脳は,冷戦の終結を宣言し,戦略核兵器やヨーロッパの通常戦力の削減を目指す交渉の促進を表明した。また,両首脳は戦後ヨーロッパの国境確定をあらためて確認し,さらに東欧諸国の民主的改革を支持することを声明した。翌90年11月,パリで開催されたCSCE首脳会議は「新しいヨーロッパのためのパリ憲章」を採択し,「ヨーロッパの対立と分断の時代は終わった」と宣言した[8-24]。

1960年代末に始まったヨーロッパ・デタントが東西の政治的・軍事的緊張を少しずつ緩和していった。米,ソ両国による覇権システム再構築の試みにもかかわらず,ヨーロッパにおける東西間の緊張緩和は,米,ソによる同盟国締めつけの根拠を奪った。1980年代のヨーロッパ平和運動はデタントの機運をさらに推し進め,その趨勢の下で東欧では民主化が進んだ。デタントの進行がソ連とこれに従属した共産党政権の締めつけの枠組を壊したからであった。東欧革命は,ソ連による東欧支配と各国共産党の独裁政治という二重の支配に対する下からの挑戦であり,その成功の背景には全ヨーロッパにおけるデタントの進行があったのである。「東西対立」の解消が米,ソの「覇権システム」の崩壊につながった。

1990年5月,ソ連の人民代議員大会は憲法を改正し,ゴルバチョフを初代大統領に選出した。しかし,その直後から,ロシアを皮切りに連邦構成共和国が次々に主権宣言を発し,ソ連邦は解体に向かった。ゴルバチョフは主権国家間の自由な連邦あるいは共同体の維持を試みたが,流れは止めようもなく,1991年12月,ゴルバチョフ大統領の辞任表明とともにソ連邦は消滅した。一方,ベルリンの壁崩壊直後から始まった東西両ドイツの統合への動きは急速に進展し,1990年10月,ついにドイツの統一が実現した。新しい時代の到来であった。

■8-24 ヨーロッパの安全保障・政治・経済機構（1997年7月末時点）

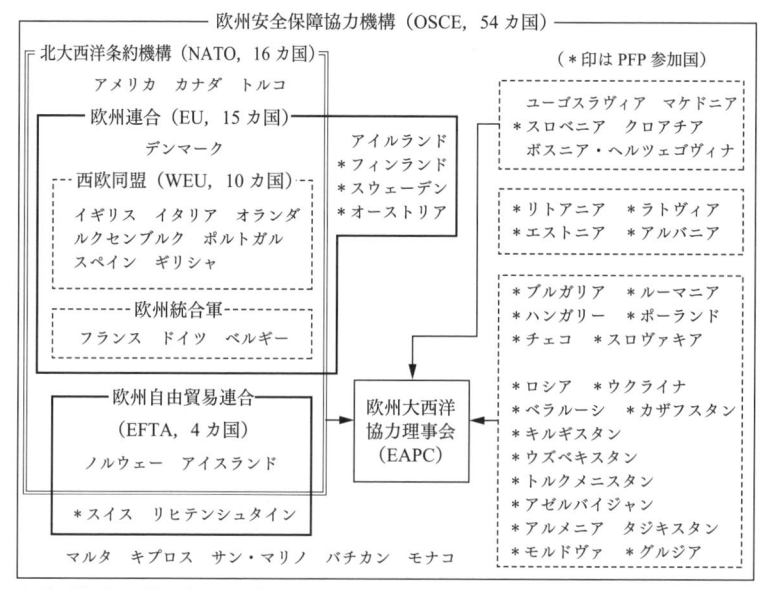

```
┌──────────欧州安全保障協力機構（OSCE, 54カ国）──────────┐
│ ┌──北大西洋条約機構（NATO, 16カ国）──┐      （＊印はPFP参加国）     │
│ │   アメリカ カナダ トルコ           ┌──────────────────┐ │
│ │ ┌──欧州連合（EU, 15カ国）──┐      │ ユーゴスラヴィア マケドニア │ │
│ │ │   デンマーク            │ アイルランド │ ＊スロベニア クロアチア     │ │
│ │ │ ┌西欧同盟（WEU, 10カ国）┐│ ＊フィンランド │ ボスニア・ヘルツェゴヴィナ │ │
│ │ │ │ イギリス イタリア オランダ││ ＊スウェーデン └──────────────────┘ │
│ │ │ │ ルクセンブルク ポルトガル ││ ＊オーストリア ┌──────────────────┐ │
│ │ │ │ スペイン ギリシャ     ││          │ ＊リトアニア ＊ラトヴィア │ │
│ │ │ └──────────────┘│          │ ＊エストニア ＊アルバニア │ │
│ │ │ ┌──欧州統合軍──┐          │          └──────────────────┘ │
│ │ │ │ フランス ドイツ ベルギー │          ┌──────────────────┐ │
│ │ └─└──────────┘──┘          │ ＊ブルガリア ＊ルーマニア │ │
│ │ ┌──欧州自由貿易連合──┐                │ ＊ハンガリー ＊ポーランド │ │
│ │ │   （EFTA, 4カ国）   │  ┌欧州大西洋┐  │ ＊チェコ ＊スロヴァキア   │ │
│ │ │ ノルウェー アイスランド│  │協力理事会│  └──────────────────┘ │
│ │ │                  │  │ （EAPC）│  ＊ロシア ＊ウクライナ      │
│ │ │ ＊スイス リヒテンシュタイン│ └──────┘  ＊ベラルーシ ＊カザフスタン    │
│ └─└──────────────┘              ＊キルギスタン              │
│                                     ＊ウズベキスタン             │
│       マルタ キプロス サン・マリノ バチカン モナコ    ＊トルクメニスタン             │
│                                     ＊アゼルバイジャン            │
│                                     ＊アルメニア タジキスタン       │
│                                     ＊モルドヴァ ＊グルジア        │
└──────────────────────────────────────────────────────────┘
```

出所）杉江栄一・樅木貞雄編著『国際関係資料集』法律文化社，1997年，60頁。

■参考文献

- J・L・ガディス『冷戦——その歴史と問題点』河合秀和・鈴木健人訳，彩流社，2007年。
- 『核兵器の包括的研究——国連事務総長報告』服部学監訳，連合出版，1982年。
- 山本健『同盟外交の力学——ヨーロッパ・デタントの国際政治史1968-1973』勁草書房，2010年。

第9章　冷戦後の世界と地域紛争

1　「冷戦後」と地域紛争

1）冷戦から解放された世界

　冷戦が終結した時，アメリカの政治学者フクヤマは，リベラルな民主主義が君主制やファシズム，あるいは共産主義のような敵対するイデオロギーを打ち破ってしまった結果，「歴史の終わり」がやってきたと論じた［9-1］。はたして彼が言うように，「リベラルな民主主義」は「人類の統治の最終の形」であり，冷戦の終結は「一貫した進歩のプロセスとしての歴史」の終焉を画する事件なのだろうか。

　冷戦の終結は，世界の人々に一面では期待感を，他面では不安感をもたらした。少なからぬ人々が「冷戦の呪縛」，「恐怖の均衡」からの解放を歓迎し，対立・対決の国際社会から新たな国際協調と平和への歴史の始まりを期待した。他方で，人々は40年にわたってある意味で世界の「安定」を形作ってきた「二極構造」の崩壊の後に，どんな世界秩序が現れるのか，不安感を抱きながら見守った。米大統領ブッシュ（父）は，冷戦の「勝利」の上に唯一の超大国アメリカによる「新世界秩序」を形成する意思を表明し，二極構造の崩壊はアメリカの「一極支配」の構造につながることを示唆した。他方で，一部の国際政治学者は，国際社会は「新しい中世」とでも言うべき世界システム，あるいはアナーキカルな国際社会に先祖帰りするだろうと論じた[1]。また，アメリカの政治学者ハンチントンは，冷戦時代の二元的な政治的・イデオロギー的対立

1）田中明彦『新しい中世——21世紀の世界システム』日本経済新聞社，1996年。

■ 9-1　フランシス・フクヤマ『歴史の終わり』〈抜粋〉

　本書執筆のきっかけは，私が『ナショナル・インタレスト』誌に書いた「歴史の終わり」（"The End of History?"）という題の論文である。そのなかで私は，一つの統治システムとしてのリベラルな民主主義の正統性をめぐって，ここ数年にわたり世界じゅうで注目すべきコンセンサスがあらわれている，と論じた。それはリベラルな民主主義が伝統的な君主制やファシズム，あるいは最近では共産主義のような敵対するイデオロギーを打ち破ってしまったからだ，と。だがそれ以上に私は，リベラルな民主主義が「人類のイデオロギー上の進歩の終点」および「人類の統治の最終の形」になるかもしれないし，リベラルな民主主義それ自体がすでに「歴史の終わり」なのだ，と主張したのである。つまり，それ以前のさまざまな統治形態には，結局は崩壊せざるを得ない欠陥や不合理性があったのに対して，リベラルな民主主義には，おそらくそのような抜本的な内部矛盾がなかったのだ。

　もちろん私は，アメリカやフランス，スイスのような今日の安定した民主主義諸国には不正や深刻な社会問題がなかったなどというつもりではない。けれどもこうした問題は，近代の民主主義の土台となる自由・平等という「双子の原理」そのものの欠陥ではなく，むしろその原理を完全に実行できていないところに生じたものなのだ。現代の国々のいくつかは，安定したリベラルな民主主義を達成できないかもしれない。なかには神権政治や軍事独裁制のような，もっと原始的な支配形態に後戻りしかねない国もあるだろう。だがリベラルな民主主義の「理念」は，これ以上改善の余地がないほど申し分のないものなのである。

　　　　　（F・フクヤマ『歴史の終わり』上，渡部昇一訳，三笠書房，2005年，13-14頁）

に代わって，世界は「文明の衝突」という新たな局面に直面するだろうと予言した[2]。冷戦終結直後に多発した地域紛争は「文明の衝突」の幕開けを告げる現象であるかに見えた。

　視点を変えて見るならば，冷戦後の世界は統合（integration）と分離（fragmentation）の相反する2つのダイナミズムをはらみながら展開し始めた。1980年代に，統合ヨーロッパは単一市場の完成と政治的統合に向けて急速に進み始めた。一方，東アジアの新興工業諸国を含めて発展した経済の相互依存関係の進行を背景に，EUと並んで世界の各地に経済協力・経済統合の動きが強まった。もともとは政治的協力を目的とした東南アジア諸国連合（ASEAN）は，1990年代に入ると，旧社会主義国を含めた地域的経済協力組織へと発展し始めた。さらに，EUや北米自由貿易協定（NAFTA）あるいは東アジア経済協議体（EAEC）構想など一面では経済のブロック化につながりかねない地域協力組織に対して，広くアジア太平洋諸国の経済協力関係を強化する目的で，アジア太平洋経済協力会議（APEC）が組織された［9-2］。

　他方，冷戦の終結と二極体制の崩壊は，世界各地に様々な分離主義を生んだ。冷戦体制はひとつの統合のメカニズムであったが，その体制の崩壊が分離のモメントを生み出したのである。旧ソ連の各地における分離主義運動がその典型であった。また，逆説的であるが，統合が進んだヨーロッパの中にも分離主義が生まれた。統合によって「国家」の敷居が低くなると，国家レベルのアイデンティティに代わって地域的なナショナリズム――スペインのバスク，フランスのブルターニュ，イギリスのスコットランドやウェールズなどの地域ナショナリズム――の台頭が見られた。冷戦時代の価値二元的世界に代わって，価値観や文化の多元性の承認が新しい秩序と国際協力の前提であるかのように見えた。

2）冷戦終結と地域紛争

　冷戦後の世界のひとつの特徴は，地域紛争の多発と，これに対する大国の力による干渉であった［9-3，9-4］。ソ連邦解体につながったソ連政府と共和国

2）サミュエル・ハンチントン『文明の衝突』鈴木主税訳，集英社，1998年。

9-2 アジア・太平洋における地域協力の枠組 (2000年時点)

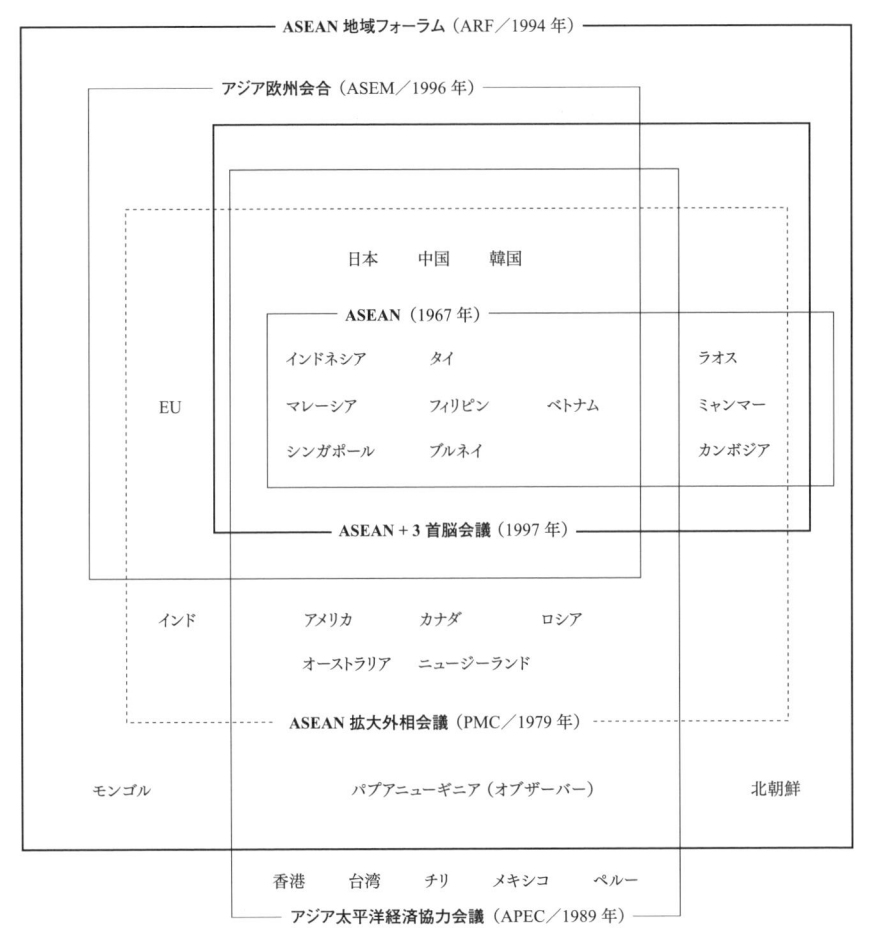

- ASEAN 地域フォーラム (ARF／1994年)
  - アジア欧州会合 (ASEM／1996年)
    - 日本　中国　韓国
    - ASEAN (1967年)
      - インドネシア　タイ　ラオス
      - マレーシア　フィリピン　ベトナム　ミャンマー
      - シンガポール　ブルネイ　カンボジア
  - EU
  - ASEAN＋3 首脳会議 (1997年)
  - インド　アメリカ　カナダ　ロシア
  - オーストラリア　ニュージーランド
  - ASEAN 拡大外相会議 (PMC／1979年)
  - モンゴル　パプアニューギニア (オブザーバー)　北朝鮮
  - 香港　台湾　チリ　メキシコ　ペルー
  - アジア太平洋経済協力会議 (APEC／1989年)

注1) APECについて、チリ、メキシコ、パプアニューギニアは1994年、ベトナム、ロシア、ペルーは98年からの参加である。
2) ARFについて、カンボジアは1995年、インド、ミャンマーは96年、モンゴルは98年からの参加である。
3) ASEMからEUを外すとEAEC構想になる。

出所) 花井等・岡部達味編著『現代国際関係論』東洋経済新報社、2005年、262頁。

独立派との紛争に始まり、チェチェン紛争に見られるような連邦解体に伴う共和国内部の諸紛争、さらに旧ユーゴスラヴィアを解体に導いたクロアチア、ボスニア・ヘルツェゴヴィナ、コソヴォの紛争などは、それまで封じられてきた民族的あるいは政治的な要求が、冷戦の統合機能の後退によって噴出した現象と見ることができた。ソ連邦内の紛争には、ソ連軍あるいはロシア軍が武力介入し、分離主義を抑え込もうとした。しかし、ソ連邦は解体をまぬがれえず、また共和国内の紛争の多くは21世紀に解決を持ち越された。旧ユーゴスラヴィアの解体に抵抗したセルビアは、自らも排他的な民族主義に陥り、連邦内の分離主義を加速することになった。

　ギャディスが「長い平和」と表現した冷戦の時代にも、じつは「戦争とみなされない戦争」が続いていたし、また武力紛争につながる政治的、経済的要因は多くの地域に潜在していた。しかし、二元的な政治的・イデオロギー的対立の下で、多くの場合、地域紛争はいずれかの超大国の介入によって抑圧され、潜在的対立は顕在化を前に封印されてきた。「第三世界」と総称された発展途上国の多くは、冷戦の下で、いずれかの超大国の経済的支援を引き出しながら開発を進め、国民経済の構築を目指してきた。冷戦の緊張下で経済開発を推進するために正当化された権威主義的政治体制は開発独裁と呼ばれたが、この政治体制の多くは、後に紛争や内戦の要因となった。

　1990年代には、アフリカ大陸でも、コンゴ（旧ザイール）、ソマリア、エチオピア、ルワンダなどで、隣接する国をも巻き込んだ紛争が相次いだ[3]。そこには、1970～80年代における米、ソ両超大国の介入の残滓とともに、帝国主義時代のヨーロッパ列強によるアフリカ分割の負の遺産が絡んでいた。

　多発する地域紛争の解決に、国連の役割が期待された。安全保障理事会の機能が冷戦によって封じられていた時期に、国連総会の決議によって道を開かれた国連平和維持活動（PKO）とこれを担う国連平和維持軍（PKF）に、ユーゴスラヴィアやソマリアの紛争の収拾が託された。しかし、武力行使を原則として封じられたPKFの活動は、1990年代の紛争解決には必ずしも効を奏しなかった。これに代わる方式として、国連安保理の決議に基づき加盟国の軍隊に

3）川端正久他編著『紛争解決――アフリカの経験と展望』ミネルヴァ書房、2010年。

9-3 冷戦後の武力紛争

①武力紛争の規模別件数（1989～97年）

規模	1989	90	91	92	93	94	95	96	97	総紛争数
小	15	16	18	23	15	16	12	17	12	46
中	14	14	13	12	17	19	17	13	14	15
戦争	18	19	20	20	14	7	6	6	7	42
計	47	49	51	55	46	42	35	36	33	103

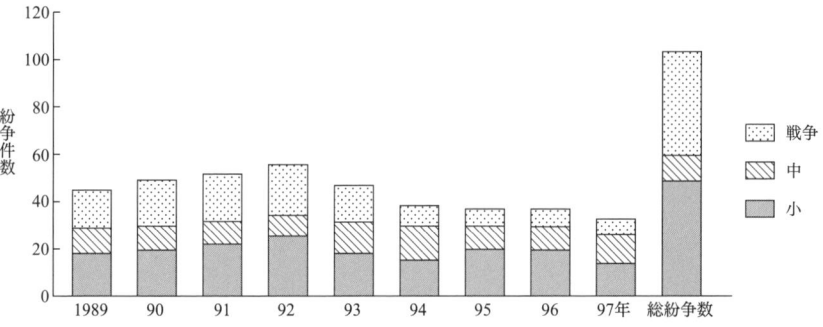

注）紛争規模の内訳：小＝年間の戦死者25人以下で，総戦死者数1,000人以下。中＝年間の戦死者1,000人以下で，総戦死者数1,000人以上。戦争＝年間の戦死者数1,000人以上。なお，中レベルと戦争レベルを合わせたものを大規模紛争とする。

出所）細谷千博監修，滝田賢治・大芝亮編『国際政治経済資料集』有信堂，2001年，130頁。

②武力紛争の形態別件数（1989～97年）

形態	1989	90	91	92	93	94	95	96	97	総紛争数
国内	43	44	49	52	42	42	34	33	29	88
国内*	1	2	1	2	4	0	0	1	3	9
国家間	3	3	1	1	0	0	1	2	1	6
計	47	49	51	55	46	42	35	36	33	103

注）この場合の武力紛争の定義は，年間の戦闘による死者25名以上の紛争。
　＊は外国の介入を伴う国内紛争。
出所）同上，131頁。

よって構成された「多国籍軍」の派遣が多用された［9-4］。イラク＝クウェート紛争（湾岸危機）やソマリア紛争に投入されたのはアメリカ軍を中心とした多国籍軍であった。さらに，コソヴォ紛争の際に見られたように「人道的救済」を建前に，国連決議を伴わない大国の紛争介入が相次いだ。多くの場合，介入の判断は大国の利益に基づいて恣意的に行われた。例えば，1992 年末の多国籍軍によるソマリア介入は，大統領選挙に敗れたブッシュが国内政策の行詰り打開と外交的立場の回復のために「目に見える成果」を求めた軍事的パフォーマンスであった[4]。ソマリアではアメリカが想定に反して介入の泥沼に陥る一方，紛争は解決しなかった。他方，部族間の悲惨な紛争を回避するために現地の国連事務所が要請したルワンダへの「人道的介入」は，アメリカの国益という観点から，米政府によって阻止されたのである。

　1989 年に「東西」の軍事的対立は終結した。しかし，超大国・大国の「覇権志向」や「覇権システム」の残滓が一掃されたわけではなかった。とりわけ，アメリカは冷戦の「勝者」として一極支配を志向し，経済を含めた「北」による「南」の共同管理の実態は，経済のグローバル化に伴ってむしろ強化された。「南」に鬱積した憤懣は，やがて国際的な武装テロという形をとって「北」に挑戦することにもなった。

3）地域紛争への視点

　地域紛争や内戦など，主として開発途上の「第三世界」における武力紛争はなぜ生じるのか。この類の紛争は，しばしば「民族紛争」と称せられ，民族，部族，宗教，言語，文化の違いが紛争の原因だと言われる。しかし，この認識は間違っている。民族，部族，宗教など特定のアイデンティティ（エスニシティ）の違いは，紛争を引き起こす争点として利用されたり，紛争を激化させる要素として働くことはある。しかし，エスニシティの違い自体が紛争の「原因」になることはきわめてまれである。多くの地域紛争や内戦の場合，民族，部族，宗教，言語，文化など特定のアイデンティティは，それを根拠として他者を排除し，権力を獲得しようとする政治的リーダーによって，紛争に利用さ

4）〈テレビ・ドキュメンタリー〉NHK スペシャル『誰が世界を守るのか①　知られざる攻防――アメリカ対国連』1993 年 4 月 4 日放送。

9-4 軍事介入の目的と根拠

ケース	介入主体（主導国／機関）	介入目的	根　　拠
イラク 1990～91 年	多国籍軍（米英）	侵略対処	安保理決議 678 （国連憲章第 7 章に言及）
イラク北部 1991 年	多国籍軍（米英）	人道的介入（難民・避難民救援）	安保理決議 688 （国連憲章第 7 章への言及なし）
ソマリア 1992 年	多国籍軍（米）	人道の介入（難民救援）	安保理決議 794 （国連憲章第 7 章に言及）
ソマリア 1993 年	国連 PKO （UNOSOM Ⅱ）	治安確保・安定化 （指導者逮捕）	安保理決議 814 （国連憲章第 7 章に言及）
ルワンダ 1994 年	多国籍軍（仏）	人道的介入（集団虐殺対処）	安保理決議 929 （国連憲章第 7 章に言及）
ボスニア 1992～95 年	有志連合（NATO）	人道的介入（民族浄化対処）	安保理決議 836 （国連憲章第 7 章に言及）
ボスニア 1995 年	多国籍軍 （IFOR→SFOR→EUFOR）	治安確保・安定化	デイトン合意
ユーゴ（コソヴォ） 1999 年	有志連合（NATO）	人道的介入（民族浄化対処）	明確な授権決議なし
ユーゴ（コソヴォ） 1999 年～	多国籍軍（KFOR）	治安確保・安定化	安保理決議 1244 （国連憲章第 7 章に言及）
東ティモール 1999～2000 年	多国籍軍 （豪・INTERFET）	人道的介入＋治安確保・安定化	安保理決議 1264 （国連憲章第 7 章に言及）
アフガニスタン 2001 年	有志連合 （米英, NATO）	反テロ＋（個別的・集団的）自衛	安保理決議 1368 （自衛権確認, 国連憲章第 7 章への言及なし）
アフガニスタン 2002 年～	有志連合（ISAF）	治安確保・安定化	ボン合意＋安保理決議 1386 ほか （国連憲章第 7 章に言及）
イラク 2003 年	有志連合（米英）	反テロ＋大量破壊兵器拡散対抗	明確な授権決議なし

出所）大芝亮他編『平和政策』有斐閣，2006 年，211 頁。

れるのである。しかし，その紛争の真の原因は，経済的・政治的な差別や対立，あるいは政治リーダーの野望や野心であることが多い。

　いまひとつ，地域紛争の要因を考える際に見過ごしてはならないのが，大国の歴史的責任である。紛争の原因となる経済的な苦境とそこから生まれる差別や対立は，19世紀以前に遡る欧米列強の帝国主義政策に起源を求めることができる。また，民族，部族，宗教，言語等の違いが地域紛争の要因につながる理由も，例えば帝国主義間抗争に伴う恣意的な国境線の設定や，植民地統治に用いられた民族の分割統治の歴史に見出すことができる。

　ルワンダはアフリカ中部に位置する小国であった［9-5］。当時の人口は750万人と言われ，その84％がフツ族，14％がツチ族と呼ばれる。もともと「ツチ族」と「フツ族」はルワンダ，ブルンジ，コンゴに分布していたが，「ツチ」と「フツ」のアイデンティティを作り出し，少数のツチ族を支配層に仕立て上げたのは第一次世界大戦後にこの地を支配したベルギーであった。1962年に独立したルワンダ共和国では，1990年以来，フツ族主体の政府とツチ族主体の「愛国戦線」との間に内戦が続いていたが，1994年の時点で，相手方を皆殺しにしなくてはならないまでの憎悪や対立が存在したとは必ずしも言えない。1994年にフツ族の大統領を乗せた飛行機の撃墜事件をきっかけに，フツ族によるツチ族の大虐殺が繰り広げられ，80万人のツチ族が殺された。この大虐殺にはフツ族過激派のラジオによる扇動が大きな役割を果たしたという。大統領の肝いりで作られたラジオ局が「ゴキブリを血祭りにあげよう」と呼びかけ，地域のリーダーや地方政府の役人に付き添われた村人たちが，斧や鉈を手に，つい先ほどまで隣人であった「悪魔」の殺害を繰り返したというのである[5]。

　ロシア南部カフカス地方のチェチェンを舞台とした紛争は，イスラーム教徒であるチェチェン人がロシアの支配を脱して独立を達成しようとして始まった［9-6］。この紛争の背景にも，19世紀半ばにロシアに併合されて以降の長い支配・被支配の歴史が存在し，また2つの民族，宗教間の争いとして理解するにはあまりにも複雑な要素が絡んでいる。紛争の直接のきっかけは，ソ連の崩壊に乗じて独立を実現しようとしたチェチェン人リーダーの政治的野望であった

5）木畑洋一編『20世紀の戦争とは何であったか』大月書店，2004年，273-78頁。

■ 9-5 ルワンダとその周辺

出所）川端正久他編著『紛争解決アフリカの経験と展望』ミネルヴァ書房，2010年，38頁。

■ 9-6 チェチェンとその周辺

出所）広瀬佳一他編著『ユーラシアの紛争と平和』明石書店，2008年，110頁。

が，ロシアとの紛争は，ソ連時代の多様な国家機関の間の角逐，外部から流入してきたイスラーム原理主義勢力と現地のイスラーム組織の対立，あるいはチェチェンの多様な氏族間の争いが絡んで複雑な経緯をたどった。また，石油の産地やパイプラインのルートをめぐる経済権益も重要な争点となった。

このように，現代の地域紛争を理解するには，短絡を避け，表向きの争点と紛争の本質的な原因とを見分ける複眼的な考察が必要である。ユーゴスラヴィアの紛争は，冷戦の縛りからある意味で解放された国における悲劇の典型であるが，その背景には，数世紀も前に遡る歴史的要因を認めることができるのである。

2　民族・宗教と地域紛争──ユーゴスラヴィア

1) バルカン半島の歴史とユーゴスラヴィア

ユーゴスラヴィアは，第一次世界大戦の後にセルビア人・クロアチア人・スロヴェニア人の王国（セルブ・クロアート・スロヴェーヌ王国）として建国された典型的な多民族国家であった。この国が位置するバルカン半島は，4世紀の末以来，長きにわたって東ローマ帝国（ビザンツ帝国）の支配下にあったが，6～7世紀以降はスラヴ人が南下して諸王朝を形成し，12～13世紀には十字軍とモンゴルの侵入に直面し，東ローマ帝国の支配は衰退した。これに代わって，15世紀以降，バルカンを支配したのはオスマン帝国であった。2つの帝国の支配を経験したこの地域の人々の帰属意識の基礎は，ビザンツ帝国の遺産であるキリスト教（東方正教）とオスマン帝国によって持ち込まれたイスラームという2つの宗教であった。人々にとって言語的差異は二義的であり，「民族意識」は希薄であったと言われる。

しかし，19世紀になると，オスマン帝国は衰退し，帝国支配下の諸民族に民族主義の運動が台頭した。その背景には，スラヴ民族主義を鼓舞しながら南下政策を推し進めるロシア帝国の進出と，同じようにバルカン諸民族の民族意識をあおりながらこの地域に勢力の拡張を図るオーストリア帝国やヨーロッパ列強の「東方政策」が存在した。バルカン半島はオスマン，オーストリア，ロシアの3つの帝国と，イスラーム教，キリスト教（カトリック），東方正教の3

9-7 ユーゴスラヴィアの政治指導者チトー元帥

出所) E. Hobsbawm, *Age of Extremes : The Short Twentieth Century 1914-1991*, London : Michael Joseph, 1994.

つの宗教がせめぎ合い，その下で諸民族が独立国家を求める混沌とした状況に置かれ，「ヨーロッパの火薬庫」と称された。第一次世界大戦は，1908年にオーストリア・ハンガリー帝国が併合を強行したボスニア・ヘルツェゴヴィナの首都サライェヴォにおいて，オーストリアの皇位継承者フェルディナンド大公がセルビア民族主義者の青年の凶弾に倒れた事件から始まった。

第一次世界大戦の後に講和条約に基づいて建国されたセルブ・クロアート・スロヴェーヌ王国は，その名称が示す通りのモザイク国家であった。この国名は1929年にユーゴスラヴィア（南スラヴの国）に改められた。第二次世界大戦において，枢軸諸国の侵略を受けたユーゴスラヴィアでは，チトー元帥［9-7］の下に組織された100万人のパルチザン部隊が，ソ連軍による解放を待たずに勝利をおさめ，社会主義共和国として戦後の出発を迎えた。チトーが率いる社会主義政権は，ソ連との対立からコミンフォルムを除名されたが，労働者による自主管理社会主義と非同盟政策を両輪とする独自の道を歩んだ。

ユーゴスラヴィアは，7つの国境，6つの共和国（および2つの自治州），5つの民族（およびムスリム人），4つの言語，3つの宗教，2つの文字を有する1つの国家であり，これを1つの政党（ユーゴスラヴィア共産主義者同盟）が統治した［9-8］。チトー政権の課題は「独自の社会主義」の建設とともに，「ユーゴスラヴィア民族」の形成であった。建国の英雄としてのチトーのカリスマ性と柔軟な民族政策の下で，ユーゴスラヴィアの国家建設は順調に進んでいるかに見えた。しかし，1980年にチトーが死去し，折から経済危機が深刻化する中で，共和国間，民族間の対立が一挙に顕在化し，ユーゴスラヴィアは後戻りのできない紛争へと進んだのである。

2）ユーゴスラヴィア紛争の経緯

ユーゴスラヴィアの解体につながった冷戦後最大の内戦は，しばしば多民族，多宗教の国家の宿命であったかのように語られる。しかし，ユーゴ内戦では，民族的アイデンティティの相違自体が自動的に紛争につながったわけではなかった。そこでは，経済危機の深刻化の中で，チトー後の政治指導者たちによって始められた政治権力抗争が「陣取り合戦」へと進展し，果ては「民族紛争」へと発展した。紛争の拡大と深刻化には，民族主義を喧伝し，民族の「過

■ 9-8 ユーゴスラヴィアの分裂（1990年→2006年）

1990年までの旧ユーゴスラヴィア

1992〜2006年の新ユーゴスラヴィアと周辺諸国

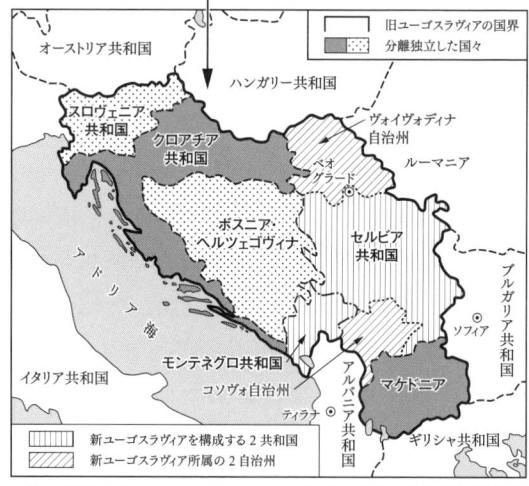

注）2006年6月にセルビアとモンテネグロは連合を解消し独立国となった。
出所）月村太郎『ユーゴ内戦』東京大学出版会，2006年，iv頁，亀井高孝他編『世界史年表・地図』吉川弘文館，2006年より作成。

去の記憶」を呼び覚まして敵対を先導した政治リーダーたち［9-9］の役割を見落とすわけにはいかないのである。

　連邦内の対立は，経済危機による自主管理社会主義システムの破綻から始まった。かねてから連邦内には，比較的工業生産力の高いクロアチア，スロヴェニアと，生産力が低いながらも連邦の中で比較的大きな政治力を行使していたセルビアとの間に，対立の火種がくすぶっていた。1980年代に経済危機が深刻になるに至って，北のクロアチア，スロヴェニアはEC諸国との経済関係の促進に活路を見出そうとした。しかし，セルビアはこれに反対し，連邦の維持に固執した。

　1991年6月，スロヴェニアとクロアチアは相次いで連邦からの離脱と独立を一方的に宣言した。ここに，スロヴェニア，クロアチア共和国軍それぞれと，現地に配備されていたセルビア人を中心とする連邦軍との間に内戦が勃発した。スロヴェニアの紛争はECによる仲裁によって早期に休戦協定締結に至ったが，クロアチアでは，セルビア人勢力とその保護を掲げて介入した連邦軍とクロアチア共和国軍との内戦が拡大した。クロアチアの独立と，クロアチアの指導者トゥジマンによるクロアチア民族主義の喧伝は，クロアチア南部クライナ地方に居住するセルビア人に，第二次世界大戦中の「ウスタシャの記憶」（ドイツの保護国として独立したクロアチアで起きた，ナチスに協力した政治組織ウスタシャによるセルビア人の虐殺）を呼び起こした。人々はトゥジマンを「クロアチアのヒトラー」と呼んだ。激しい戦闘の後に，11月末になって国連の介入によって停戦の合意が成立したが，紛争は，1995年夏にクロアチア軍がセルビア人勢力を軍事的に排除するまで続いた。

　そして，クロアチアの紛争はボスニア・ヘルツェゴヴィナの深刻な事態へと波及した。ボスニア・ヘルツェゴヴィナはユーゴスラヴィアの6つの共和国の中で民族名を持たない唯一の共和国である。ここは，1991年の統計によれば[6]クロアチア人（17%），セルビア人（31%）とムスリム（いずれの民族でもなくムスリムであると自己規定し，民族に準じた存在を公認された人々：44%）が複雑に混住する地域で，それまでは「多元主義」の下で民族の共存と融合が進んで

6）ボスニア連邦政府連邦統計局 Population Grouped According to Ethnicity, by Censuses 1961-1991. http://www.fzs.ba/Dem/Popis/NacPopE.htm, 2011/02/23.

9-9 ユーゴスラヴィアを解体に導いた政治指導者たち

ボスニア・ヘルツェゴヴィナ和平交渉を前に握手を交わす政治指導者たち。左からイゼトベゴヴィッチ（ボスニア幹部会議長），トゥジマン（クロアチア大統領），ミロシェヴィッチ（セルビア大統領）。

出所）ロイター＝共同。

いた。結婚の4分の1以上が他民族同士であった。そこに、クロアチアとセルビアの間の憎悪と対立が持ち込まれ、ムスリムがこれに巻き込まれたのである。

　スロヴェニア、クロアチアの独立宣言に刺激されたボスニア共和国は、1991年10月、自らも独立を宣言した。翌年1月、ECがスロヴェニア、クロアチアの独立を承認し、4月にはアメリカも3共和国の独立を一括承認した。部外者である大国の早すぎた承認とも言えた。欧米諸国によって3共和国の独立が既成事実化されていく中で、セルビアとモンテネグロは新ユーゴスラヴィア連邦共和国を宣言した。一方、カラジッチを指導者とするボスニアのセルビア人勢力はスロヴェニア、クロアチアに続くボスニアの分離に危機感を強め、新ユーゴスラヴィアの軍事支援の下で実効的な支配地域の拡大を目指し、独立を志向するクロアチア人とムスリムに対する武力攻撃を開始した。ボスニア政府は領土保全を図る方法として、独立の是非を問う「住民投票」を実施したが、セルビア人勢力は投票をボイコットし、武力対立の道を選んだ。「住民投票」という民主主義的試みが、かえって武力抗争の本格化の契機となり、その後は、クロアチア人勢力とムスリム勢力との武力紛争を含めて3民族間の三つ巴の壮絶な内戦が繰り広げられた。それぞれが領土分割を目指した戦闘は1992年4月から3年半に及び、セルビア人によるスレブレニツァ攻撃（ムスリム虐殺）をはじめ、集団殺戮、レイプなど「民族浄化」行為が繰り返された。この悲惨な戦争による死者はボスニア政府の主張によれば約20万人、難民・避難民は250万人に及んだ。

　国連は、新ユーゴスラヴィアがボスニアの紛争に不当に干渉しているとして経済制裁を課し、また、「人道的支援」を目指して国連保護軍（武装を強化したPKF）を派遣する一方で停戦に向けて仲裁を試みたが、効を奏さなかった。こうした事態に、アメリカは1995年8月からセルビア人勢力に対するNATO軍の本格的な空爆を梃子にして介入し、同年11月、アメリカのデイトンにおいて和平合意を実現させた [9-10]。

3）ユーゴスラヴィア紛争の特質

　ユーゴスラヴィア紛争は、冷戦の終結とソ連邦の消滅、ワルシャワ条約機構

第 9 章　冷戦後の世界と地域紛争　241

■ 9-10　デイトン合意によるボスニア分割地図（1995 年）

出所）月村『ユーゴ内戦』viii 頁。

の解体,そして一連の東欧革命に続いて勃発した。冷戦の終結と東欧諸国の革命は,ソ連による東欧支配と各国共産党の独裁という二重の支配からの市民の解放であった。ユーゴスラヴィアは,他の東欧諸国とは異なる独自の歴史を歩んできたが,社会主義体制とこれを支えてきた共産党の一党独裁体制の崩壊という点では,ソ連・東欧と同じ道に行き着いた。経済危機の深刻化の中で,共和国間にユーゴスラヴィア国家の在り方に関する対立が生じた。セルビアは「連邦」の継続を求めたが,クロアチア,スロヴェニアは解体後のソ連に倣って「国家連合」を目指し,共和国の独立を求めた。このような政治情勢を背景にクロアチア,スロヴェニアでは民族主義勢力が権力を奪取した。また,連邦や共和国における一党独裁の廃止と民主化の過程(共和国分権化,複数政党制の志向)が,それぞれの共和国内に民族主義の台頭を促すことになった。「セルビアのスターリン」と呼ばれたミロシェヴィッチは「大セルビア主義」を掲げて権力を奪取し,「クロアチアのヒトラー」と称されたトゥジマンに対抗した。ボスニアのムスリム勢力にもイゼトベゴヴィッチのような「民族主義」的指導者が台頭した。このような政治指導者たちは,それまでの多民族国家ユーゴスラヴィアを支えてきた「多元主義」を放棄し,それぞれに民族対立の「過去の記憶」を呼び覚ましながら民族主義を高唱し,国民の支持を調達したのであった。民族的アイデンティティの違いがただちに紛争につながるものではないことは,紛争以前のユーゴスラヴィアが,特にボスニア・ヘルツェゴヴィナにおける3民族の共存自体が示すところである。ユーゴスラヴィアの悲劇は政治権力闘争から始まったのである。

　この悲劇は「デイトン合意」では終結しなかった。紛争の連鎖は,1990年代の末にセルビア共和国(新ユーゴスラヴィア)の中の小さな自治州コソヴォへと連なった。そして,コソヴォ紛争は再びNATO軍による武力介入を招くことになったのである。

　コソヴォは,アルバニア人が居住者の90%を占める自治州であったが[9-11],1980年代から,ユーゴスラヴィア内での地位向上を求めるアルバニア人の運動が始まり,やがて分離・独立運動へと発展していった。ところが,セルビア人にとってコソヴォは,14世紀の末にセルビアのラザル王がオスマン帝国との戦いにおいて英雄的な戦死を遂げたという伝説の地であった。セル

■ 9-11　コソヴォ周辺地図

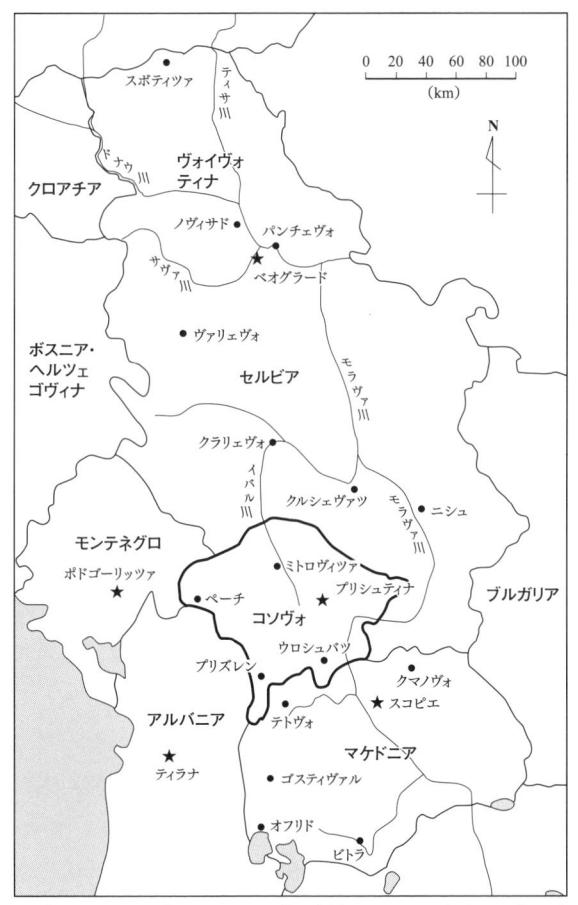

出所）S・タイラー『アメリカの正義の裏側――コソヴォ紛争その後』平凡社，2004年，6頁。

ビア民族主義の高揚の中で,「聖地コソヴォ」の分離はセルビア人にとって容認できる話ではなかった。ミロシェヴィッチは,コソヴォの自治を拡大するどころか,改憲によって自治州の権限を縮小するとともに,これに対するアルバニア人の抗議に武力弾圧をもって応えた。この弾圧は,穏健な抵抗運動を進めてきた「コソヴォ民主同盟」に代わって,1990年代末に「コソヴォ解放軍(KLA)」の台頭を促し,多数のアルバニア人武装勢力の跳梁跋扈をもたらした。KLAは,アルバニア共和国の秘密警察とのつながりを持ち,アメリカのCIAの資金提供も受けながら,アルバニアの社会主義体制の崩壊に伴って流入してきた武器で武装した過激な民族主義勢力であった。

　1998年にはKLAによるセルビア人に対するテロ行為が頻発し,これに対してセルビア治安部隊による大規模な掃討作戦が繰り返された。掃討作戦は,老人,女性,子供を問わぬ無差別殺戮を伴い,その結果,アルバニア人住民の多数をKLA支持に傾斜させていった。こうした事態に国連安保理は,KLAのテロ行為を非難するとともに,「セルビア警察の過剰な武力行使を糾弾」する決議を採択した（1998年3月）。米政府は,1998年前半まではコソヴォ民主同盟をアルバニア人勢力の代表とみなし,KLAをテロリストの組織として非難していた。ところが,同年夏以降,米政府と国連安保理は「セルビア治安部隊とユーゴスラヴィア軍による過剰かつ無差別な武力の行使」の非難に傾き,KLAの暴力への言及を行わなくなった。この頃から,「セルビアによる民族浄化」行為の喧伝が始まった。1999年1月,ラチャク村付近でアルバニア人40人以上が殺害される事件が起きたと報じられた。クリントン米大統領は,「民間人虐殺」を糾弾し,NATO軍によるセルビア懲罰を示唆した。その後,欧米6カ国による和平交渉（ランブイエ交渉）が行われたが,セルビアは,ラチャク事件を否定するとともにNATOによるコソヴォ占領・統治を拒否し,交渉は失敗した。

　3月24日,NATO軍によるユーゴ空爆が開始された。空爆は78日間に及んだが,この間にセルビア治安部隊によるアルバニア人への攻撃は激しさを増し,コソヴォ周辺にセルビアからのアルバニア人難民が大量に流出することになった。事態は,ミロシェヴィッチがついに欧米諸国の要求を受け入れることによって一旦は収束したが,大国の武力介入は決して平和につながらず,

■ 9-12　NATOの「新戦略概念」（2010年）

(1) 2010年11月に開催されたリスボン首脳会合は，1999年4月のワシントン首脳会合以来11年振りに新たな「戦略概念」（以下「新戦略概念」という。）を採択。新戦略概念は，21世紀の安全保障環境における新たな課題により効果的に対処するため，NATOの役割を再定義。

(2) 「新戦略概念」の骨子
　(イ) NATOの任務
　　・「集団防衛」，「危機管理」及び「協調的安全保障」がNATOの中核的任務。
　　・NATOはいかなる国も敵とはせず，加盟国の領土及び国民の防衛が最大の責務。
　(ロ) 防止・抑止
　　・NATOは，国民の安全に対する脅威を抑止・防護するために必要なあらゆる能力を保持（具体的内容は，以下のとおり。）。
　　　―核・通常兵力の適切な調和を維持。核兵器が存在する限りNATOは核の同盟。
　　　―弾道ミサイル攻撃から国民及び領土を防護するミサイル防衛能力を集団防衛の中核として開発。ミサイル防衛に関し，ロシア及び欧州・他の大西洋地域のパートナーと積極的に協力。
　　　―大量破壊兵器（化学兵器，生物兵器，核兵器等）の脅威，サイバー攻撃，国際テロに対する防衛能力の更なる向上。
　(ハ) 危機管理を通じた安全保障
　　・NATO加盟国の領土及び国民の安全保障上の直接の脅威となり得る域外の危機・紛争に対し，可能かつ必要な場合には，危機の防止・管理，紛争後の安定化及び復興支援に関与。
　(ニ) 国際的安全保障の促進
　　・冷戦後，欧州の核兵器は大幅に削減されたが，更なる削減には，ロシアによる核兵器の透明性向上，核兵器のNATO加盟国から離れた位置への配置転換が必要。
　　・既存のパートナーシップを更に発展させるとともに，平和的な国際関係に対する関心を共有する国・機関との政治対話及び実務協力を促進。
　(ホ) ロシアとの関係
　　・NATO・ロシア間の協力は，戦略的に重要。ミサイル防衛，テロ対策，海賊対策を含む共通の関心分野における政治対話及び実務協力を促進。

（外務省。http://www.mofa.go.jp/mofaj/area/nato/gaiyo.html/　2011/04/14）

NATO軍のコソヴォ侵攻の後にはアルバニア人による「民族浄化」行為が続き，セルビア人難民の大量発生につながった[7]。

ラチャク事件やランブイエ交渉は，空爆を実現するための世論操作に使われたという主張もある。ベーカー元米国務長官は，ユーゴ問題は，ソ連の脅威の減少にもかかわらずアメリカとNATOの存在が必要であることをヨーロッパ諸国に認めさせるための「うってつけの試験台だった」と回顧している。NATOはこの空爆を通して，冷戦後の新たな役割を発見したのである。1999年4月NATO首脳会議は「21世紀のNATO軍事新戦略概念」を発表し[9-12]，NATO軍の「域外派遣」，「域外展開」，「非5条危機」の概念を確認した。すなわち，冷戦後のNATOの役割は，「人道的介入」を含む域外における紛争への武力介入にあるというのである。また，このNATOによる空爆が国連安保理の決議なしに行われたという点は重大である。この事件は，大国による「人道的介入」が多くの場合，自国の都合や国益に基づいて，国連憲章の内政不干渉原則や武力不行使原則までをも突破してしまうことを示した事例であった。

7）スコット・タイラー『アメリカの正義の裏側——コソヴォ紛争その後』佐原徹哉訳，平凡社，2004年。

■参考文献
- O・A・ウェスタッド『グローバル冷戦史――第三世界への介入と現代世界の形成』佐々木雄太監訳，名古屋大学出版会，2010年．
- デービッド・ハルバースタム『静かなる戦争――アメリカの栄光と挫折』上・下，小倉慶郎他訳，PHP研究所，2003年．
- 月村太郎『ユーゴ内戦――政治リーダーと民族主義』東京大学出版会，2006年．

第10章 中東紛争と湾岸戦争

1 中東紛争と大国の歴史的責任

1) 中東問題とは何か

　今日なお暴力の連鎖が絶えず，連日死者を伴った武力抗争が伝えられる地域のひとつが中東である。「中東（Middle East）」とは，20世紀初頭にイギリスをはじめ欧米列強がアジア進出の過程で「極東（Far East）」に至る途上の戦略的対象として使用し始めた地域概念で，この地域の社会の内発的な要素によって形成された地域的まとまりではなく，したがって地理的範囲も必ずしも確定的ではない [10-1]。この地域の住民の大多数はアラブ（アラビア語を母語とする人々）であるが，ペルシャ人，アルメニア人，クルド人，トルコ人を含めて構成は多様である。宗教に関してはイスラーム教徒が多数であるが，ユダヤ教徒やキリスト教徒のアラブ人も存在し，エルサレムはこの3つの宗教の聖地であった。

　長い間，オスマン帝国の支配下にあり，主として遊牧民族が居住していたアラビア半島北部のパレスチナ，シリア，メソポタミアは，第一次世界大戦の後にイギリス，フランスによって分割され，国際連盟の委任統治領として両国の実質的支配下に置かれた。この時に作られた人工的な国家領域が，その後の紛争原因のひとつである。イラクからモロッコにまで広範にわたって居住するアラブ人が複数の国家に分断され，民族，部族，宗教などエスニックな集団のまとまりを無視した恣意的な国境線が引かれた。同一民族の分断，その結果として生じた一国内および隣国にまたがる民族対立，宗教対立などがこの地域の特徴となった。さらに，この地域には，地域の覇権をめぐる国家間・王朝間の抗

■ 10-1　広い意味での中東地域

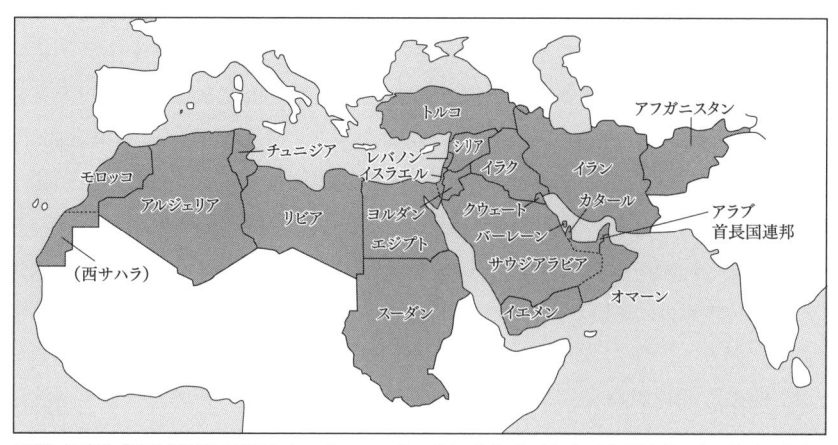

出所）外務省『2002年版外交青書』。http://www.mofa.go.jp/mofaj/gaiko/bluebook/2002/gaikou/html/zuhyo/index.html

争が存在し，そこに石油利権をめぐる欧米列強の介入が加わったのである。

1950年代から台頭したアラブ民族主義は，人工的な国境線を前提に旧支配国に依存して延命を図ってきた王制・首長制と対立し，エジプトやイラクにおいて民族主義政権を樹立した。民族主義者は汎アラブ主義を掲げたが，アラブ諸国家間に常に統一が図られたわけではなかった。そのアラブの結束を促し，中東における紛争の核となったのが，第二次世界大戦後につくられた人工的な国家イスラエルの存在であった。今日にまで続く紛争の本質的要素は「パレスチナ問題」，すなわちパレスチナをめぐるユダヤ人（イスラエル）とパレスチナ人（パレスチナに定住していたアラブ人）との紛争である。4次にわたる「中東戦争」のうち，第二次中東戦争（スエズ戦争）は性格が異なった戦争であったが，他の3回の戦争は，いずれもイスラエルと周辺のアラブ人・アラブ諸国家とのパレスチナをめぐる紛争であった。このパレスチナ問題の起源は約100年前に遡るが，その原因の形成や問題の深刻化には，イギリスをはじめ大国の歴史的な責任を認めることができる。

2）パレスチナ問題の歴史的背景

19世紀末のヨーロッパで，テオドア・ヘルツルの提唱によってシオニズム運動が始まった［10-2］。1897年の第1回シオニスト会議が採択した「バーゼル綱領」［10-3］は，ヨーロッパ各国において抑圧を被ってきたユダヤ人の「ナショナリズム」を興し，植民活動によって世界のどこかにユダヤ人の郷土（国家）を建設する運動を提起した。やがてこの運動は，当時，アラブ人が定住していたパレスチナ地方を，旧約聖書に基づいて「シオンの丘」，「イスラエルの地」，「約束の地」と認識し，「シオンに帰れ」を合言葉に移民を進めた。

第一次世界大戦のさなかに，エジプトのイギリス高等弁務官マクマホンはメッカのシャリフであったフセインと書簡を交わし，戦後のアラブ独立を約束してオスマン帝国に対抗する軍事行動への協力を求めた（フセイン・マクマホン書簡［1-11b］）。また，戦争の長期化に伴って財政的困難に陥りつつあったイギリスの外相バルフォアは，ユダヤ人からの財政援助を期待して在英ユダヤ人協会会長ロスチャイルドに書簡を宛て，戦争終結の後にパレスチナにユダヤ人の「ナショナル・ホーム」を建設することを英政府は支持すると表明した（バ

■ 10-2　テオドア・ヘルツル『ユダヤ人国家(ユーデンシュタート)』〈抜粋〉

　パレスチナを選ぶか，それともアルゼンチンを選ぶか。〈組織〉はどこであれ与えられるものをとり，ユダヤ人世論の好むところをとるだろう。……アルゼンチンは世界で最も肥沃な国のひとつであり，広大なわりに人口が少なく，気候もよい。われわれにその領土の一部を譲ることは，アルゼンチン共和国自体にとって利益のあることである。……パレスチナはわれわれにとって忘れがたい歴史的郷土である。その名は，すばらしく効果的な召集の呼び声となるだろう。もしスルタン陛下（オスマン帝国）がわれわれにパレスチナを与えるとなれば，こちらはお返しにトルコの財政の完璧な管理を引受けてよい。われわれはそこでアジアにおけるヨーロッパの防壁の一翼を担い，野蛮に対する文明の前哨を形づくるだろう。われわれは中立国として全ヨーロッパと接触を保ち，このことによってわれわれの存在は保証されるだろう。キリスト教の聖地は国際化された〈外領〉という形式にすればよい。
（中東の平和をもとめる市民会議編『パレスチナ問題とは何か』未来社，1991年，32頁）

■ 10-3　バーゼル綱領
　シオニズムの目的は，ユダヤ人のためにパレスチナに公法により保証された一つの郷土を創設することである。会議はこの目的を達成するために以下のごとき諸手段について考慮する。
　1　ユダヤ人農業・工業労働者のパレスチナ植民を適切な方針にしたがって促進すること。
　2　各国の法律に準拠しつつ目的にかなった諸機関を国別に，また国際的に設立することにより，ユダヤ人を総体として組織し結集すること。
　3　ユダヤ人の民族感情および民族意識の強化・育成。
　4　シオニズムの目的実現に対する（強国の）政府の承認を必要に応じてとりつけていくための準備的諸措置。
（同上）

ルフォア宣言［1-11b］）。さらに，英政府は，大戦の開始直後から戦後における中東への支配拡大を戦争目的とし，この地域の分割を仏，露両政府と密約した（第1章を参照）。戦争終結後，サンレモで開かれた連合国会議において英，仏両国は，新たに建国されたトルコ共和国領とアラビア半島を除くオスマン帝国領を国際連盟の委任統治領として両国で分割統治することを決めた［1-12b］。パレスチナはイギリスの委任統治領とされた。これは，フセイン・マクマホン書簡ともバルフォア宣言とも矛盾する政策で，アラブ，ユダヤ双方からの不満を招いた。

　バルフォア宣言に力を得て，イギリスの委任統治領となったパレスチナへのユダヤ人の入植が加速した結果，パレスチナ人とユダヤ人との紛争が多発するようになった。1930年代になると，ドイツをはじめヨーロッパにおいてナチズムの迫害を受けたユダヤ人が大挙してパレスチナに流入し，1936年までにユダヤ人は居住者の40％を占めるまでになった。その頃からパレスチナ人とユダヤ人移住者との間に武力衝突が頻発し，また，アラブ，ユダヤ双方の憤懣は統治者であるイギリス当局に向けられることにもなった。英政府はユダヤ人入植者の制限によって事態の鎮静化を図ろうとしたが，過去におけるユダヤ人迫害に対するヨーロッパ諸国の贖罪意識や，ナチスによる迫害に強い同情を寄せるアメリカからの圧力もあって，ユダヤ人入植を押し止めることができなかった。事態の深刻化に耐えかねた英政府は，1947年にパレスチナ統治を放棄し，問題を国連に委託した。

　国連総会は，パレスチナをユダヤ人とアラブ人の国家に二分割し，エルサレムを国際都市とする決議を行った。この決議に基づいて1948年にイスラエルが建国宣言を行い，米，ソ両国がこれを承認した。しかし，アラブ人は国連決議の受諾を拒否し，イスラエルの建国に真っ向から立ち向かった。ここにパレスチナにおけるアラブ，ユダヤの武力紛争が開始され，周辺のアラブ5カ国も派兵し，パレスチナ戦争（第一次中東戦争）が戦われたのである。戦争はイスラエルの勝利に終わり，イスラエルは国連決議がユダヤ国家と定めた領域を超えて領土を拡張した［10-4］。かつてパレスチナに定住していたアラブ人は暴力的に故郷を追われ，170万人が難民となって周辺のアラブ諸国に流出した。戦後のパレスチナ問題の始まりであった。

■ 10-4 パレスチナ問題の起源

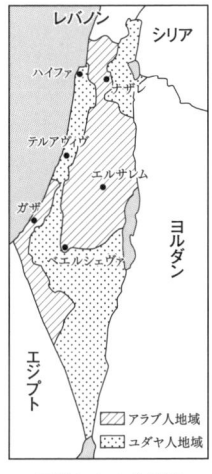

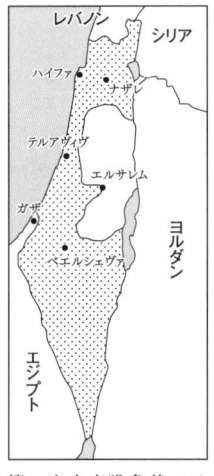

国連による分割案 / 第一次中東戦争後のイスラエル

出所) 髙橋和夫『アラブとイスラエル——パレスチナ問題の構図』講談社現代新書，1992年，41頁。

3）領土問題とパレスチナ人の自決権

　パレスチナ戦争での敗北は，パレスチナ難民だけでなく周辺のアラブ人たちに屈辱感とイスラエルに対する敵対心を広げた。貧弱な武器と食糧とずさんな軍事計画の下で血みどろの戦いを強いられたエジプト軍の中に，ナセルをはじめ若い陸軍兵士が含まれていた。1952年7月，この兵士たちの組織「自由将校団」によるクーデターで王制が倒され，エジプトに民族主義政権が誕生した。彼らに革命をはっきりと意識させたのは，パレスチナの戦場でのみじめな体験であったという。民族主義政権は，腐敗したエジプトの指導者を操ってきたイギリスに対する怒りとイスラエルに対する憤怒と屈辱感を民衆と共有し，イスラエル国家の正当性を否認した。

　1956年夏，ナセル政権は，米，英両政府がエジプトのアスワン・ハイ・ダム建設に関する援助要請を侮辱的な仕方で拒否したことへの対抗措置として，英，仏両国が所有していたスエズ運河会社の国有化を宣言した。これに対して，英，仏両政府がイスラエルと共謀し，スエズ運河地帯の軍事的再支配をもくろんだ戦争がスエズ戦争（第二次中東戦争）である。この戦争には，イスラエルの参戦という形でパレスチナ問題がかかわってはいたが，本質的にはアラブ世界に対する英，仏の植民地主義的侵略戦争であった。

　その後の中東紛争の展開にとって重要だったのは，第三次中東戦争（六日間戦争）である。1967年6月，周辺のアラブ諸国における民族主義の高揚と反イスラエル・テロ行為に対抗することを目的に，イスラエル軍はエジプトおよびシリアに対して先制攻撃を仕掛け，6日間のうちにシナイ半島全域（エジプト領），ゴラン高原（シリア領），ヨルダン川西岸（ヨルダン領）を占領・支配し，エルサレム旧市街を併合して「永遠で不可分のイスラエルの首都」と宣言した［10-5］。ことを重大視した国連安保理は，イスラエル軍隊の撤退を求め，「同地域のすべての国の平和的に生存する権利」の保障を求める決議を行った（決議242号）。しかし，この決議には重大な欠陥が存在した。第一に，イスラエルに対して，第一次中東戦争以来の「すべての占領地」からの撤退を求める趣旨を明確にせず，「最近の紛争において占領された領土」からの撤退とした点である。第二に，この決議がパレスチナ人を「難民」と規定し，その民族自決権を事実上無視した点であった。このような欠陥をはらんだ決議にもかかわ

■ 10-5　第三次中東戦争でのイスラエルの占領地

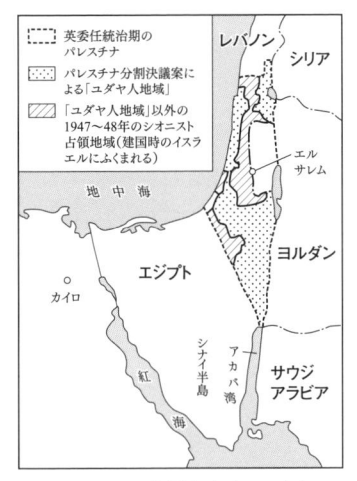

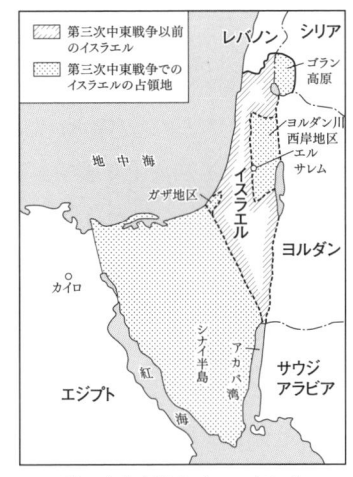

イスラエル建国当時（1948 年）　　　第三次中東戦争（1967 年）後

出所）土井正興・浜林正夫他『戦後世界史』上，大月書店，1988 年，114 頁。

らず，イスラエルはこれを無視して広範な占領地に居座り，米，ソをはじめ大国はこれを黙認したのである。

　1964年に，アラブ諸国のてこ入れで，イスラエルに対抗するアラブ民族主義の組織PLO（パレスチナ解放機構）が結成された。翌65年にはパレスチナ人の主体的解放組織ファタハが登場し，イスラエルに対する独自の武装闘争を開始した。1967年の第三次中東戦争の惨敗によってPLOに対するエジプトなどの影響力が後退したが，代わってファタハがPLOに参入し，1969年にはファタハの指導者アラファトがPLO議長に就任した。アラファト指揮下のPLOは，ヨルダン，レバノンを拠点に武装闘争を展開した。イスラエルはこれに「テロリスト」と刻印し，国防軍による報復攻撃を繰り返した。

　1973年10月，サダト政権のエジプトとバース党政権下のシリアは，「六日間戦争」で失った領土の奪回を目指してイスラエル攻撃を開始した。第四次中東戦争（ヨム・キープル戦争）である。緒戦はエジプトに有利に展開したが，イスラエルも反撃に出た。この時，アメリカは，イスラエルとエジプトに圧力を行使して戦争を終結させた。国連安保理は，1967年の決議242のすべての部分の履行を求める決議338を採択した。数次にわたる外交交渉の結果，イスラエルの部分的撤退は実現したが，領土問題の本質的な改善はなかった。

　翌1974年11月，国連に重要な動きが生じた。国連総会にPLOがオブザーバーとして参加し，アラファト議長が演説を行った［10-6］。総会はパレスチナ人の民族自決権を確認し，「追放され奪われた郷里と財産に復帰する固有の権利を再確認し，かつ彼らの復帰を要請する」決議を採択した。国連において多数を占めるようになった新興独立諸国の力がその背景にあった。

4）和解の試みと挫折

　1977年，エジプト大統領サダトはイスラエルを訪問し，和平交渉を進める意思を明らかにした。両国はカーター米大統領の調停の下でキャンプ・デーヴィッドにおいて会談し，シナイ半島のエジプトへの返還，ヨルダン川西岸の自治に向けての交渉開始に合意した。1979年3月，エジプト＝イスラエル平和条約が調印された。他のアラブ諸国はこの単独講和を非難し，汎アラブ主義の結束を壊したとされたサダトは1981年に暗殺された。平和条約によってエ

■ **10-6　国連総会でのアラファト演説**（第 29 回国連総会，1974 年 11 月 13 日）〈抜粋〉

　これは非常に重要な機会です。パレスチナの問題が国連で再検討される。私達は，私達の民族にとってと同様，これは世界的な機関（国連のこと）にとっての勝利であると考えます。
　革命家とテロリストの違いは何のために戦っているかという理由にあります。なぜなら正しい目的のためにそして自分自身の土地を侵入者，植民者，植民地主義者から解放し，自由なものにしようとしているものは決してテロリストと呼ぶことは出来ません。さもなければ，イギリス植民地主義者からの解放のために戦ったアメリカ人はテロリストになります。ヨーロッパにおけるナチに対するレジスタンスはテロリズムになります。アジア，アフリカ，ラテンアメリカの人々の闘争もテロリズムということになるでしょう。
　私は反抗者であり，自由が私の目標です。ここに今日いる多くの人々のなかには，私がいま戦わなければならないのと同じ，抵抗の立場にたったことがある人々がいるはずです。あなたたちは闘争によって自分の夢を現実化しなければならなかった。ですからあなたがたは今，私の夢を共有しなければならない。それが今，私があなたがたに助けをお願いしている理由だと思うのです。一緒に，夢を輝く現実にする——パレスチナの神聖な土地のうえに平和な将来をうちたてるという共通の夢を共有してください。
　今日私はオリーブの枝と自由の戦士の銃をもってやってきました。どうかオリーブの枝を私の手から落とさせないでください。くりかえします。どうかオリーブの枝を私の手から落とさせないでください。
　戦火はパレスチナの地に燃えあがります。しかし平和が生まれるのはパレスチナです。

（『パレスチナ問題とは何か』91-92 頁）

ジプトがイスラエル包囲網から離脱したことは，中東の戦争の鎮静化という点で意味はあったが，他方，これによってパレスチナ問題の本質的な部分がいっそう明らかになった。

1982年，イスラエルはPLOのテロ行為を口実にレバノンへ侵攻した。ベイルートに拠点を構えていたPLOはレバノン全域から撤退を余儀なくされた。追いつめられたPLOは，1987年からヨルダン川西岸やガザ地区などイスラエル占領地において反イスラエル民衆蜂起（インティファーダ）を組織し，抵抗の闘いを継続した。

PLOはアラブ民族主義を最も戦闘的に体現する組織ではあったが，その武装闘争はアラブ諸国政府の利害との間に様々な矛盾を生んできた。後述する湾岸戦争においてイラクを支持したPLOは，国際的威信の失墜を招くと同時に，アラブ諸国からの支援をも失うことになった。この機をとらえた米政府は，PLOとイスラエル政府に圧力を行使し，交渉を迫った。この動きは，ノルウェー政府の仲介による秘密交渉を経て，1993年9月，「パレスチナ暫定自治に関する原則合意」（オスロ合意）の調印に到達した［10-7］。合意は，①イスラエルはPLOをパレスチナ人の正式な代表と認め，PLOはイスラエルの生存権を認め，相互に交渉当事者性を確認すること，②イスラエルが占領する地域にパレスチナ人による暫定自治を実施するという2つの柱から成る。「原則宣言」は，両者が「領土と和平の交換」原則に基づき，「5年を超えない移行期間の間に，ヨルダン川西岸地区とガザに暫定自治政府を作り，国連安保理決議242および338に基づく恒久解決に至る」こと，すなわちイスラエルの占領地からの全面撤退を実現して歴史的和解を達成する旨をうたった。パレスチナ問題解決への大きな一歩であった。

ところが，イスラエル世論はパレスチナ国家に占領地を空け渡すことに懐疑的で，右翼勢力はラビンを売国奴と非難した。ラビンは2年後に「大イスラエル主義」の信奉者によって暗殺された。後継のイスラエル政府や右翼勢力は，占領地域へのユダヤ人の政策的入植を既成事実化してパレスチナ人の自治実現を妨害し，あるいはヨルダン川西岸地区との境界に分離壁を建設し，3つの宗教の聖地として国際化が約束されたエルサレムへのパレスチナ人の行き来を困難にするなど，ムスリムの宗教感情を逆なでする行為を重ねた［10-8a, b］。

■ 10-7　オスロ合意（1993年9月）

クリントン大統領の調停に促され，握手するラビン首相とアラファト議長。
出所）D. Reynolds, *One World Divisible : A Global History Since 1945*, New York : Norton, 2000.

他方，このような情勢の下で暫定自治に合意したアラファトとPLO指導部も，一部のパレスチナ人から腐敗した権威主義者とみなされ，PLO内部ではイスラーム過激派ハマスの勢力が拡大した。ハマスは，ラビン政権との合意を無視し，占領地区ばかりかイスラエル内部において自爆テロを含めた武装闘争を激化させた。2001年に成立したイスラエルのシャロン政権は，あらためてアラファトとPLOをテロリストと決めつけ，平和的解決の可能性を否定するとともに，ハマスのテロに対しては国防軍による国家的テロをもって応えた。同年9月11日のアメリカにおける「同時多発テロ」をきっかけに「テロとの戦争」を掲げたブッシュ（Jr）米政権の政策は，イスラエルの強硬派に力を与えた。

　ところで，パレスチナ問題の場合も，アラブとユダヤの違いが必然的に紛争につながったわけではない。20世紀初頭までパレスチナの地には，人種，言語，宗教などの差異を超えた共通の一体感が存在したと見ることができる。パレスチナ問題には，帝国主義的意図に基づいてなされた恣意的な国境の画定や，国連によるパレスチナ分割決議とイスラエル国家の創出という，人為的な要素がきわめて大きい。また，アラブとユダヤを紛争に導いた要因のひとつはシオニズム運動であった。シオニズムは，自らの「自決権」を主張しつつ，他者の自決権を無視し，一方的にパレスチナへの入植運動を進めた。さらに，ナチスによるユダヤ人の迫害（ホロコースト）という人為が，ユダヤ人のパレスチナへの大量流入を引き起こしたのである。

　国連の分割決議が先住アラブ人にとって不本意であったことは想像に難くない。しかも，占領地からの撤退勧告を含む国連の決議のいっさいを無視し続けたイスラエルの行為と，これを黙認し続けた国連と大国の政治姿勢が，イスラエルの強硬派を勇気づけ，パレスチナ民衆の絶望感を招いたことも間違いない。「差異の争点化」という点では，政治基盤の拡大を常にアラブに対する強硬路線に求めたイスラエルの右翼的政治勢力と，民衆のどうしようもない閉塞感に依拠した武装テロ・自爆テロを繰り返しながら紛争を深刻化させたハマスの運動にこれを認めることができる。

■ 10-8a　ヨルダン川西岸のユダヤ人入植地と分離壁（2008年）

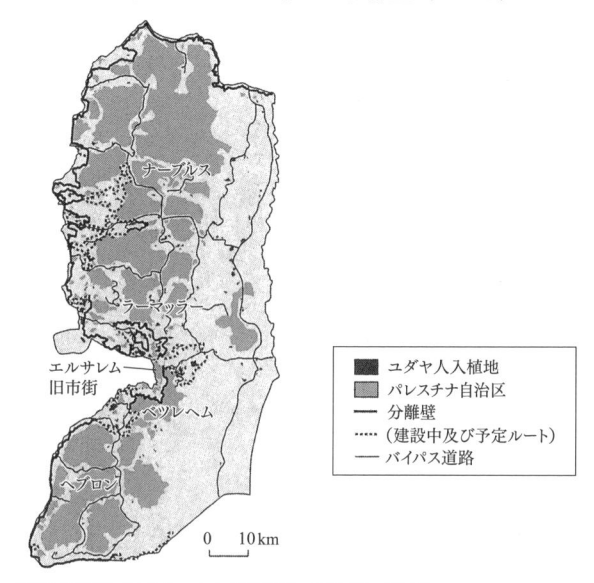

凡例：
- ユダヤ人入植地
- パレスチナ自治区
- 分離壁
- ……（建設中及び予定ルート）
- バイパス道路

地名：ナーブルス、ラーマッラ、エルサレム旧市街、ベツレヘム、ヘブロン

出所）臼杵陽『イスラエル』岩波新書，2009年，201頁。

■ 10-8b　東エルサレムの分離壁

東エルサレムのパレスチナ人居住地区とユダヤ人入植地を分離する壁。
出所）毎日新聞社提供。

2　湾岸戦争とその遺産

1) イラク＝クウェート紛争と湾岸危機

　1990年8月2日未明，イラク軍がクウェートへ侵攻した。この絵にかいたような侵略行為に国際連合は迅速に対応した。その日のうちに国連安保理は，平和の破壊が存在すると決定し，イラクの侵略行為を非難するとともにイラク軍の即時無条件撤退を要求した［10-11］。これに対してイラク政府は，事態は「クウェートの国内問題」であり，イラクは「クウェート暫定自治政府」の要請に応じて安全と秩序確立を援助しているのだと抗弁した。しかし，この主張は8月8日のイラクによるクウェート併合宣言によって瓦解した。

　次いでイラク政府は，本来アラブ民族は一体であったが，クウェートは植民地主義者によってイラクから分離させられたのであって，イラクは奪われた国土を統一したにすぎないと主張した。なるほどクウェートは，かつてこの地域がオスマン帝国の支配下にあった時期に，現在のイラクのバスラ州の一部を構成していた。1899年，イギリスはロシアの南下に対抗すると称してこの地域を軍事占領し，1961年に至るまで支配下に置いた。イラクの国境線も第一次世界大戦後にイギリスによって恣意的に決定された［10-9］。しかし，このような歴史的事情を理由とする国境線の一方的変更や，ましてや武力による隣国の併合が国際法上正当化されうる余地はまったくない。イラク政府が1963年にクウェートの独立を承認した事実を引くまでもなく，イラクの行為は主権の侵害であり侵略であった。

　第一次世界大戦後，パレスチナからメソポタミアに及ぶ地域を獲得したイギリスは，やがてヨルダンとイラクを王国として独立させた。しかし，両国はイギリスの保護の下で，中東におけるイギリスの橋頭堡の役割を担い続けた。イラクでは，1950年代に親イギリスの王制が打倒され，1968年には，「外国支配からの自由，アラブ民族の統一，社会主義」を掲げるバース党が政権を掌握した。そして，1979年に大統領に就任したサダム・フセインの下で，イラクは極端な軍事的強権国家に成長した。

　この地域の人工的な国境の矛盾はイラク国内にも現れた。石油利権に着目し

■ 10-9 イラク＝クウェートの国境

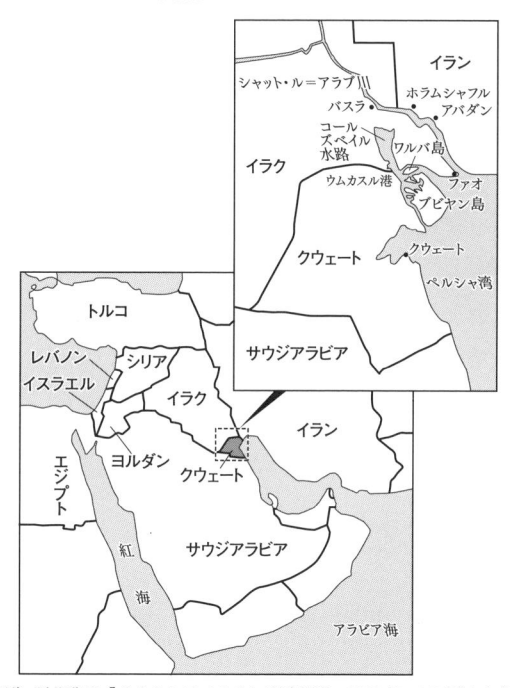

出所）酒井啓子『イラクとアメリカ』岩波新書，2002 年，103 頁より作成。

■ 10-10 クルド人居住地域

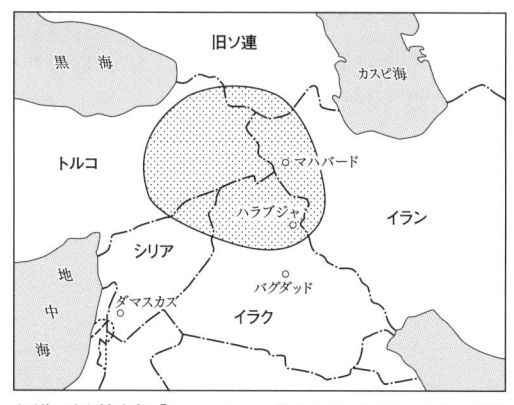

出所）平山健太郎『エルサレムは誰のものか』NHK 出版，1992 年，141 頁。

て委任統治領の境界を北に拡大したイギリスの政策ゆえに，クルド人の居住地域（クルディスタン）はトルコ，イラク，イランに3分割され，イラクのクルド人は少数民族としてイラク国境内に取り込まれた［10-10］。サダム・フセインは，このクルド人の独立運動や南部に居住するシーア派ムスリムの反体制運動をスケープ・ゴートとして武力弾圧を続けながら，暴力的に政敵を退け，独裁的な政治支配を作り上げたのである。バース党に軍事力を提供したのはイラクとの親密な関係を構築したソ連であり，また，イランにおけるイスラーム革命に続いて1980年にイラン＝イラク戦争が始まると，米，英もこぞってフセイン体制に軍事支援を行った。オイル・ダラーが豊富なイラクは欧米の「死の商人」にとっても格好の顧客であった。グロテスクなサダム・フセインのイラク国家は，以上のような経緯でできあがった。

2) 湾岸紛争と国連

　1990年8月12日，イラク政府は，クウェートからの撤退の条件として，①イスラエル軍のパレスチナからの撤退，シリア軍のレバノンからの撤退，②サウジアラビアに駐留する「多国籍軍」の撤退とこれに代わるアラブ軍（エジプト軍を除く）の駐留，③イラクに対する経済制裁の凍結，を要求した。クウェートからの撤退をアラブ・イスラエル問題とリンクしようというフセインのもくろみは，国連をジレンマに陥れたが，8月2日以降の国連安保理の迅速な対応［10-14］は，多くの人々に国連の機能復活への希望を抱かせた。安保理は，8月6日には憲章第41条に基づいて，イラクに対する非軍事的制裁（経済制裁）の実施を決議した（決議661）［10-12］。国連憲章が本来想定した41条の発動は，これが史上最初であった。

　侵略開始直後から，安保理における審議は一貫してアメリカのイニシアチブの下にあったが，決議661までの安保理の決定は国連の内外においてコンセンサスを形成していた。ところが，8月中旬以降，米政府の思惑に従って事態が進められ，安保理はこれに追随するように決議を重ねるという姿が見えてきた。

　8月25日，安保理は，決議661の実施のためにペルシャ湾や紅海に「海軍部隊を展開している加盟国に対して」，「個別の状況が必要とするかもしれない

■ 10-11　国連安保理決議660（1990年8月2日採択）〈抜粋〉

　安全保障理事会は，1980年8月2日のイラク軍によるクウェート侵攻に驚き，イラクのクウェート侵攻にかんして，国際の平和と安全への違反が存在すると裁定し，国連憲章第39，40条のもとで行動し，
1　イラクのクウェート侵攻を非難する。
2　イラクがただちに，無条件ですべての自国軍隊を1990年8月1日に配置されていた地点まで撤退させることを要求する。
3　イラクとクウェートがただちに，両国の意見の相違の解決のために集中的な交渉を開始するよう求め，これにかんするあらゆる努力，とくにアラブ連盟の努力を支持する。
4　本決議の遵守を保証するいっそうの手段を検討するため，必要がある場合にはふたたび会議を開くことを決定する。
(UN Documentation Service, Security Council Resolution 660, 1980. http://daccess-ods.un.org/TMP/ 8925787.80651093.html)

■ 10-12　国連安保理決議661（1990年8月6日採択）〈抜粋〉

　安全保障理事会は，1990年8月2日の決議660を再確認し……国連憲章第7章のもとで行動し，
1　これまでイラクは，決議660第2項を遵守しておらず，クウェートの合法政府の権能を奪っていると裁定する。
2　その結果，イラクによる決議660第2項の順守を保証し，クウェートの合法政府の権能を回復するため，以下の手段を講じることを決定する。
3　すべての国家が次のことを阻止することを決定する。
　(a)本決議の日付以降，イラクまたはクウェートから輸出される両国産のすべての商品，製品の自国領土内への輸入。
　(b)イラクまたはクウェートからのすべての商品または製品の輸出または積み替えを助長する……自国民による，または自国領土内におけるすべての活動。……イラクまたはクウェートから輸出される両国産のすべての商品と製品の……すべての取引。
　(c)自国領土で生産されたか否かにかかわらず，自国民による，または自国領土からの，あるいは自国旗船を利用した，武器またはその他の軍事装備を含む，ただし，厳密に医療目的を意図した物資および人道的事情による食糧を含まない，あらゆる商品と製品の，イラクまたはクウェートのあらゆる個人または組織……への売却または供給。
4　すべての国家が，イラク政府に対し，またはイラクとクウェートの商業，工業，公益の事業に対して，いかなる資金，あるいはその他の金融または経済資源をも利用させるべきではなく，……もっぱら厳密に医療上または人道的目的の，また人道的事情による食糧のための支払いを除き，イラク，クウェート内の個人，組

措置を取るように」要請する決議 665 を採択した。米政府は，この決議は限定的な武力行使を容認したと解釈した。なるほどこの決議原案には「最小限の武力の行使」への言及があったが，これを不適切とする中国の主張をいれて削除された経緯があった。国連憲章は経済制裁と軍事制裁を明確に区別しており，武力行使決議は 42 条に基づくしかない。41 条の実効性を確保するために武力行使を認めるというのは明らかに不適切であった。キューバとイエメンは，この点の不明確さを理由に決議に反対した。

　11 月 29 日に採択された決議 678 [10-13] は，湾岸危機をめぐる国連の活動の分水嶺をなしただけでなく，その後の国連による紛争解決や地域紛争に対する大国の政策を方向付ける意味でも，きわめて重要な決定であった。決議は，イラクに対して 8 月 2 日以降の安保理決議のすべて [10-14 を参照] の完全な遵守を要求しつつ，1991 年 1 月 15 日までにこれを履行しない場合には，クウェート政府と協力する加盟国に「必要なあらゆる手段を行使する権限を付与する」とした。決議 678 が加盟国に武力行使を認めたものであることは明白であった。しかし，この決議は憲章に照らして重大な問題をはらんでいた。

　すなわち，武力行使禁止原則に立つ国連憲章は，国連による武力行使に関しても厳重な手続きを求めている。侵略国に対する軍事的制裁の根拠は憲章第 42 条以外にありえない。しかし，決議 678 は「第 7 章のもとで行動し」と述べるにとどまり，42 条には言及していない。仮に 42 条に依拠するならば，経済制裁措置では不十分であるという認定と，43 条以下に定められている軍事力行使の手続（例えば，国連軍事参謀委員会の下での国連軍の編成と指揮権）が必要である。決議 678 にはそのどちらもが欠落している。言うなれば，「国連軍」ではなく加盟国から成る「多国籍軍」による武力行使を想定した決議 678 は，その根拠を 42 条に求めることが不可能だったのである。じつは，安保理が加盟国の一部に武力行使を勧告するという趣旨は，憲章のどこにも定められていない。

　米軍を中心にサウジアラビアの砂漠に集結した「多国籍軍」[10-15] による「戦争瀬戸際」の脅迫は，意固地な小国には効き目がなかった。デクエヤル国連事務総長による最後の説得もフセイン大統領の翻意を促しえなかった。なぜなら，国連は最後通牒的な決議によって紛争当事者の一方にコミットしてし

織に対してその他いかなる資金を送金することも阻止すべきであることを決定する。
(UN Documentation Service, Security Council Resolution 661, 1990. http://daccess-ods.un.org/TMP/5344334.84077454.html)

■ 10-13　国連安保理決議 678（1990年11月29日採択）〈抜粋〉
安全保障理事会は，……国連のあらゆる努力にもかかわらず，イラクが決議660とそれに続く関連諸決議の履行義務を拒否し，安保理を著しく侮辱していることに留意し，国連憲章の下で，安保理には国際平和と安全を維持し保護する義務と責任があることに留意し，決定の完全順守を図る旨決意し，国連憲章第7章のもとで行動し，
1　イラクが決議660とそれに続くすべての関連決議と決定を完全遵守するよう要求するとともに，これまでの諸決定を維持しながらも，一時的な善意の印として，イラクに対して決議遵守の最後のチャンスを与えることを決定する。
2　イラクが第1項に従って1991年1月15日までに前記諸決議を完全に履行しない限り，クウェート政府に協力している加盟諸国に対して，イラクのクウェート侵攻・占領に対応して採択された決議660とそれに続くすべての関連決議を支持・履行し，また当該地域の国際平和と安全を回復するために必要なあらゆる手段を行使する権限を付与する。

(UN Documentation Service, Security Council Resolution 678, 1990. http://daccess-ods.un.org/TMP/8953500.98609924.html)

まったと，少なくともフセインには見えたからであった。1991年1月17日，多国籍軍による「砂漠の嵐」作戦が開始された。バグダッドをはじめ主要都市に対する空からの無差別爆撃が40日間にわたって続けられ，砂漠では退却するイラク軍を追って戦車戦が繰り広げられた。ハイテク兵器による限定戦争というふれこみにもかかわらず，十数万とも数十万ともいわれる無辜の民の命が奪われた［10-16］。

2月末に戦争は終結した。イラクは国連のすべての決議を受け入れたものの，たけり狂ったフセイン政権の暴力は北部のクルド人と南部のシーア派に向けられ，イラクの新たな政治的混乱が始まった。

3) アメリカと湾岸戦争

湾岸戦争は避けることができなかったのか。国連はなぜ決議678の採択を急いだのか。また，なぜ「国連軍」ではなく「多国籍軍」であったのか。

決議678の採択と戦争の開始には米政府の意志が強く働いた。もちろん，湾岸戦争の起源がもっぱらアメリカの政策にあるというのではない。そこには，政権獲得以来，暴力によって政権基盤を拡大し，もっぱら戦争に権力の正当性を求め，中東における石油資源の支配と政治的ヘゲモニーを求めたサダム・フセインの野望が存在した。しかし，冷戦終結後のアメリカの政策を抜きに，先の問いのすべてに答えることはできない。

1989年1月に発足したブッシュ（父）政権は，「冷戦の勝利」と「新世界秩序」を宣言し，「西欧，アジアや旧ソ連で，米国と競合しうるいかなる大国の台頭をも阻止すること」を国防戦略の第一の目的とした（1992年「国防計画指針」）。政権内部では，冷戦終結に伴って存在理由を低下させることを恐れた国防総省や軍部が，「悪の帝国・ソ連」に代わる軍事政策のターゲットを模索していた。中東のならず者サダム・フセインのイラクは格好の標的のひとつであった。

イラクのクウェート侵略は「アメリカのやらせである」といううがった見方を確証する根拠はないが，状況証拠を拾うことはできる。クウェート侵攻の1週間前の7月25日，イラク駐在米大使グラスピーはフセイン大統領に呼ばれて会談した。この会談の速記録が後にイラク政府によってリークされた。米政

■ 10-14 湾岸戦争に関する安保理事会主要決議一覧

日付	番号	内　容	提　案　国	票決 賛成-反対-棄権
1990. 8. 2.	660	平和の破壊が存在すると決定し，イラク軍のクウェートからの即時無条件撤退を要求	カナダ，コロンビア，コートジボワール，エチオピア，フィンランド，フランス，マレーシア，イギリス，アメリカ	14-0-0 投票不参加：イエメン
8. 6.	661	憲章第41条にもとづく対イラク経済制裁を決定	カナダ，コロンビア，コートジボワール，エチオピア，フィンランド，フランス，マレーシア，イギリス，アメリカ，ザイール	13-0-2 棄権：キューバ，イエメン
8. 9.	662	イラクのクウェート併合を無効と宣言	理事会の協議による	全会一致
8.18.	664	イラク，クウェートからの第三国国民の出国を要求	理事会の協議による	全会一致
8.25.	665	決議661の実施のため「状況が必要とする措置」をとることを要請	カナダ，コートジボワール，フィンランド，フランス，イギリス，アメリカ，ザイール	13-0-2 棄権：キューバ，イエメン
9.16.	667	イラクの在クウェート外国公館攻撃を非難	カナダ，コートジボワール，フィンランド，フランス，イギリス，ザイール	全会一致
9.25.	670	イラク，クウェートへの空輸の禁止	カナダ，コートジボワール，フィンランド，フランス，ルーマニア，ソ連，イギリス，アメリカ，ザイール	14-1-0 反対：キューバ
11.29.	678	イラクが1991年1月15日までに従来の諸決議を履行しない場合，「すべての必要な手段」をとる権限をクウェート政府と協力する加盟国に付与	カナダ，フランス，ルーマニア，ソ連，イギリス，アメリカ	12-2-1 反対：キューバ，イエメン 棄権：中国
1991. 3. 2.	686	イラクに12の安保理決議すべての受諾と履行，敵対行為の停止等を要求，これらの履行までは決議678第2項が有効と確認	ベルギー，フランス，ルーマニア，ソ連，イギリス，アメリカ，ザイール	11-1-3 反対：キューバ 棄権：中国，インド，イエメン
4. 3.	687	正式停戦の条件：国境の不可侵と国境線の画定；非武装地帯の設置と国連監視団の派遣；生物化学兵器の廃棄と大量破壊兵器の取得禁止；賠償責任と基金の設置，制裁の一部解除・緩和と武装禁輸の継続等	ベルギー，フランス，ルーマニア，イギリス，アメリカ，ザイール	12-1-2 反対：キューバ 棄権：エクアドル，イエメン

出所）松井芳郎『湾岸戦争と国際連合』日本評論社，1993年，29, 149頁．

府はその不正確性を指摘したが，その信憑性を否定する証拠は示されていない。速記録によると，フセイン大統領は，クウェートとの紛争の結果，何らかの衝突が生じる可能性を明言し，アメリカがこれに関与しないようにと脅迫的な辞辞を交えて警告した。これに対して米大使は，「我々は，貴国とクウェートとの国境紛争のようなアラブ対アラブの問題に対しては何の見解をも持っていない」と発言したとされる[1]。この発言は，侵略を承認したものとは必ずしも言えないが，フセイン大統領が，これをアメリカ不介入のシグナルと受け取ったことは想像に難くない。一方，米政府はクウェート国境に集結したイラク軍の動向を把握していたと考えられるが，米政府からフセインへの警告がなされた記録はない。

　侵略開始後の米政府の動きは迅速であった。8月2日の早朝にはクウェートとともに国連安保理の開催を請求し，その日のうちにイラクに対する撤退勧告決議を採択させた。イラクの侵略の直後から，ヨルダンのイニシアチブで，問題をアラブ世界の内部で平和的に解決しようという動きが始まったが，米政府はこれを歓迎しなかった。米政府は，サウジアラビア政府を半ば恫喝しながらサウジの砂漠への米軍駐留を承認させ，8月7日には米軍の派遣を決定した。イラクとの戦闘を想定した「多国籍軍」形成の第一歩であった。

　11月29日の決議678は，米政府によって精力的に進められた反対派に対する工作の結果であった。キューバとともに最後まで抵抗したイエメンは，アメリカからの経済援助の撤回という制裁を被った。決議678が憲章第42条に基づくことを迂回した理由は，たとえ国連であろうと，第三者に米軍の指揮権を委ねることを否とするアメリカの国是にあった。このことは，アメリカには，国連の旗を借りながら，独自の戦争を戦う用意があったことを示すのである。

　戦争に突き進む過程で驚くべきエピソードも残された。戦争の準備は進行していたものの，アメリカの世論は遠い砂漠での戦争に総じて反対であった。10月1日，米下院人権委員会で，クウェートから脱出してきたという15歳の少女が，「イラク兵が病院に侵入し，保育器から乳児をつかみ出しては床に叩きつけて殺した」と泣きながら証言した。メディアを通じて報じられたこの証言

---

[1] ジョン・ブロック，ハーヴェイ・モリス『サダムの戦争』鈴木主税訳，草思社，1991年，32頁。

■ 10-15　多国籍軍参加国および協力国

		アラブ諸国	NATO 諸国	その他の諸国
多国籍軍参加国	地上戦参加国	アラブ首長国連邦，エジプト，オマーン，カタール，クウェート，サウジアラビア，シリア，バーレーン	アメリカ，イギリス，イタリア，カナダ，フランス	
	地上戦不参加国	モロッコ	オランダ，ギリシャ，スペイン，デンマーク，トルコ，ノルウェー，ベルギー	アフガニスタン，アルゼンチン，オーストラリア，セネガル，ニジェール，パキスタン，バングラデシュ，ホンジュラス
その他の協力国	軍事的支援国		ドイツ，ポルトガル	韓国，シエラレオネ，スイス，チェコスロヴァキア，ニュージーランド，ハンガリー，ブルガリア，ポーランド，ルーマニア
	非軍事的支援国			シンガポール，スウェーデン，スリランカ，日本

出所）松井『湾岸戦争と国際連合』121 頁。

は，世論を一挙に戦争支持へと覆した。ところが，この少女も，これに続いて国連安保理で同じ証言をした「クウェートの歯科医」も，真っ赤な偽物で，二人の証言も事実無根であることが後に明らかになった。「少女」は，イラクの侵攻当時にクウェートにはいたはずのない駐米クウェート大使の娘の名演技であった[2]。

　メディアを動員して標的を「ならず者」扱いし，相手がならず者であることを理由に「内政不干渉」原則を突破し，大軍とハイテク兵器によって短期に勝敗を決するやり方は，その後のアメリカによる戦争の手法のひとつとなる。その先駆けは1989年12月のパナマ侵攻作戦「ジャストコーズ（大義名分）作戦」であった[3]。湾岸戦争には，イラクのクウェート侵略に対する制裁と原状の回復という国連安保理決議に基づく目的と並んで，クウェート併合によって世界の石油埋蔵量の4分の1を支配することになるフセイン政権の野望の阻止と自国の石油権益の維持，そしてフセイン政権の打倒というアメリカ独自の戦争目的が存在した。ただし，国連安保理決議に従った軍事行動である以上，政権の打倒までは完遂しえなかったのである。

　湾岸戦争以後，「人道」あるいは「国連」の名による小国への武力介入が相次いだ。戦争終結後のイラクには英，米によってイラクの航空機の「飛行禁止区域」が設定され，これに違反したイラク機の撃墜が行われた。また，イラク政府の国連安保理決議違反あるいはフセイン政権がブッシュ大統領暗殺計画に関与した「嫌疑」を理由に，米軍によるイラク空爆が行われたが，これらの行為を国際法上，正当化できる根拠は存在しない。

　「多国籍軍」方式はソマリアへの介入に継承されたが，やがて米政府は，この「先進国による公正な責任分担」によって侵略を阻止する「多国間主義」と決別し，アメリカの国益にそぐわない国連の活動や国際協力は，場合によっては阻止するという「単独主義」へ傾斜するのである。

2）〈テレビ・ドキュメンタリー〉NHKスペシャル『誰が世界を守るのか① 知られざる攻防——アメリカ対国連』1993年4月4日放送。
3）ボブ・ウッドワード『司令官たち——湾岸戦争突入にいたる"決断"のプロセス』石山鈴子・染田屋茂訳，文芸春秋社，1991年。

■ 10-16　湾岸戦争の人的・物的被害

		空爆	地上戦	戦争関連[1]	合計
多国籍軍・イスラエル					
アメリカ					375
その他の多国籍軍					91
イスラエル					14
合　計					480
クウェート	人的被害				2,000～5,000
	物的被害	○イラク占領軍による破壊と略奪 ○油井への放火と原油流出による環境破壊 ○石油生産の途絶 ○残存する地・機雷による被害とその危険 ○大量の国民および外国人労働者の出国による労働力不足			
イラク[2]	人的被害				
	兵　士	50,000～60,000	50,000～60,000	不　明	100,000～120,000
	民間人	5,000～15,000	不　明	169,000～176,000	42,400～59,400[3]
	合　計	55,000～75,000	50,000～60,000	169,000～176,000	142,400～179,400
	物的被害	○工業施設の破壊と燃料供給の途絶 ○種子，肥料，農薬の供給途絶による農業への打撃 ○交通通信網のほぼ完全な破壊 ○上記の原因による食糧供給の逼迫 ○上下水道の途絶と保健衛生サービスの極端な低下			
総　計		55,000～75,000	50,000～60,000	169,000～176,000	144,880～184,880

注1）1990年8月以降の，空爆などの死者を除く民間人の死者を含む。
　2）出稼ぎなどのイラク在住外国人を含む。
　3）民間人の死者から，イラクの平均年間死者数131,600人を差し引いた数字。
出所）松井『湾岸戦争と国際連合』137頁。

■参考文献

- 鹿島正裕『中東政治入門——現状はどのように生まれたか』第三書館，2010年。
- 高橋和夫『アラブとイスラエル——パレスチナ問題の構図』講談社現代新書，1992年。
- 臼杵陽『イスラエル』岩波新書，2009年。
- 宮田律「中東——迷走の百年史」新潮新書，2004年。
- 松井芳郎『湾岸戦争と国際連合』日本評論社，1993年。
- ジョン・ブロック，ハーヴェイ・モリス『サダムの戦争』鈴木主税訳，草思社，1991年。

第11章　テロとの戦争——アフガニスタンとイラク

1　9.11事件とアフガニスタン戦争

1）9.11の衝撃

　2001年9月11日，前代未聞の衝撃的映像が世界中を駆け巡った。この日の朝8時過ぎ（日本時間で22時過ぎ），ニューヨークの世界貿易センター・ツインビルのひとつに旅客機が激突し，十数分後にはもうひとつのビルに2機目の旅客機が衝突した。2つの高層ビルは巨大な炎と黒煙に包まれ，やがて相次いで崩落した［11-1］。マンハッタン南部は，膨大な瓦礫と化して炎と煙と砂塵に覆われた。世界中のテレビは，この衝撃的な映像をリアルタイムで映し出したのである。

　同じ頃，3機目の旅客機がアメリカ国防総省のビルに突入して大爆発を引き起こし，さらに1機がペンシルヴェニア州の一角に墜落した。ボストン，ワシントンDCなどアメリカの3つの主要な空港を飛び立った4機の旅客機が一挙にハイジャックされ，そのうち3機がアメリカの象徴とも言える建造物に突入し，民間人を含む数千人の命を奪ったのである。

　当時，フロリダ州に滞在していたブッシュ（Jr）米大統領は，「合衆国が攻撃されている可能性がある」という補佐官からの報告を受け，ただちに「彼らはアメリカに宣戦布告したのだ」と思ったという。彼は，大統領専用機エアフォース・ワンでフロリダを発ち，ネブラスカ州オファット空軍基地の地下壕深くに身を隠した後，夕刻にワシントンDCに帰還した。米政府高官には「彼ら」が何者であるか，すでに見当がついていた。政府はただちに非常事態宣言を発するとともに捜査を進め，19名の実行犯の名前を明らかにし，このテロ

11-1　9.11 事件

2001年9月11日午前8時45分（現地時間）2機の旅客機が激突し，炎と黒煙に包まれた世界貿易センタービル。
出所）ロイター＝共同。

攻撃がサウジアラビア人のウサーマ・ビン・ラディンを指導者とする国際的なテロ組織アルカーイダによって計画され実行されたものだと断定した。アルカーイダはこれを否定も肯定もしなかったが、米政府はその断定に基づき、ビン・ラディンらが潜伏していたアフガニスタンのタリバーン政権に、彼らの引き渡しを要求した。タリバーン政権は「アルカーイダの犯罪とは断定できない」として引き渡しを拒否した。

その夜、ブッシュ大統領は国民に向けて演説し、「これは単なるテロ行為ではない。戦争行為だ」と語り、さらに「我々は、テロ行為をもくろんだ者とテロリストをかくまう者を区別しない」と断言した。「テロとの戦争」——アフガニスタン攻撃開始の決意表明であった。

安全なはずのアメリカ本土の心臓部が標的となったこの事件は、一種の国際的なパニックを引き起こしたが、特にアメリカ国民が受けた衝撃は大きかった。その衝撃のもとで、この事件を「自由社会に対するイスラーム原理主義の挑戦」ととらえ、確証もないままに「容疑者」を特定し、これを「かくまう」国家を武力報復の対象とするという米大統領の声明をはじめ、きわめて短絡的な言動が横行した。事件の直後には、「アメリカか、テロリストか」という米政府による定式化の前に、アメリカの政策を批判することがはばかられるような雰囲気さえ作られた。

多数の民間人を巻き込んだこのようなテロは、いかなる理由であっても許されてはならず、国際社会はテロの撲滅のために協力を強化しなければならない。一方、9.11事件をはじめとする「自爆テロ」を、ごく一部の狂信者の行為として片づけることはできない。テロの実行者の「信念」の背後には、それを支える広範な人々の怒りや絶望が広がっていると見なければならず、その怒りや絶望を生み出している社会の構造的な問題に、その理由を探さなければならない。テロ撲滅のためにも、なぜアメリカが前代未聞のテロの標的となったかを考えることが重要である。

この事件が対米憎悪に起因していることは否定できない。この対米憎悪を生んだのは何であったか。今日では、テロの実行犯がアラブのムスリムであり、その背後にビン・ラディンを首領とするテロ組織アルカーイダが存在したという推定が受け入れられているが [11-2]、そうだとすれば、彼らの心に対米憎

■ 11-2　9.11 米国中枢テロとビン・ラディン氏を結びつける証拠とは？（イギリス政府発表，2001年10月4日）〈抜粋〉

〈はじめに〉
1．政府の到達した明らかな結論は……
・オサマ・ビン・ラディンと，彼が率いるテロリスト・ネットワークであるアルカイダは，2001年9月11日の残虐行為を計画し，遂行した。
・オサマ・ビン・ラディンとアルカイダは，タリバン政権との緊密な連携があるために，これらの残虐行為を行うことができた。タリバン政権は彼らを罰せず，そのテロ行動の追求を行わせた。

〈要約〉
4．関連のある事実の示すところは以下のとおりである。

〈背景〉
・アルカイダは，グローバルなネットワークにつながりを持つテロリスト組織であり，10年以上にわたって存在してきた。この組織を設立し，終始導いてきたのは，オサマ・ビン・ラディンである。
・オサマ・ビン・ラディンとアルカイダは，米国およびその同盟国に対するジハードを行ってきた。彼らが表明した目的の一つは米国民の殺害であり，米国の同盟国への攻撃である。
・オサマ・ビン・ラディンとアルカイダおよびタリバン政権は，相互に依存する緊密な同盟である。オサマ・ビン・ラディンとアルカイダは，タリバン政権に対し物質的・財政的・軍事的支援を提供している。タリバン政権はビン・ラディンに対し，彼のテロリスト訓練キャンプやアフガニスタンからの活動を行うことを許し，外界からの攻撃から彼を保護し，その麻薬の貯蔵を保護している。

〈結論〉
70．2001年9月11日の攻撃は，オサマ・ビン・ラディンが率いる組織，アルカイダが計画し，実行した。この組織は，同様の規模のさらなる攻撃を実行する意志と資源を有している。米国とその近しい同盟国はともに，そのような攻撃の対象である。その攻撃は，タリバンとオサマ・ビン・ラディンの連携なしには起こらなかった。タリバンは，ビン・ラディンがアフガニスタンで自由に行動し，テロ活動を促進し，計画し，実行することを許したのである。

　注：英国政府によるこの報告は，9月11日のテロ事件へのビン・ラディンの関与について詳細に説明したものである。しかし，英紙『ガーディアン』は，「これが証拠と言えるのか？」と批判した。

（『世界』2001年12月号，90-95頁）

悪を蓄積させた第一の要素は，アメリカの中東政策である。重なる国連決議を無視したイスラエルの不当な占領を長期にわたって黙認し，またパレスチナ自治をめぐるイスラエルの強硬な妨害政策や軍事行動に対しては「寛容な」態度を続ける一方で，クウェートを侵略したイラクには武力制裁を含む厳しい措置をとるなど，アメリカが主導する中東政策が，アラブ世界を中心にムスリムの反米感情を強めてきた事実を直視する必要がある。テロの標的のひとつがアメリカ国防総省であり，また墜落した第4の旅客機の標的はホワイトハウスであったと言われる事実は，テロが米政府の中東政策・湾岸戦争・対イラク政策に対する欝憤を表現するものであったことを語っている。

いまひとつは，いわゆる経済を中心とした「グローバリゼーション」の下での富と貧困の格差拡大の問題である［11-3］。経済のグローバリゼーションは市場経済原理と欧米的価値観の下に世界の統合を進めたが，それは，先進諸国と発展途上国との経済格差の拡大，産油国を除く途上国における貧困の蓄積をいっそう助長した。このような中で，世界経済に対する先進諸国の利己的対応や地球温暖化問題に関するアメリカの反動的な姿勢が「反グローバリズム」勢力を生み出した。世界貿易センタービルは「北」の繁栄とアメリカの経済的支配の象徴にほかならなかった。

以上のような，アラブ・イスラーム世界や発展途上諸国の民衆に鬱積した憤懣がイスラム過激派やテロリストを生み出す温床となってきた。また，自国本位の経済政策のみならず，地球温暖化防止に関する「京都議定書」や包括的核実験禁止条約を「国益」の名のもとに一方的に拒否したアメリカのブッシュ (Jr) 政権の「単独主義」政策が，憤懣暴発の引き金になったと考えることができよう。

2) ブッシュ政権の「テロとの戦争」

9.11事件をアメリカに対する「戦争行為」だと認識し，「テロ・ネットワークの打倒」計画を進めたブッシュ (Jr) 大統領と米政府は，一時期の国際問題に関する単独主義や国連軽視を棚に上げて，イスラーム世界を含めた諸国の支持を取りつける工作を展開した。例えば，ブッシュ大統領は，10月初めに，パレスチナ国家の樹立も視野にあるとの発言でアラブ諸国の気を引き，ラムズ

■ 11-3　各国の1人当たり国民総所得の比較（名目）

(単位：ドル)

	1990	2000	2005	2006	2007	2008
アジア						
日本	24 554	37 307	36 561	35 202	35 533	39 853
アフガニスタン	288	132	279	322	385	466
アラブ首長国連邦	17 903	22 216	32 401	38 107	43 179	60 659
インド	374	444	714	788	976	1 054
カタール	16 219	28 214	46 366	59 223	63 791	87 990
クウェート	12 172	19 933	33 205	41 289	43 719	59 874
タジキスタン	575	171	452	437	443	468
中国	349	951	1 742	2 060	2 531	3 213
バングラデシュ	248	335	396	413	467	533
アフリカ						
エジプト	675	1 418	1 261	1 420	1 704	2 016
エチオピア	234	123	165	198	245	319
ジンバブエ	810	438	374	365	352	312
チュニジア	1 451	1 960	2 780	2 963	3 339	3 680
マラウイ	192	146	149	154	187	203
南アフリカ共和国	2 932	2 891	4 948	5 193	5 587	5 386
ヨーロッパ						
イギリス	17 271	25 036	38 425	40 420	46 633	44 490
スイス	36 378	37 343	54 704	56 657	60 551	63 748
セルビア	4 288	1 202	3 520	4 103	5 425	6 831
デンマーク	25 747	29 370	48 230	51 361	57 224	63 690
ドイツ	21 837	22 935	34 268	35 970	40 959	45 085
ノルウェー	26 942	37 025	65 603	72 064	82 889	95 657
フランス	21 402	22 130	34 372	36 186	41 207	44 972
北中アメリカ						
アメリカ合衆国	22 466	34 501	41 383	43 696	45 114	45 836
カナダ	20 280	23 008	34 435	38 850	42 798	44 544
ニカラグア	715	767	930	995	1 088	1 190
ハイチ	364	408	431	497	605	654
メキシコ	3 344	6 247	7 890	8 765	9 367	9 842
南アメリカ						
アルゼンチン	4 286	7 493	4 570	5 347	6 512	8 027
ベネズエラ	2 308	4 743	5 362	6 711	8 297	11 444
オセアニア						
オーストラリア	17 354	20 278	34 815	36 497	43 402	46 574
世界	4 175	5 252	6 977	7 469	8 271	8 991

出所）矢野恒太記念会編『世界国勢図会』2010/11年版，130-32頁より作成。

フェルド国防長官は中央アジアを駆け巡ってウズベキスタンやタジキスタンへのアメリカ軍受け入れなどの軍事協力の調達に努めた［11-4］。9.11事件があまりにも衝撃的であったために，また，それぞれがイスラーム絡みの国内問題を抱えていたために，中国もロシアもインドもEUも，アメリカが提起した反テロリズムの立場に反対を唱えることが困難であった。これにアメリカの軍事的・経済的な力の前にひるんで物が言えない諸国を加えて，国際的な「反テロ包囲網」が形成された。

　9月20日，ブッシュ大統領は国民に向けて議会で演説し，「自由になる資源のすべてを傾け」，「必要なあらゆる武器を用いて」，「テロとテロ支援国家」に対する戦争を断行するという意思を表明し，タリバーン政権に再度ビン・ラディンの引き渡しを求めた。この要求が拒否されると，10月7日，米軍と，これに協力した英軍によるアフガニスタン空爆が開始された。国連安保理はタリバーンの在外資産の凍結をはじめとするテロ対策措置を決議したが，武力行使を容認する決議は一切なかった［11-7］。

　米・英軍による空爆は12月半ばまで切れ目なく続き，タリバーンやアルカーイダだけではなく，一般人とその生活を巻き添えにした殺戮と破壊を重ねた。大量殺傷・恐怖兵器のクラスター爆弾や気化爆弾デージー・カッターも多用され，地形が変化するほどの集中爆撃が繰り返された。11月に試みられた米軍特殊部隊の投入による地上戦が失敗した後，空爆に加えて，アメリカとロシアによって武器を供与され軍事支援を受けた「アフガン北部同盟」がタリバーン攻撃の主体となった。ここに，アメリカの「対テロ戦争」は，1989年のソ連軍撤退後に戦われたアフガニスタン内戦の継続という性格を伴うことになった。11月13日に，北部同盟の攻撃の前にカブールが陥落した。タリバーンが本拠とした南部では，パシュトゥーン人勢力が攻勢を強め，12月7日，タリバーンはカンダハルから全面撤退した。しかし，パキスタン国境山岳地帯におけるアルカーイダ狩り出し作戦にもかかわらず，そもそもアメリカが「戦争」の目的としたビン・ラディンの捕獲は実現しなかった。

3）アフガニスタンの悲劇

　アフガニスタンはパシュトゥーン人，タジク人，ウズベク人　ハザーラ人，

11-4 アフガニスタンとその周辺

トルクメン人などが住む多民族国家である［11-5］。アフガニスタンの歴史は，古くから外部勢力による侵略と支配，内部諸勢力間の抗争の歴史であった。19世紀に，イギリスとロシアがこの地域の領有を争ったことはよく知られている。1880年にイギリスの保護国とされたが，1919年に独立し，26年には国名をアフガニスタン王国とした。1973年にクーデターによって王政が倒され，1978年には再度のクーデターによって社会主義政権が樹立された。

　翌1979年に，イランのイスラーム革命がソ連邦を構成する中央アジアのイスラーム共和国に波及することを恐れたソ連が軍事侵攻し，傀儡政権を擁立して支配を開始した。このソ連に対して「ジハードを行う者」がムジャヒディーン［11-6］であった。アメリカをはじめ西側諸国は，これに莫大な援助を供与し続けた。ムジャヒディーンは，民族構成や宗教の違いに基づいて離合集散を繰り返しながらも，1989年にソ連軍を全面撤退に追い込んだ。しかし，その後に待っていたのは，ムジャヒディーン諸勢力による内戦であった。この内戦を憂慮し，治安回復とイスラーム体制の確立を掲げて，1994年秋にアフガニスタン南部で決起した神学生の集団がタリバーンである。パキスタンやアメリカに支援されたタリバーンは，1996年にはカブールを制圧し，政権を樹立した。

　アフガニスタンの民衆は，10年にわたる対ソ抵抗戦争とそれに続く内戦をくぐり抜けて，ようやく，イスラーム原理主義のタリバーンによる窮屈で抑圧的な政治の下ではあったが，戦争のない「平和」と「安住」を得ていた。その民衆を襲ったのが米・英軍の空爆であった。対ソ抵抗戦争時やその後にムジャヒディーンやタリバーンをアフガニスタンに送り込み，これに軍事的支援を提供したパキスタンやアメリカが，今度は北部同盟など反タリバーン勢力に大規模な援助を与え，そのアフガニスタン制圧を後押ししたのである。アフガニスタンの民衆にとって，大国の政策に翻弄される理不尽な歴史がまだ続こうとしていた。

4）アフガニスタン戦争と国際法

　ビン・ラディンとアルカーイダがテロの「容疑者」であるとの認定に基づいたアメリカのアフガニスタン攻撃は，国際法上，正当化できるのか。米政府が

11-5　アフガニスタンの民族分布

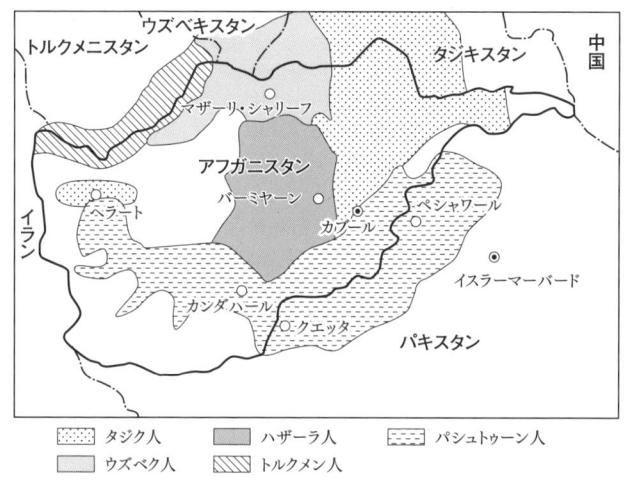

凡例：タジク人／ハザーラ人／パシュトゥーン人／ウズベク人／トルクメン人

出所）板垣雄三編『「対テロ戦争」とイスラム世界』岩波新書，2002年，27頁。

11-6　ムジャヒディーン

撃破したソ連のヘリコプターの上で気勢を上げるムジャヒディーン。

出所）M. P. Leffler, *For the Soul of Mankind : The United States, the Soviet Union, and the Cold War*, New York : Hill and Wang, 2007, p. 406.

その根拠として主張する「自衛権の行使」は，国連憲章に照らして正当なのか。

まず，アルカーイダの行動をタリバーン政権の行動とみなしうる命令・支配・認知があった場合はともかく，そのような関係の存在が立証されないまま，しかもテロの「容疑者」にとどまるアルカーイダを「かくまう」行為に対してアメリカが報復を加えうる根拠は存在しない。

次に，国連憲章は，原則的に「武力による威嚇ならびに武力行使」を禁止し，わずかに例外として，第42条以下の規定に基づく国連軍の軍事的措置と，第51条に基づく自衛権の行使を許している。ただし，自衛権の行使には「安全保障理事会が必要な措置を取るまでの間」という制約が設けられている。ところが，アフガニスタンに関しては，安保理常任理事国である米，英両国は，安保理を開催して然るべき措置をとることをしなかった。米政府高官によれば，「充分な安保理決議は期待できない。中国の反対が予想されたからだ。だから米国は個別的自衛権を行使した」のだというのである。アメリカが望む決議が期待できないから安保理では審議せず，あえて個別的自衛権を行使するというのは，国連憲章の精神を蹂躙するものと言わざるをえない。安保理は2001年9月12日に，「テロ攻撃に対してすべての必要な措置をとる」旨の決議1368を採択したが，これを武力行使容認決議とみなすことはできない[11-7]。

ところで，ブッシュ大統領はテロ攻撃を受けたアメリカは「戦争状態に入った」と主張した。しかし，「テロとの戦争」という概念は成立し難い。また，テロは「戦争」ではない。国際法はテロを国内法上の犯罪（悪）として，その抑止・処罰のための国際協力を定めている。「悪」という抽象概念との「戦争」は成立しえないし，テロの抑止や犯人の処罰はありえても，テロに対する「勝利」はありえない。国際的なテロを本当に処断しようというのであれば，2006年6月に設立が決まった国際刑事裁判所（ICC）を活用した国際協力の道がある。しかし，アメリカはICC条約を拒否した。上院外交委員長の弁によれば，「アメリカがパナマやグレナダに侵攻したりトリポリを爆撃したりした際，ICCが存在していたらどうなっていたか。どんなことがあっても，国の安全保障にかかわる決定をICCに裁かせるようなまねはしない」というのであった。

■ 11-7 アフガニスタンに関する安保理事会決議

決議番号* 採択年月日	内　容
1214（1998） 1998年12月8日	タリバーンその他の党派に停戦と和平交渉の再開を要求；国際人道法違反に関する事務総長の調査を奨励；すべての国に軍事要員，武器・弾薬の供給停止を要請；タリバーンにテロリストへの避難場所と訓練の提供を止めるよう，すべての党派にテロリストの裁判に協力するように要求
1267（1999）* 1999年10月15日	タリバーンに決議1214の要求にただちに従うよう，オサマ・ビンラディンを引き渡すように要求；後者の要求に従わなければすべての国がタリバーン航空機の離着陸を禁止しタリバーンの在外資産の凍結を行うように決定
1333（2000）* 2000年12月19日	タリバーンに上記の要求に応じるよう，支配下の領域のテロリスト訓練キャンプを閉鎖するように要求；すべての国がタリバーンに対する軍事援助の供与を阻止するように決定
1363（2001）* 2001年7月30日	決議1267および1333が決定した措置の履行に関して，監視メカニズムの設置を決定
1368（2001）* 2001年9月12日	9月11日のテロ攻撃を非難し，このような行為を国際の平和および安全への脅威とみなす；これらのテロ攻撃の実行者，組織者および支援者を裁判に付することに協力するようすべての国に要請；テロ攻撃に対してすべての必要な措置をとる用意があると表明
1373（2001）* 2001年9月28日	すべての国がテロ行為への資金提供を防止し抑止すること，テロ行為に関与する団体または個人への支援を慎むことを決定。情報交換，関連諸条約への加入などを通じてテロ攻撃の防止および抑止に協力することを要請。反テロ委員会を設置
1377（2001） 2001年11月12日	「テロリズムと戦うための全地球的努力に関する宣言」を採択
1378（2001） 2001年11月14日	政府形成に向けて暫定行政府を設置するアフガニスタン人民の努力を支持；アフガニスタンのすべての部隊に報復を避け人権・人道法上の義務を遵守するように要請；国連が果たすべき中心的な役割を確認
1383（2001） 2001年12月6日	政府設置までの暫定取り決めに関するボン合意を是認；アフガニスタンの諸集団に合意実施を要請；復興援助を要請
1386（2001）* 2001年12月20日	カブールとその周辺の治安維持のため，英軍主導の国際治安支援部隊の派遣を許可；部隊派遣国に任務遂行のためすべての必要な措置を許可；すべてのアフガニスタン人に部隊等への協力を要請；費用は部隊派遣国の負担とするがこれを支援するために信託基金を設置するよう事務総長に要請
1388（2002）* 2002年1月15日	決議1267および1333の措置のアリアナ・アフガン航空への不適用を決定
1390（2002）* 2002年1月16日	決議1267によるタリバーン航空機の離着陸禁止の措置を終了；同決議によるタリバーンの資金凍結と決議1333によるビンラディン・アルカイダの資金凍結を継続；凍結の経済資産への拡大，彼らの入国と通過の阻止，彼らへの武器・軍需物資等の供給の阻止を決定

注）＊憲章第7章の下で採択された決議。
出所）松井芳郎『テロ・戦争・自衛——米国等のアフガニスタン攻撃を考える』東信堂，2002年，61頁。

それでは，その正当性如何はともかく，米・英軍による報復攻撃はテロの防止につながったであろうか。前述のように，米・英軍の空爆によるタリバーン政権の倒壊は内戦の再発につながり，また戦争終結の後に駐留した米・英など外国の軍隊をも巻き込んだテロと報復の悪循環を生み出した。2001年12月にはカルザイ暫定政権が発足したものの，アフガニスタンの安定は今日に至るまで得られていない。さらに，アフガニスタンの周辺諸国には，武力による「テロリスト」の抑圧政策が蔓延した。イスラエルがパレスチナ自治政府代表との関係を断絶し，パレスチナ自治区に対する軍事攻勢を強めたのもこの時期である。

　9.11事件とアフガニスタン戦争が国際社会に押しつけた最も大きな災いは，アメリカ的価値観の絶対化を伴った正邪二元論的世界認識の横行であろう。ブッシュ（Jr）大統領は，国民に向かって，世界に向かって「アメリカか，テロリストか」の二者択一を迫り［11-8］，アフガニスタンに対する「報復作戦」を「限りなき正義（infinite justice）作戦」と名付けた。ブッシュにとって「テロリズムとの戦い」は「十字軍」なのであった。さすがに，「キリスト教対イスラーム」という「文明の衝突」論ではイスラーム世界全体を敵に回すことにつながると気づいた大統領の補佐官たちは，軍事作戦名を「不朽の自由（enduring freedom）」と改めるとともに，ブッシュ発言の撤回と謝罪に走り回った。しかし，この後，アメリカの政策は「悪に対する正義」という独断的な二元論的発想にとらわれ，アメリカの判断による特定政権の打倒を是とする「ならず者国家戦略」につながっていくのである。

　湾岸戦争以来のアメリカの攻勢に対して，イスラームの側にも，これを「世界の力関係の完全な再秩序化」に向けて，アメリカとそのヨーロッパの同盟国によって「南」とイスラーム世界に仕掛けられた「文明戦争」であるという見方や受け止め方が生まれていたことにも留意すべきである[1]。

1）マフディ・エルマンジュラ『第一次文明戦争——「新世界秩序」と「ポスト・コロニアリズム」をめぐって』仲正昌樹訳，御茶の水書房，2001年。

■ 11-8 「アメリカか，テロリストか」

　　　ブッシュ（Jr）大統領　　　　　　　　　ビン・ラディン
出所）ロイター＝共同。

2　イラク戦争と国際秩序

1）「テロとの戦争」から「ならず者国家戦略」へ

　2003年3月20日，米軍がバグダッドの戦略拠点に対する爆撃を開始した。イラク戦争の始まりであった。翌日，米・英軍はクウェートの前線基地からイラクへの地上侵攻作戦を開始した。イラクが大量破壊兵器を保有し，しかも国連決議に違反してその廃棄に協力しない，というのが武力行使の理由であった。米政府関係者は「武力行使は国連によって完全に認められていた」と主張したが，彼らが根拠とする前年11月の安保理決議1441は，イラクに大量破壊兵器の査察再開を求め，この決議が履行されなければ「深刻な結果」に直面すると警告したにすぎない。

　イラクのサダム・フセイン政権の打倒は，ブッシュ（Jr）大統領にとって父ブッシュの湾岸戦争の際の「忘れ物」であった。じつは，米国防総省は，9.11事件の以前から，大量破壊兵器を入手すべく血眼になっているフセイン大統領を脅威とみなし，イラクに対する軍事的選択肢を検討していた。9.11やアフガニスタン戦争の次の帰結としてイラク戦争が浮上したわけではなかったのである。ラムズフェルド国防長官は，9.11はフセイン征伐のチャンスを提供しはしなかったが，いずれはイラクを攻撃目標にせざるをえないと考えていた[2]。

　2002年1月29日，ブッシュ大統領は一般教書演説において，北朝鮮，イラン，イラクを「悪の枢軸（axis of evil）」と名指しで非難し，テロリストやそれらの国の政府が大量破壊兵器を手に入れる可能性こそ，差し迫った危険であると論じた［11-9］。さらに，ブッシュは「事件が起きるのを待つつもりはない」と語った。待つつもりがないとすれば，それに代わる選択肢は先制攻撃しかないと，ブッシュは真剣に考えていたという[3]。同年9月に公表された米国務省の文書「米国の国家安全保障戦略 2002年9月」は，大量破壊兵器の入手や使用を試みるテロ組織を撲滅する決意をうたうと同時に，他国に米国と同等以上の軍事力を築かせないために，自衛権行使を目的とする先制の単独行動をため

2）ボブ・ウッドワード『ブッシュの戦争』伏見威蕃訳，日本経済新聞社，2003年，66頁。
3）同上，436頁。

■ **11-9 ブッシュ大統領「悪の枢軸」演説**（一般教書演説，2002年1月29日）〈抜粋〉

　われわれは前回，衝撃と苦難の中で，ここに集まった。そして，わずか4カ月の間に，わが国は犠牲者を慰め，ニューヨークとペンタゴンの再建を始めた。強力な「連合」関係を構築し，世界の何千人ものテロリストを捕らえ，逮捕し，アフガニスタンにおけるテロリスト訓練基地を破壊した。国民を飢えから救い，そして1つの国を残虐な圧制から開放した。

　わが国は，引き続き，2つの大きな目的を断固として，忍耐強く，粘り強く追い求めていく。第1に，われわれは，テロリスト基地を壊滅し，テロのたくらみを打ち砕き，そして彼等を裁きにかける。第2に，われわれは，化学・生物・核兵器を手に入れようとしているテロ政権が，米国や世界を脅かすのを阻止しなければならない。

　われわれの第2の目的は，テロを支援する政権が，大量破壊兵器によって米国や友好・同盟国を脅かすのを阻止することである。これらの政権の中には，9月11日以後，沈黙を保つ政権もある。しかし，われわれには，彼らの正体が分かっている。北朝鮮は，自国民を飢えさせる一方で，ミサイルや大量破壊兵器で武装している政権である。

　イランは，これらの兵器を求め，テロを輸出している。そして，選挙で選ばれていない少数の者がイラン国民の自由への望みを絶っている。

　イラクは，引き続き米国への敵意を誇示して，テロを支援しつづけている。イラク政権は，10年以上にわたり炭疽菌，神経ガス，そして核兵器の開発をたくらんできた。この政権は，既に毒ガスを使い，何千人もの自国民を殺害している。その後には，死んだ子供の上に覆いかぶさる母親の死体が残されていた。この政権は，国際査察に同意した後に，査察官を追い出した。この政権は，文明社会の目から何かを隠している。

　このような国々と，そのテロリスト協力者は，世界平和を脅かすために武装した，悪の枢軸である。大量破壊兵器を入手しようとするこれらの政権がもたらす危険は重大であり，また増大しつつある。彼らが，テロリストに大量破壊兵器を供与する恐れもあり，そうなれば，その兵器はテロリストが自分たちの憎悪をはらす手段になるのである。彼らが，わが国の同盟国を攻撃したり，米国を脅そうとすることもありうる。いずれの場合も，無関心の代償は破滅的なものになる。

　われわれは，連合諸国と緊密に連携をとり，テロリストやテロ支援国家が大量破壊兵器の製造と運搬に必要とする材料や技術そして専門知識を入手できないようにする。われわれは，不意の攻撃から米国と同盟国を守るために，効果的なミサイル防衛を開発・配備していく。そして，あらゆる国が，「米国は国家の安全を確保するために，必要なことを行う」ことを認識するべきである。

　　　　　（在日米国大使館。http://japan.usembassy.gov/j/p/tpj-jp0055.html）

らわないと表明した［11-10］。「テロとの戦争」から先制攻撃を伴う「ならず者国家」討伐戦略へ——この転換の最初の事例がイラクに対する一方的な武力行使であった。

　ブッシュ（Jr）政権を支える政策ブレーン集団のひとりR・リーバー米ジョージタウン大学教授は、「イラク戦争は予防的だった。攻撃されかかっていたか否かは問題ではない。サダムが核を含む大量破壊兵器の計画を進めていたのは間違いないからだ」と論じて、イラク戦争の正当性を主張した。しかし、アメリカが自分の敵になりそうだとみなした国を自由に先制攻撃して良いとするなら、国際社会の平和と安全は保障されないではないか。これに対してリーバーは、「9.11がすべてを変えた」と強弁する。彼によれば、頼みとすべき国連の「平和創出力はゼロだ。ボスニアやルワンダで大量虐殺を許したように、国連は十分に機能しなかった」。したがって「世界には、正当な権力に欠け、秩序が守れない問題が多くある。そこで求められるのが米国の役割だ」というのである[4]。

　しかし、最強の安保理常任理事国アメリカは国連を支え続けたのか、あるいは、ブッシュ（Jr）の戦争は秩序構想を伴っていたのか。ボスニア紛争の解決に難渋する国連やEUの活動を、アメリカは当初、意図的に傍観していたし、また、悲劇が予想されたルワンダへの国連の介入を妨げたのはアメリカであった。さらに、カレル・ウォルフレンが書名にうたうように、ブッシュの戦争は、世界に秩序をもたらすのではなく「世界秩序の破壊（Destruction of World Order）」であったと言ってよい[5]。

　米軍は「衝撃と恐怖（shock and awe）」をコードネームとする空爆作戦を継続しながら4月初旬にバグダッド市内に入り、中旬には反体制のクルド勢力とともに北イラクのキルクーク、モースルを制圧した。5月1日、ブッシュ（Jr）大統領は、イラクにおける戦闘終結を宣言した。サダム・フセインが逃亡したままフセイン体制は崩壊した。バグダッド陥落後に首都を席巻したのは略奪の横行であった。その後に採択された安保理の決議に基づいて米軍が占領と戦闘

4）『朝日新聞』2003年6月20日。
5）カレル・ヴァン・ウォルフレン『ブッシュ——世界を壊した権力の真実』藤井清美訳、PHP研究所、2003年。

■ **11-10　米国の国家安全保障戦略**（2002年9月）〈抜粋〉

　世界各地で活動するテロリストとの戦いは，世界的な取り組みであり，いつまで続くのか不明である。米国は，テロとの戦いで米国の支援を必要とする国家には協力する。米国は，テロリストをかくまう国家を含め，テロと妥協する国家の責任を追及する。それは，テロの協力者は文明の敵だからである。米国と米国に協力する国々は，テロリストが新たな拠点を構築することを許してはならない。われわれは共に，いかなる場合にもテロリストに隠れ家を与えないことを目指す。

　米国にとって最大の危険は，過激主義と科学技術の接点に存在する。われわれの敵は大量破壊兵器の入手を目指していることを公に宣言しており，彼らが断固たる決意をもってその目標を追求していることを示す証拠がある。米国は，そのようなたくらみを許すことはない。われわれは，弾道ミサイルなどの運搬手段に対する防御体制を築く。われわれは他国と協力し，危険な技術を入手しようとする敵の企てを阻止し，封じ込め，制限する。そして，常識と自衛の問題として，米国はそのような新たな脅威に対して，それが完全に形となる前に対処する。

　われわれの優先課題は，国際的なテロ組織を分断・壊滅し，その指導部，指揮・統制・通信，物質的支援，そして財政基盤を攻撃することである。これにより，テロリストの計画・実行能力を奪うことができる。

　われわれは，以下の手段を使って，テロ組織を分断し壊滅する。

・国内および国際社会の力のあらゆる要素を用いる直接的かつ継続的な行動。当面の焦点は，世界的に活動するテロ組織，および大量破壊兵器またはその前駆物質の入手または使用を試みるテロリストまたはテロ支援国家である。

・脅威が米国の国境に達する前に，その脅威を認識し破壊し，米国とその国民，および国内外の国益を守る。米国は，国際社会の支持を得るべく常に努力するが，そのようなテロリストが米国民や米国に危害を加えることを防ぐため，必要ならば単独で行動し，先制して自衛権を行使することをためらわない。

・各国が主権国家としての義務を受け入れるよう説得または強要することで，テロリストに対するこれ以上の支持，支援，保護をなくす。

　米国は長年にわたり，国家安全保障に対する十分な脅威に対しては先制攻撃を行う選択肢を保持してきた。脅威が大きいほど，行動を取らないことのリスクは大きく，また敵の攻撃の時間と場所が不確かであっても，自衛のために先制攻撃を行う論拠が強まる。敵によるそのような敵対行為を未然に防ぐために，米国は必要ならば先制的に行動する。

（在日米国大使館。http://tokyo.usembassy.gov/j/p/tpj-j20030515dl.html）

任務を継続することになったが，イラクは秩序を失い，今日に至るまで暴力の連鎖と社会の混乱は収まることはなかった。2010年に米軍が撤退を決めるまでに，米軍の死者も4,400人にのぼり，絶え間ない戦闘と爆破テロによる民間人の死者はこれをはるかに上回った。

　米，英が武力攻撃開始の口実としたイラクの大量破壊兵器は，結局発見されなかった。後に，BBCの記者は，イラクは「45分以内に大量破壊兵器を配備することが可能だ」という調査報告書が間違いであることを英政府は承知していた事実を明らかにしたが，米，英の情報機関も，大量破壊兵器が存在しないことを知りつつ，あえて政府に戦争を思いとどまらせることをせず，政府も誤った情報であることを察知しつつ，あえてこれを鵜呑みにしたのであった[6]。

2) イラク戦争と「ネオコン」の対外政策

　アフガニスタン戦争に続くイラク戦争［11-11］は，ジャングルの法則が支配した19世紀的国際社会への逆行を思わせた。ヨーロッパの伝統的な国際法の下では，戦争にかかわって国家は以下の自由を有するとされた。ひとつは，どのような理由で戦争に訴えるかの自由であり，「戦争原因の自由」と言う。いまひとつは，そのような理由の存在を認定して戦争に訴えることを決定する自由であり，「戦争決定の自由」と言う。これは，どのような原因に基づく戦争が禁止されるべきかについて諸国家間の合意達成は不可能だという19世紀的国際社会観に立ったルールであった。

　第一次世界大戦後，国際社会は戦争あるいは武力行使の違法化の道を進んだ。すなわち，国際連盟規約や国際連合憲章は，理由の如何を問わず「戦争決定の自由」を制限した。これが，国家主権平等原則と並んで今日の国際社会の平和と安全を支える原則のひとつである。ところが，アメリカのイラク攻撃は，先に述べた武力行使の「原因の自由」と「決定の自由」を意のままにする行為にほかならない。国家主権を無視されたイラクは，あたかもアメリカの「帝国」の一部，アメリカの51番目の州のように扱われたのである。

6）梅川正美・阪野智一編著『ブレアのイラク戦争——イギリスの世界戦略』朝日新聞社，2004年，160-69頁。

■ 11-11 米同時多発テロ後の主な動き

年	日付	国	内容
2001年	9月11日	米国	ニューヨークなどで同時多発テロ
	15日	米国	ブッシュ大統領, ビン・ラディン容疑者を「主要な容疑者」と名指し
	10月7日	米英	アフガニスタン空爆開始
	12月7日	アフガン	タリバーン, 本拠地の南部カンダハルから全面撤退, タリバーン政権が完全消滅
	22日	アフガン	暫定政権が発足
02年	10月12日	インドネシア	バリ島で爆弾テロ。約200人死亡
03年	3月20日	米国など	イラク戦争開始
	4月9日	イラク	バグダッド陥落
	5月1日	米国	ブッシュ大統領がイラクでの大規模戦闘終結を宣言
	12月13日	イラク	米軍がフセイン元大統領を北部ティクリート近郊で拘束
04年	3月11日	スペイン	マドリードで列車爆破テロ。約190人死亡
	10月9日	アフガン	大統領選でカルザイ氏が正式大統領に
	29日		衛星テレビ・アルジャジーラが放映したビデオ映像で, ビン・ラディン容疑者が米同時多発テロへの関与を初めて認める
05年	7月7日	英国	ロンドン同時多発テロ。50人以上死亡
	10月1日	インドネシア	バリ島で爆弾テロ。約20人死亡
06年	7月11日	インド	ムンバイで列車爆破テロ。約200人死亡
	8月10日	英国	米国行きの複数の旅客機を爆破するテロ計画が発覚
	12月30日	イラク	フセイン元大統領の死刑執行
09年	12月1日	米国	オバマ大統領がアフガニスタンに関する包括的新戦略を発表。「出口戦略」として11年夏から米軍撤退開始の方針を明らかに
10年	3月24日	サウジアラビア	内務省が, 国内でテロを計画していたとして, アルカーイダの活動家113人を逮捕したと明らかに
11年	5月1日	米国	オバマ大統領がビン・ラディン容疑者の死亡を発表

出所)『朝日新聞』2011年5月3日より作成。

このようなアメリカの政策は,「イラクの体制を変革し, アラブに民主主義をもたらすアメリカの使命はバグダッドで始まり, バグダッドを越える」(『ウィークリー・スタンダード』誌) と言ってはばからないブッシュ (Jr) 政権の支持勢力の思想, 武力によって「民主主義」を輸出しようという傲慢, 中東の多様性を無視した独善的願望に根差していた。

もともと, 市場経済と「民主主義」を拡大するために世界各地に介入し, アメリカのヘゲモニーのもとに新秩序を形成するという発想は, 冷戦終結直後のブッシュ (父) 政権に発している。1993年にクリントン政権のアンソニー・レイク国家安全保障担当補佐官は, これを「関与と拡大 (engagement and enlargement) 戦略」として定式化した。これは「ウィルソン的伝統を持つ道徳主義」に根差す政策であり,「デモクラシーの帝国」を築こうという野心であると評された。この「帝国」に立ちはだかるのが「悪の枢軸」であり,「ならず者諸国家 (rogue states)」(1993年, アスピン国防長官) なのである。ブッシュ (Jr) 政権の「ならず者国家戦略」は「関与と拡大戦略」を補完する概念であり, 標的国の全面封じ込めと孤立化を目指す政策であった。

当初「ならず者」概念は,「民主主義」に反対する専制支配や人権抑圧など政権内部の体制や国内行動を基準としていた。それはやがて, 政権の国際的な行動を基準とするようになり, 大量破壊兵器の追求やテロリズムなど, もっぱらアメリカの国益に対する脅威を指す概念へと転変した。1995～96年当時, アメリカの国家安全保障会議事務局に勤務したリトワクは, この「ならず者」概念は, その基準や政策的対応に首尾一貫性がないままに多様な諸国家を十把一絡げに悪魔呼ばわりする, 政治的選り好みと無節操の概念であると批判した[7]。その意味では, 冷戦の端緒となったトルーマン・ドクトリンと共通する「道徳主義の動員」にほかならなかった。この独善的概念が, アメリカの国益にそぐわない国連の活動や国際協力を阻止することを辞さないという「単独主義」と結びついて, アフガニスタンやイラクの戦争につながったのである。

ブッシュ (Jr) 政権を支えた2つの勢力は, いずれも道徳主義的勢力であった。ひとつは, 1960年代以来のアメリカ社会における「リベラルの行き過ぎ」

---

7) ロバート・S・リトワク『アメリカ「ならず者国家」戦略』佐々木洋訳, 窓社, 2002年。

■ 11-12 「アメリカの防衛力の再建──新しい世紀のための戦略・戦力及び資源」
（新しいアメリカの世紀ためのプロジェクトの報告，2000年9月）〈抜粋〉

「プロジェクト発足の趣旨」より

　20世紀が終わろうとしているが，合衆国は世界で最も卓越した大国として存在している。冷戦において西側を勝利に導いた結果，アメリカは好機と挑戦に向き合っている──合衆国は，過去数十年間の実績の上に打ち立てるべきヴィジョンを持っているだろうか？　合衆国は，アメリカの原理と利益にとって好ましい新世紀を形成する決意を持っているだろうか？

　必要なのは，強力で，かつ現在および将来における挑戦に対応できる軍である。アメリカの原理を海外で大胆かつ目的意識的に推進する外交である。合衆国のグローバルな責任を受け入れる国家的なリーダーシップである。

「基本的所見」より

　今日，アメリカ合衆国は，先例のない戦略的機会を手にしている。差し当たりアメリカに挑戦する大国はひとつもない。アメリカは富に恵まれ，世界のあらゆる地域に強力で民主主義的な同盟国が存在する。アメリカはその歴史の中で最も長い経済的拡張のさなかにある。そして，その政治的・経済的原理はほとんど世界的に受け入れられている。歴史上いかなる時にも，国際的な安全保障秩序がこれほどアメリカの利益と理念にかなっていたことはない。来るべき新世紀にとっての課題は，この「アメリカの平和」を維持し高めることにほかならない。

　しかし，アメリカがその軍事力を十分に維持しなければ，この機会は失われてしまう。実際，過去10年間に，新たな現実に対応しうる安全保障戦略の構築とアメリカがグローバルなリーダーシップを発揮してその使命を全面的に果たすに必要十分な資源の供給を怠ったために，アメリカの平和は増大する危険に直面してきた。この報告は，今日必要とされる事柄を明らかにする。

("Rebuilding America's Defenses : Strategy, Forces and Resources For a New Century", A Report of The Project for the New American Century, September 2000. http://newamericancentury.org/RebuildingAmericasDefenses.pdf)

に反撃するキリスト教関係団体であり，個人の自己防衛の権利と銃器購入の自由など「古き良きアメリカ」への回帰を志向する共和党右派とその支持勢力であった。「ネオコン」（新保守主義）と呼ばれるいまひとつの勢力は，建国以来のアメリカの「明白な天命」を信奉し，世界に対するアメリカの絶対的な軍事支配という思想を持つ政策理論家集団である。そこには，ブッシュ（Jr）政権のラムズフェルド国防長官，チェイニー副大統領，ウォルフォウィッツ国防副長官，パール国防政策諮問委員長らが含まれる。彼らによって構成されるシンク・タンク「新しいアメリカの世紀ためのプロジェクト（Project for New American Century）」のレポート「アメリカの防衛力の再建──新しい世紀のための戦略・戦力及び資源」（2000年9月）［11-12］は，「アメリカの平和が維持・拡大されるべきだとすれば，それはアメリカの圧倒的な軍事的優位という堅固な土台の上に築かれなくてはならない」と論じ，軍事力以外に方法がないとしても，イラク（およびイラン，シリア，北朝鮮，リビア）の「体制転換」が必要であり，「湾岸地域における米軍の大規模なプレゼンスの必要性は，フセイン体制の問題を超えたものだ」と言ってはばからない。アフガニスタンとイラクの戦争は，このような思想が，大統領権限の強化と議会の閉塞状況の創出，偽りの情報捏造とメディアによる世論操作や情報統制という彼らの政治手法と結びついて進められた政策であった。

■参考文献

・松井芳郎『テロ，戦争，自衛──米国等のアフガニスタン攻撃を考える』東信堂，2002年。
・ボブ・ウッドワード『ブッシュの戦争』伏見威蕃訳，日本経済新聞社，2003年。
・菅英輝『アメリカの世界戦略──戦争はどう利用されるのか』中公新書，2008年。
・マイケル・マン『論理なき帝国』岡本至訳，NTT出版，2004年。
・細谷雄一『倫理的な戦争──トニー・ブレアの栄光と挫折』慶応義塾大学出版会，2009年。

終章　21世紀の国際社会と国際政治

1　その後の国際社会

1) オバマ政権と国際政治

　2008年の米大統領選挙は，アメリカ史上初めてアフリカ系アメリカ人の大統領を誕生させた。バラク・オバマの登場に，米国民のみならず世界の多くの人々が，彼の選挙戦のスローガンであった「チェンジ」を期待した。就任演説において新大統領は，敵対的な国家が「握りこぶしを開くなら，私たちは手をさしのべる」と語り，また，宗教や言語・文化の多様性を承認する意思を明確に表明した。それは，アメリカの対外政策における単独主義から国際主義への転換と，ブッシュ（Jr）時代の「正邪二元論」的な世界観に基づくおごりの外交との決別を期待させた[1]。

　しかし，差し迫った問題のうち，イラクからの撤退は公約したものの，アフガニスタン政策については不明確な部分が残った。2010年までにオバマ政権はアフガニスタンに3万人の米軍増派を行った。これは，戦闘地域の拡大とその結果として民間人の犠牲者の増大をもたらした。2001年の侵攻以来10年間で1万人の米兵がアフガニスタンの砂漠で命を落とし，今日なお，反政府武装勢力との戦闘で米軍など外国軍の戦死者が続出している。2010年10月のNATO首脳会議は，アフガニスタンにおける治安維持の権限を2014年までにアフガニスタン政府側に移譲すると宣言したが，明るい見通しがあってのこと

1）『朝日新聞』，2009年1月22日。President Obama's Inaugural Address, 20 January 2009. http://www.america.gov/st/usg-english/2009/January/20090120130302abretnuh.0.2991602.html

ではない。

　2011年5月，9.11事件以来10年にわたってアメリカが「容疑者」として追跡を続けてきたアルカーイダの首領ウサーマ・ビン・ラディンが，パキスタン国内の潜伏先で米軍特殊部隊の軍事攻撃によって殺害された。米軍特殊部隊は，同盟国とは言え他国領内の一角にある潜伏地に，戦争まがいの軍事攻撃を仕掛け，非武装であったビン・ラディンを捕獲せずに射殺した。遺体は早々にアラビア海で水葬にしたという。オバマ大統領は，これを「テロとの戦争」の「最大の成果だ」と表明した。しかし，これによってテロや暴力の連鎖が断ち切られたわけではない。また，最も重要な「容疑者」の殺害によって9.11事件の真相解明は遠のいたと言えよう。

　一方，イラクの元大統領サダム・フセインは2003年にイラク国内で捕獲され，3年後に死刑に処せられた。2010年8月31日，オバマ大統領は「"イラクの自由"作戦は終わった」と演説し，イラクからの米軍撤退開始を宣言した。しかし，イラクに平和や市民生活の安定が生まれたわけではない。2003年以来の戦争の間にイラクの治安は乱れ，いまだに部族間，宗派間の戦闘やテロ行為が頻発し，イラク人の死者は1カ月に500人を上回っていると伝えられる。

　湾岸，アフガニスタン，イラクにおける戦争は，中東の紛争解決の環境をますます遠のかせた。ヨルダン川西岸とガザ地区におけるパレスチナ人の暫定自治は崩壊の危機に瀕している。両地域へのイスラエル人の入植を既成事実としてパレスチナ自治を妨害するイスラエルの政府と右翼勢力の蠢動，これに対抗するパレスチナ人のインティファーダやイスラーム過激派ハマスの自爆テロ，そしてテロに対するイスラエル軍の大規模な武力攻撃という連鎖が，依然として絶えていない。2010年9月に，アメリカの仲介でイスラエルとパレスチナの直接和平交渉が約2年ぶりに再開されたが，見通しが開けたわけではない。イスラエル人の入植活動を「違法」と非難する国連安保理決議にオバマ政権のアメリカが拒否権を行使した（2011年2月18日）ことによって，PLOやアラブ諸国に反米・反イスラエルの感情が強まっている。

　2009年4月5日，チェコ共和国を訪問したオバマ大統領は，プラハ市民の前で演説し，アメリカは「核兵器のない世界の平和と安全保障に取り組むことを宣言する」と述べた。「核抑止力」を世界戦略の柱としてきたアメリカの大

統領が「核兵器のない世界」を目指すと公言したのは画期的な出来事であった。日本の被爆者をはじめ多くの人々がこれを歓迎し，核兵器廃絶が具体的に日程にのぼることを期待した。ところが，そのアメリカが，2010年10月，未臨界核実験を実施し，さらに2011年1月には核兵器を搭載できる新型の長距離爆撃機の開発計画を公表し，依然として核抑止力を維持する意図を顕示したのである。2010年4月に米，ロ首脳が調印した新戦略兵器削減条約（新START）は，調印から8カ月後にかろうじて米上院で批准され，2011年2月に発効した。しかし，この条約は，核兵器廃絶へのわずかな一歩前進ではあるが，17年までに両国それぞれが配備する（保管分を含まない）戦略核弾頭数の上限を1,550発以下にするという取決めに止まり，基本的には従来の軍備管理条約の域を出るものではない。2010年10月のNATO首脳会議は，オバマ大統領のアメリカに促されて初めて核兵器廃絶を「最終目標」として掲げはした。しかし，具体的な核軍縮計画は見送られる一方，イランや北朝鮮からの攻撃を想定したミサイル防衛（MD）の強化方針を定めた。

　北朝鮮などの「ならず者国家ぶり」が介入や核抑止力維持の正当化の理由にされている。さらに，東アジアでは，社会主義計画経済システムと決別して急速な経済成長を遂げ，国内総生産で日本を抜いて世界第2位の地位を占めるに至った中国が，国際社会への経済的，政治的影響力を強めつつある。アメリカに対抗する海，空軍力の強化を誇示しながら近隣諸国との間に領土をめぐる摩擦を生み出している事態は，北朝鮮問題と並んで東アジアの暗雲となりかねない。

　大統領就任1年にして，オバマ政権自体にもかげりが見えてきた。米経済の回復が見えず高い失業率が続く中で，オバマ政権の「大きな政府」政策に対する共和党・右翼の批判が強まった。ボストン茶会事件にちなんで増税に反対し，自助自立のアメリカ的伝統の回復を唱える市民グループ「ティー・パーティー」運動の広がりを伴って，全米にオバマ批判が高揚した。2010年11月の中間選挙でオバマの民主党は大敗を喫し，下院における共和党の多数を許すこととなった。アメリカの政策は内外にわたって不透明感を増している。

2) 競争経済の破綻と不寛容の横行

　2008年9月15日，世界経済に衝撃が走った。「リーマン・ショック」と言われた。アメリカで当時第4位の投資銀行リーマン・ブラザーズが経営破綻に陥り，それが世界各国の経済に混乱と低迷をもたらした。危機は金融市場に止まらず実体経済におよび，アメリカ，ヨーロッパ，日本の経済は軒並み大不況に見舞われた。急速な生産の縮小が労働力の整理を伴って進められた。「冷戦に勝利した」と自賛する資本主義経済の破綻と世界恐慌の再来であった。

　リーマンの破綻は，高金利の住宅担保貸付サブプライム・ローンを証券化した商品を大量に抱え込み，住宅バブルの崩壊で巨大な損失を被ったためであった。1970年代の石油ショック以来，長期不況の中での激烈な競争は，生産的な投資先を見出しえない資本の蓄積を生み出した。そして，1980年代後半以降，だぶついた資本を抱えて肥大化した金融資本による不動産や株式の投機的な取引が蔓延し，バブル経済――資産価格が実体経済をはるかに超えて異常に上昇した状態――が各国に波及したのである。また，国際金融市場における金融機関や機関投資家の投機的な金融取引・為替取引は，各国に相次ぐ通貨危機を招き，バブルの崩壊を導いて，世界経済の混乱を引き起こした。規制緩和によって国家の枠を飛び出した経済が，金融政策や通貨政策をめぐって国家と衝突しながら，未曾有の危機を生み出したのである。

　遡ってみると，第二次世界大戦後に「西側」では多角的自由貿易体制が構想されたが，ドル不足に見舞われていた西側諸国の復興のために，アメリカは，大規模な経済援助の提供に加えて，諸国からの安定した輸入水準を維持するために国内の有効需要を生み出す財政政策を引き受けねばならなかった。各国政府も，経済の復興と完全雇用の実現を目標に，ケインズ主義的な財政政策を採用した。これは，長期にわたる苦しい戦争に国民を動員した国家が戦後に引き受けねばならない義務でもあった。自由貿易体制によって国際経済の開放性を高めながら，他方で諸国家が脆弱な国内の社会集団を保護しながら国際競争力を強めていくこの経済政策は，「埋め込まれた自由主義」と表現された。「東側」における社会主義経済の存在が，国民の経済的・社会的平等を実現する対抗的な理念として，資本主義諸国の「福祉国家」政策に大きな影響力を与えたことも見落としてはならない。

ところが，1980年代になって米，英をはじめ先進資本主義諸国は，それまでの経済政策を放棄し，「新自由主義」と言われる経済政策に転じた。長年にわたる国家財政動員の政策に起因する諸国家の財政危機がこの転換の理由とされ，「経済は市場に委ねるのが最善である」とする市場万能主義の競争経済が促進された。国家による経済活動の規制緩和が進められた結果，金融や情報を含むグローバリゼーションが進行し，グローバルな自由市場を場として激しい経済競争が展開した。留意すべきは，これに伴って経済における国家や個人の倫理が忘れ去られ，企業の社会的責任や国家による弱者救済の思想が放棄されたことである。競争にさらされた企業は，生産性の向上，労働コストの削減，雇用の流動化を目指して，賃金や雇用形態の見直しを進めた。それは，国内において経済的な格差の拡大を生み，貧困層の増大を招いた。国際経済においても，かつての「南北問題」や先進国による発展途上国への援助の思想は省みられなくなった。

　本来，経済は，人間社会に幸福を実現するための基本的活動である。ところが，市場万能主義の競争経済の中で，企業は，労働者に対する雇用責任も社会的責任も放念し，株主にとっての価値創造を絶対的命題とする企業活動を展開するようになった。株主以外の人間や社会を忘れたやみくもな競争経済は，社会の様々な部分にすさんだ現象——理不尽な殺人事件や自殺者の増大，孤独死，大小様々な詐欺の横行など——を生み出した。それは，過度な競争経済に伴って進行した，他者への思いやりの精神や人間社会の共同性あるいは一体感の喪失の結果であった。

　以上のような経済の展開と，9.11事件がつくり出した「異質性」を敵視する雰囲気が，国際社会の様々な場面に「不寛容」の広がりを生んだ。経済不況が深刻なヨーロッパでは，各国で職を求め，あるいは教育費の値上げに抗議する大規模な反政府行動が相次いでいる。このような中で，ヨーロッパ社会では移民労働者に対する排斥傾向が拡大した。一方，アメリカでは，ニューヨークの地下鉄でムスリムの指導者が襲われるなど，イスラームに対する嫌悪感や反発が隠然と広がっている。フロリダ州の小さな教会の牧師が，9.11を「コーランを焼く日」にすべきだと説いて，世界中のムスリムの反撃を招いた。不寛容は「反イスラーム」の側だけではない。イスラーム国家のパキスタンで，聖典

コーランや預言者ムハンマドへの侮辱行為を禁じる法を「不名誉な法だ」と語った一州知事が護衛役の警官に射殺され，しかも宗教界のみならず市民の共感は射殺犯の側に寄せられたという。その隣国イランでは，アフガニスタンの戦火を逃れて流入したアフガニスタン難民に対して，同じムスリムでありながら，イランのシーア派ムスリムによる排斥運動が激化しているという。

人は，本来，複数のアイデンティティを持ちうる。イラク人を例にとれば，ムスリム，スンナ派あるいはシーア派ムスリム，アラブ，イラク国民というアイデンティティが重なって存在する。ところが，争い事は様々なアイデンティティのひとつだけを特別視し，他を無視することから起きる。旧ユーゴスラヴィアは，6つの民族の存在を相互に承認しながら，ユーゴスラヴィア国民というアイデンティティを共有しようという多元主義の試みであった。しかし，1980年代以降，狭い民族的アイデンティティの特別視が紛争を招き，連邦国家の解体を招いたのであった。

人は，自我の拡大によって，複数のアイデンティティの中から広いアイデンティティに依拠することが可能であり，究極的には人間としてのアイデンティティを共有することによって，多様なアイデンティティの共生を実現できるはずなのである。はたして国際社会は健全な経済を取り戻すことができるのか。また，国際社会は「不寛容」の連鎖を断ち切ることができるのか。21世紀は大きな課題を抱えたまま最初の10年を経過した。

2　21世紀の課題

1) 国家の退場？

20世紀はナショナリズムの世紀であり「国家の時代」であったが，その最後の四半世紀には，経済を中心に国境を越えたヒト，モノ，カネの移動や交流が進展し，ヨーロッパ統合に代表される様々な地域統合が試みられた。独立した主権国家から成る国際社会においても，相互依存——ある国家の利益が他の国家の行動によって影響を受けるという状態——は，程度の差はあれ自明のことであるが，1960年代末から70年代にかけて，国際関係研究において「相互依存論」が盛んになった[2]。その背景には，アメリカの経済的な覇権が動揺し

始める中で，先進諸国間の相互依存状況をアメリカの国益に結びつけようという政策的な思惑も垣間見えたが，「相互依存論」は経済を中心に進行した諸国家間の相互依存関係の下で国際関係を安定させようという国際政治におけるリベラリズムの台頭でもあった。

1990年代には，イギリスの国際政治経済学者ストレンジが「国家の退場 (The Retreat of the State)」論を提起した[3]。ストレンジは，「国家はいぜんとして国際政治経済における重要なプレーヤーであるとはいえ，他の非国家的諸勢力や権威に対して次第にその座を譲り渡さざるをえない」と論じ，国境を越えて活動する企業，国際カルテル，国際的な犯罪組織，そしてEUをはじめとする国際機構が，国家の権威を超越してパワーを行使している経験的事実を明らかにした。ストレンジの「国家の退場」論は，グローバルな資本主義の展開と国際関係の流動化の中での国家の権威やパワーの後退に注目した斬新な国際政治経済分析であった。

ところで，「国家の退場」は1970〜80年代における資本主義経済のグローバル化の産物であるとして，経済のグローバル化は20世紀資本主義の必然的結果なのだろうか。おそらく，経済のグローバル化や国家の経済への介入の後退を促した基本的な力は資本の活動であったであろう。しかし，この資本の活動が自然現象であるなどと考える経済学者は存在しない。経済に対する諸々の規制を緩和し，資本の国境を越えた経済活動を助長し，その結果，国家の機能の後退をもたらしたのは，国家（政府）の政策なのであった。国家間の合意なくして経済の越境はありえなかった。「国家の退場」には，資本の圧力を受けた国家の政策，国家間の合意の結果という側面を排除できないのである。

1970年代の「相互依存論」は，諸国家の相互依存を望ましい国際関係の姿とみなし，相互依存の促進の上に安定した秩序を打ち立てようという理念的側面を伴っていた。これに対して，ストレンジの「国家の退場」論は，理念論と言うよりは経験的分析であった。しかし，「国家の退場」は今日および少なくとも近い将来の世界にとって望ましいことなのだろうか，と問い直すことも必

---

2) 山本吉宣『国際的相互依存』東京大学出版会，1989年。
3) スーザン・ストレンジ『国家の退場――グローバル経済の新しい主役たち』桜井公人訳，岩波書店，1998年。

要である。80年ぶりに世界恐慌を体験した21世紀の国際社会は，あらためて経済における国家と市場の問題を熟慮する必要がある。市場万能主義を唱える新自由主義の政策の下で，グローバルに展開した資本主義は，世界の金融市場の安定を揺るがし，経済的格差の著しい拡大を生み，その結果，社会の安心・安全の喪失と人々の信頼関係や共同性を奪った。これがグローバルな資本主義の「本質的欠陥」なのかどうかは議論のあるところである。しかし，新自由主義の経済政策が，経済の不安定化や格差拡大など，自由競争がもたらす社会への「副作用」についてあまりにも考慮が足りなかったことは否定できない[4]。

第二次世界大戦後に実現したアメリカの厚い中間層を軸にした「豊かな社会」は，政府（国家）の経済への介入——総需要の管理や所得再配分の政策——によって生まれたのである。アメリカのレーガン大統領や新自由主義論者は「政府は問題の解決策ではなく政府こそが問題だ」と主張した。1998年のノーベル経済学賞受賞者アマーティア・セン教授は，この主張を「愚かしい」と一蹴し，人々の幸福や自由を含む「社会の基盤を作る」点で国家の役割は非常に大きく，また「国家は，金融機関の活動を抑制する点でも重要だ」と論じた[5]。

リーマン・ショックに始まる資本主義経済の「自壊」は，投機的な金融取引・為替取引の規制など金融資本の暴走を抑制する国家の役割，あるいはグローバルに展開する競争経済がもたらす数々の社会的歪みを是正する国家の役割，そして国家間協力の必要性をあらためて教えている。そもそも，経済の自由化や規制緩和に向けた一連の措置は，国家間の合意に基づく政策であったことを忘れてはならない。そうであれば，健全な社会の再建に向けた国家間協力こそ，今日の国際社会に求められる課題である。

グローバルな資本主義の展開の中で絶対的にも相対的にも貧困化を余儀なくされている発展途上諸国に眼を転じてみよう。かつて「第三世界」と呼ばれた広範な地域には，社会経済の発展に国家の機能を不可欠とする国が多数存在する。先進諸国は，矛盾や摩擦をはらみながらも様々な統合を追求し，規制緩和によって経済の相互依存関係を形成してきたが，その世界で従属的な依存関係

---

4) 中谷巌『資本主義はなぜ自壊したのか——「日本」再生への提言』集英社，2008年。
5) 『朝日新聞』2009年2月24日。

を余儀なくされてきた発展途上国が健全な国づくりを進めるためには，国家（政府）の役割と，諸国家間の協力関係が不可欠である。発展途上諸国の力の結集と「南北」の協力の上に，例えば1970年代に構想された「新国際経済秩序」の実現が追求されてしかるべきであろう。発展途上国にとって「国家」は決して過去のものになってはいない。

　他面，発展途上諸国には「開発」を大義名分とした独裁をはじめ一部の富裕層や軍に依拠した強権的政治体制が多く，その下で民衆は貧困や無権利状態に閉じ込められている現実も存在する。1998年，「開発独裁」の典型であったインドネシアのスハルト体制が経済危機の下で崩壊し，2003年にイラクのフセイン体制がアメリカの軍事力によって倒された。2011年にはチュニジアやエジプトで20年から30年にわたって強権的支配を続けた独裁者が市民の反政府運動によって退けられた。民主化を求め，「革命」を呼号する民衆の運動は，リビアをはじめ他の中東諸国にも拡大しつつある。大国の軍事力による「民主主義の拡大」は批判されねばならない。しかし，少なくとも健全で安定した国家の建設は発展途上諸国に残された21世紀の課題であり，しかも国家主権原理を基盤とした国際社会においては，望むらくは国際的な協力や支援を得て，当該国民が自ら担うべき課題である。

2）国際政治と多元主義

　イラクで，アフガニスタンで，パレスチナで，ロシアのカフカス地方で，そしてスーダンをはじめアフリカ各地で，紛争やテロは止むことを知らず，数え切れない無辜の民が犠牲になっている。いったい，194（2010年時点）を数える地球上の国家間に，あるいはそれを上回る多様なエスニック・グループ間に，紛争は不可避なのか。「ゲームとしての戦争」や「文明の衝突」が，爛熟した人類社会の宿命だと言うべきなのか。

　イラクやアフガニスタンで今なお続く紛争やテロは，大国の武力介入がもたらした結果であることを私たちは知っている。パレスチナの紛争についても，間違いなく大国の歴史的責任を指摘することができる。そして，最も深刻な問題は，大国とりわけアメリカの力による介入政策が，本来，価値多元的本質を基礎に構築された「国際社会」の秩序原理を根こそぎ壊そうとしたことであ

る。アフガニスタン，イラクへの軍事介入は，20世紀の国際社会が営々と築き上げた平和と安全の秩序原理，すなわち国際連合憲章が定める国家主権原則と武力行使禁止原則，そして集団安全保障原則を踏みにじる行為であった。ブッシュ（Jr）政権を支えた「ネオコン」の対外政策には，世界における価値多元性・文化的多元性や「国際社会」の多元的構造を承認する思想や論理が本質的に欠如している。彼らは，「自由民主主義」を核とするアメリカ的価値観を絶対化し，これを世界に拡大する「明白な天命」を疑おうとしない。それは「アメリカ帝国」を求める思想と論理である。

しかし，「アメリカ帝国」は実現可能であるのか。それは地球上の人々にとって耐えうる政治空間となりうるのか。「秩序」をもたらしてこその「帝国」であるとすれば，イラクやアフガニスタンの事例に秩序を備えた「帝国」の可能性を見出すことはできない。「帝国」は多元的価値観や文化の共存の上に存在しうるものと考えれば，「ネオコン」の価値絶対主義は「帝国」の要件とも衝突する。何よりも，世界の大多数の人々は「アメリカ帝国」を欲していない。今日求められているのは，異なった価値観，異なった文化の存在を承認し，多元的価値観と多元的な文化の「共生」を保証する世界秩序である。

17世紀中葉のヨーロッパに生まれた「国際社会」は，本来，価値多元主義に基づく秩序であった。「均質な主権国家」という擬制は，反面，非政治的側面における価値の多元性の許容を意味したのである。しかし，「国際社会」はただちに平和や安定につながる仕組ではなかった。「国際社会」に展開する諸国家間の政治は「パワーをめぐる競争的闘争」であると定式化された。パワー・ポリティックスはパワーの偏在を生み，大国による小国支配に帰結する。また，パワー・ポリティックスは，パワーの衝突と，パワーの究極的発動である戦争を不可避とする。第一次世界大戦までの国際社会は，以上のような姿を繰り返した。

20世紀の国際社会は，パワー・ポリティックスの制御の仕組を考え出した。戦争の違法化と紛争の平和的解決の誓約，そしてこれを保障する集団安全保障体制である。2度目の世界大戦の後に設立された国際連合は，加盟国の主権の尊重と平等をうたうとともに，「武力による威嚇又は武力の行使」を全面的に禁止し，国際紛争の平和的・集団的解決を加盟国に義務付けた。これが平和と

安全保障に関する20世紀国際社会の知恵であった。ところが，21世紀を迎えた世界において，20世紀国際社会が産み落とした平和と安全保障の基本原則が揺るがされているのである。

　21世紀は「国際社会」を乗り越えるのか。それとも，「世界化した国際社会」に，平和と安全保障のための新たな21世紀的叡智を付け加えうるのか。

　経済に始まり文化の領域に至るグローバル化が進行する中で，主権国家の枠組の有意性が問われている。他方，経済を中心とするグローバル化の進行は，逆説的ではあるが，地域の個性化あるいは自己主張の許容を必要としている。なぜなら，本来は多様な文化や価値観を持った諸地域の相互交流の拡大であるはずのグローバル化が，実際には経済活動の世界的な一元化のみならず，地域的な価値観や文化を排除する価値観や文化の均一化を伴って進行しているからである。「均一化」に埋没し，やがて「無」に陥らないためには，地域の個性化と，異なった価値観や文化の相互承認・相互理解と「共生」の思想が必要である。地球上の大部分では，地域的な政治権力（国家）が依然としてその役割を期待されていることを否定できない。21世紀も，ただちに「国家」を乗り越えることは不可能であり，また不合理であるように見える。一元的支配の枠組としての「帝国」（アメリカの「デモクラシーの帝国」）の実現はむろんのこと，ネグリやハートの言うグローバルな民主化や市場経済化の結果として生まれる「脱中心的な世界秩序」としての「帝国」[6]の展望も見えない。

　そうであれば，私たちは，もともと価値多元性の承認を基礎に打ち立てられた「国際社会」に今暫くは依拠しながら，平和と安全の仕組を手に入れなければならない。国連憲章の3つの原則——国家主権原則，武力行使禁止原則，集団安全保障原則——は，間違いなく21世紀の平和と安全のための秩序の前提にならなければならない。その上に，21世紀の「国際社会」は，「グローバル化」や国家機能の後退という新しい状況に適応する，新たな知恵を生み出すことを求められているのである。

6）アントニオ・ネグリ，マイケル・ハート『帝国——グローバル化の世界秩序とマルチチュードの可能性』水島一憲他訳，以文社，2003年。

■**参考文献**

・ジェームズ・メイヨール『世界政治──進歩と限界』田所昌幸訳,勁草書房,2009 年。
・ヘドリー・ブル『国際社会論──アナーキカル・ソサイエティ』臼杵英一訳,岩波書店,2000 年。
・エマニュエル・トッド『帝国以後』石崎晴己訳,藤原書店,2003 年。

付録：国際連合憲章〈抜粋〉

（前文と第1章，第3章は125，127頁参照）
　　　第4章　総　会
構　成
第9条〔構成〕1　総会は，すべての国際連合加盟国で構成する。
2　各加盟国は，総会において5人以下の代表者を有するものとする。
任務及び権限
第10条〔総則〕総会は，この憲章の範囲内にある問題若しくは事項又はこの憲章に規定する機関の権限及び任務に関する問題若しくは事項を討議し，並びに，第12条に規定する場合を除く外，このような問題又は事項について国際連合加盟国若しくは安全保障理事会又はこの両者に対して勧告をすることができる。
第11条〔平和と安全の維持〕1　総会は，国際の平和及び安全の維持についての協力に関する一般原則を，軍備縮少及び軍備規制を律する原則も含めて，審議し，並びにこのような原則について加盟国若しくは安全保障理事会又はこの両者に対して勧告をすることができる。
2　総会は，国際連合加盟国若しくは安全保障理事会によって，又は第35条2に従い国際連合加盟国でない国によって総会に付託される国際の平和及び安全の維持に関するいかなる問題も討議し，並びに，第12条に規定する場合を除く外，このような問題について，一若しくは二以上の関係国又は安全保障理事会あるいはこの両者に対して勧告をすることができる。このような問題で行動を必要とするものは，討議の前又は後に，総会によって安全保障理事会に付託されなければならない。
3　総会は，国際の平和及び安全を危くする虞のある事態について，安全保障理事会の注意を促すことができる。
4　本条に掲げる総会の権限は，第10条の一般的範囲を制限するものではない。
第12条〔安全保障理事会との関係〕1　安全保障理事会がこの憲章によって与えられた任務をいずれかの紛争又は事態について遂行している間は，総会は，安全保障理事会が要請しない限り，この紛争又は事態について，いかなる勧告もしてはならない。

　　　第5章　安全保障理事会
構　成
第23条〔構成〕1　安全保障理事会は，15の国際連合加盟国で構成する。中華民国，フランス，ソヴィエト社会主義共和国連邦，グレート・ブリテン及び北部アイルランド連合王国及びアメリカ合衆国は，安全保障理事会の常任理事国となる。総会は，第一に国際の平和及び安全の維持とこの機構のその他の目的とに対する国際連合加盟国の貢献に，更に衡平な地理的分配に特に妥当な考慮を払って，安全保障理事会の非常任理事国となる他の10の国際連合加盟国を選挙する。
2　安全保障理事会の非常任理事国は，二年の任期で選挙される。安全保障理事会の理事国の定数が11から15に増加された後の第一回の非常任理事国の選挙では，追加の4理事国

のうち2理事国は，一年の任期で選ばれる。退任理事国は，引き続いて再選される資格がない。
3　安全保障理事会の各理事国は，一人の代表者を有する。

任務及び権限
第24条〔平和と安全の維持〕1　国際連合の迅速且つ有効な行動を確保するために，国際連合加盟国は，国際の平和及び安全の維持に関する主要な責任を安全保障理事会に負わせるものとし，且つ，安全保障理事会がこの責任に基く義務を果すに当って加盟国に代って行動することに同意する。
2　前記の義務を果すに当っては，安全保障理事会は，国際連合の目的及び原則に従って行動しなければならない。この義務を果すために安全保障理事会に与えられる特定の権限は，第6章，第7章，第8章及び第12章で定める。
3　安全保障理事会は，年次報告を，また，必要があるときは特別報告を総会に審議のため提出しなければならない。
第25条〔決定の拘束力〕国際連合加盟国は，安全保障理事会の決定をこの憲章に従って受諾し且つ履行することに同意する。

表　決
第27条〔表決手続〕1　安全保障理事会の各理事国は，一個の投票権を有する。
2　手続事項に関する安全保障理事会の決定は，9理事国の賛成投票によって行われる。
3　その他のすべての事項に関する安全保障理事会の決定は，常任理事国の同意投票を含む9理事国の賛成投票によって行われる。但し，第6章及び第52条3に基く決定については，紛争当事国は，投票を棄権しなければならない。

　　　第6章　紛争の平和的解決
第33条〔平和的解決の義務〕1　いかなる紛争でもその継続が国際の平和及び安全の維持を危くする虞のあるものについては，その当事者は，まず第一に，交渉，審査，仲介，調停，仲裁裁判，司法的解決，地域的機関又は地域的取極の利用その他当事者が選ぶ平和的手段による解決を求めなければならない。
2　安全保障理事会は，必要と認めるときは，当事者に対して，その紛争を前記の手段によって解決するように要請する。

　　　第7章　平和に対する脅威，平和の破壊及び侵略行為に関する行動
第39条〔安全保障理事会の一般的機能〕安全保障理事会は，平和に対する脅威，平和の破壊又は侵略行為の存在を決定し，並びに，国際の平和及び安全を維持し又は回復するために，勧告をし，又は第41条及び第42条に従っていかなる措置をとるかを決定する。
第40条〔暫定措置〕事態の悪化を防ぐため，第39条の規定により勧告をし，又は措置を決定する前に，安全保障理事会は，必要又は望ましいと認める暫定措置に従うように関係当事者に要請することができる。この暫定措置は，関係当事者の権利，請求権又は地位を害するものではない。安全保障理事会は，関係当事者がこの暫定措置に従わなかったときは，そのことに妥当な考慮を払わなければならない。
第41条〔非軍事的措置〕安全保障理事会は，その決定を実施するために，兵力の使用を伴

わないいかなる措置を使用すべきかを決定することができ，且つ，この措置を適用するように国際連合加盟国に要請することができる。この措置は，経済関係及び鉄道，航海，航空，郵便，電信，無線通信その他の運輸通信の手段の全部又は一部の中断並びに外交関係の断絶を含むことができる。

第42条〔軍事的措置〕安全保障理事会は，第41条に定める措置では不充分であろうと認め，又は不充分なことが判明したと認めるときは，国際の平和及び安全の維持又は回復に必要な空軍，海軍又は陸軍の行動をとることができる。この行動は，国際連合加盟国の空軍，海軍又は陸軍による示威，封鎖その他の行動を含むことができる。

第43条〔特別協定〕1　国際の平和及び安全の維持に貢献するため，すべての国際連合加盟国は，安全保障理事会の要請に基き且つ一又は二以上の特別協定に従って，国際の平和及び安全の維持に必要な兵力，援助及び便益を安全保障理事会に利用させることを約束する。この便益には，通過の権利が含まれる。

第46条〔兵力の使用計画〕兵力使用の計画は，軍事参謀委員会の援助を得て安全保障理事会が作成する。

第47条〔軍事参謀委員会〕1　国際の平和及び安全の維持のための安全保障理事会の軍事的要求，理事会の自由に任された兵力の使用及び指揮，軍備規制並びに可能な軍備縮少に関するすべての問題について理事会に助言及び援助を与えるために，軍事参謀委員会を設ける。

2　軍事参謀委員会は，安全保障理事会の常任理事国の参謀総長又はその代表者で構成する。この委員会に常任委員として代表されていない国際連合加盟国は，委員会の責任の有効な遂行のため委員会の事業へのその国の参加が必要であるときは，委員会によってこれと提携するように勧誘されなければならない。

3　軍事参謀委員会は，安全保障理事会の下で，理事会の自由に任された兵力の戦略的指導について責任を負う。この兵力の指揮に関する問題は，後に解決する。

4　軍事参謀委員会は，安全保障理事会の許可を得て，且つ，適当な地域的機関と協議した後に，地域的小委員会を設けることができる。

第48条〔決定の履行〕1　国際の平和及び安全の維持のための安全保障理事会の決定を履行するのに必要な行動は，安全保障理事会が定めるところに従って国際連合加盟国の全部又は一部によってとられる。

第51条〔自衛権〕この憲章のいかなる規定も，国際連合加盟国に対して武力攻撃が発生した場合には，安全保障理事会が国際の平和及び安全の維持に必要な措置をとるまでの間，個別的又は集団的自衛の固有の権利を害するものではない。この自衛権の行使に当って加盟国がとった措置は，直ちに安全保障理事会に報告しなければならない。また，この措置は，安全保障理事会が国際の平和及び安全の維持又は回復のために必要と認める行動をいつでもとるこの憲章に基く権能及び責任に対しては，いかなる影響も及ぼすものではない。

第8章　地域的取極

第52条〔地域的取極，地方的紛争の解決〕1　この憲章のいかなる規定も，国際の平和及び安全の維持に関する事項で地域的行動に適当なものを処理するための地域的取極又は地域的機関が存在することを妨げるものではない。但し，この取極又は機関及びその行動が国際連合の目的及び原則と一致することを条件とする。

2 前記の取極を締結し，又は前記の機関を組織する国際連合加盟国は，地方的紛争を安全保障理事会に付託する前に，この地域的取極又は地域的機関によってこの紛争を平和的に解決するようにあらゆる努力をしなければならない。

あとがき

　3.11 は，9.11 と並んで，私たちの脳裏に深く刻み込まれることとなった。2011 年のこの日，東日本を襲った大地震と大津波と，その下で生じた原発の大事故は，信じられないほど多数の人々の命を奪い，生活を破壊し，さらに広範囲にわたる人々を不安に陥れた。この災害と事故には「想定外」が付きまとったが，「想定外」とは，私たちの自然に対する無理解や科学・技術に対する過信の裏返しにほかならない。20 世紀に，人間社会は，新しい科学や技術を手に，自然に立ち向かいながら財を獲得し，「豊かさ」を求め続けてきた。産業の発展のために原子力にも手を付けた。しかし，この度の災害と事故は，私たちの自然との向き合い方，科学・技術との付き合い方，あるいは人間社会の「豊かさ」の考え方を根本的に問い直すことを求めている。多くの犠牲者の死を無にしないためにも，この災害から大きな教訓を引き出すことが私たちの義務だと思う。

　さて，本書の執筆に着手したのは，昨年の初夏であった。職務の合間の1時間，2時間を拾い，週末を使って書き進めた。第 11 章までは，それまでの講義ノートに基づいて比較的迅速に書き上げた。しかし，終章の構成や主旨がなかなか固まらなかった。アフガニスタンやイラクの情勢に加えリーマン・ショックに始まる世界恐慌，米国議会中間選挙におけるオバマ民主党の敗北，そして東アジア情勢の緊迫，中東の相次ぐ政変など，ますます不透明感を増してきた国際政治の行方を追跡しながら，他方でスーザン・ストレンジ，ヘドリー・ブル，ジェームズ・メイヨール，スティーブン・ギル，アラン・ミルウォードなどを読み直し，主権国家システムの有意性についてあらためて考えた。

　第 11 章までを書き上げたところで，私はこれを，かつて名古屋大学大学院のゼミで共に学んだ人たちをはじめ 6 人の若手研究者（今ではみんな一人前の大学教員として最前線で活躍している）に送り，主として今の学生に何を伝えるべきかという観点からの意見をお願いした。彼らは，丹念に原稿に目を通して

くれただけではなく，集まって合評会をやろうという提案まで返してくれた。昨年末の土曜日に，愛知県立大学の学長室で，昔の大学院ゼミを思い出しながら楽しい議論を交わした。思わぬ誤記の指摘をはじめ，「国際社会」概念の扱い，イスラーム社会の見方，社会主義と戦後ソ連の政策の評価，ヨーロッパ統合と冷戦の関係の理解，戦後世界経済のとらえ方など，重要な問題について貴重なアドバイスをもらった。この皆さんたち，北から順に，三須拓也（札幌大学），小川浩之（東京大学），吉留公太（神奈川大学），橋口豊（龍谷大学），井上裕司（阪南大学），佐々木拓雄（久留米大学）の諸氏に心からお礼を申し上げたい。

　1月中旬，愛知県立大学において，「諍いの横顔」というテーマの公開座談会が行われた。その数カ月前から，本学図書館が「諍いから共生へ」を主題に，まったく専門分野の異なる6人の教員——精神分析学，英文学，東アジア史，ロボット工学，音楽，そして国際政治学の私——がそれぞれに推薦図書を挙げ，解説を記した1枚のパネルとともに展示するという企画を実施していた。その企画展示の結びの座談会であった。これほど違った分野の研究者の間で「諍い」と「共生」をめぐって話が嚙み合うものかと半信半疑で参加したのだが，じつは，終章をまとめる上で貴重な示唆——免疫学に異物を排除せず「共存」する場合を言う「免疫寛容」という概念があること，人は本来複数のアイデンティティを持ち，自我の拡大によって広いアイデンティティを獲得しうるということ等々——を得た。本書は長年の講義録の集成であるが，この座談会が一例であるように，そこには，京都大学，大分大学，名古屋大学，愛知県立大学の4つの大学における仲間・同僚との研究会や日常的な談話，学生との議論，あるいは日本国際政治学会，イギリス帝国史研究会をはじめ様々な学会・研究会の折に，多くの研究者仲間からいただいた知見が溶け込んでいる。お名前を列挙することは不可能であるが，これまでのご厚誼にあらためて感謝を申し述べたい。

　そもそも名古屋大学出版会編集部の三木信吾氏からお話がなければ，私は教科書を著わすことなく学究生活を終えていたかもしれない。機会を与えていただいたばかりでなく，常に執筆を励まして下さったことに深く感謝したい。出版会編集部には，カバー・デザインに関する私のこだわりを理解していただ

き，図版の入手をはじめその実現に三木氏ならびに長畑節子氏のご尽力をいただいた。ナチス・ドイツによるワルシャワ空爆後の惨状もさることながら，連合国軍の空爆によって瓦礫と化したドレスデンの街とそれを悲しげに見おろす天使の像に，破壊と殺戮という戦争の本質がより普遍的に表現されていると感じるのである。最後に，多数の図版の模様の隅々や小さな書き込みにまで目を配り，丁寧な校正をしていただいた長畑氏のご苦労に御礼を申し上げたい。

　教科書という性格上，できるだけ個人的見解を避けるように努めたのだが，あらためて読み返してみると，目の当たりにしてきた直近20年間の出来事については，筆者の思いがいささか強くにじみ出てしまったきらいもある。この点を含めて読者からの率直なご批判を賜りたい。

2011年初夏

著者しるす

索　引

ア　行

アウン・サン　Aung San　114
悪の枢軸（ブッシュ大統領の演説）　288, 294
アジア太平洋経済協力会議（APEC）　226
アチソン，ディーン G.　Dean G. Acheson　162
アトリー，クレメント R.　Clement R. Attlee　150
アフガニスタン　218, 276, 280, 282, 284, 286, 294, 296, 299-300, 304, 307-8
アフガニスタン侵攻（ソ連の）　218
アフガニスタン戦争　24, 288, 292
アフリカの年　184
アメリカ・スペイン戦争（米西戦争）　32
アラブ　10, 12, 248, 250, 252, 254, 256, 258, 260, 270, 278, 294, 300, 304
アラファト，ヤーシル　Yasir Arafat　256, 260
アルカーイダ　276, 280, 282, 284, 300
アルカディア会談　118
アルバニア／アルバニア人　242, 244, 246
イーデン，アンソニー　Sir Anthony Eden　152
イスラーム　8, 10-3, 218, 232, 234, 248, 260, 264, 278, 280, 282, 286, 300, 303
イスラーム（原理）主義　12, 218, 234, 276, 282
イスラエル　170, 208, 218, 250, 252, 254, 256, 258, 260, 264, 278, 286, 300
イゼトベゴヴィッチ，アリヤ　Alija Izetbegović　242
委任統治　62, 64, 66, 72, 248, 252, 264
イラク　250, 262, 264, 268, 272, 278, 296, 299, 307-8
イラク戦争　24, 288, 290, 292, 294, 299-300, 307
イラン／イラン革命　208, 218, 282, 288, 299-301, 304
イラン＝イラク戦争　264
インティファーダ　258, 300
インドシナ戦争（第一次，第二次）　186, 188

ヴァンデンバーグ決議　174-5
ウィルソン，ウッドロー　Thomas Woodrow Wilson　44, 46, 52, 60, 64, 66, 294
ウィルソンの14カ条　52-4, 56, 58
ウィルソンの「勝利なき講和」演説　46
ウェストファリア講和会議／条約／体制　4-6
ヴェルサイユ講和会議／条約／体制　56, 58, 60-4, 66, 70, 72, 74, 76, 78, 80, 82, 86, 88, 90, 94
英独海軍協定（1935年）　90
英仏ソ3国交渉（1939年）　98, 100
エジプト　250, 254
エジプト＝イスラエル平和条約　256
エチオピア（アビシニア）　86, 90, 94, 228
エルサレム　248, 252, 258
エルベの邂逅　134, 146
王権神授説　4
オーストリア・ハンガリー帝国　32, 38, 52, 54, 62, 236
オーストリア併合／独墺合併　88, 92
オーデル・ナイセ線　214
沖縄　136, 182
オスマン帝国（オスマン・トルコ帝国）　12, 28, 32, 38, 42, 52, 54, 62, 234, 248, 262
オバマ，バラク　Barack Hussein Obama Jr.　299-301

カ　行

カーター，ジェームズ　James E. Carter Jr.　218, 256
カーター・ドクトリン　218
海軍軍備制限条約（ワシントン海軍軍縮条約　1922年）　72, 86
華夷秩序　12, 14
介入主義国家　18, 34
開発独裁　228, 307
カイロ会談　184
カウンター・ヴァリュー戦略　200
カウンター・フォース戦略　202
核戦争　198, 204, 218
核兵器　22, 168, 176, 196, 198, 202, 204, 206,

216, 220, 300-1
核兵器不拡散条約（NPT） 204, 206
核抑止力／政策／戦略　196, 198, 202, 206, 220, 300-1
カサブランカ会議　120
加藤高明　42
華北分離工作　86, 106
カラジッチ，ラドヴァン　Radovan Karadžić　240
関税と貿易に関する一般協定（GATT） 128
関与と拡大戦略　294
北大西洋条約／北大西洋条約機構（NATO）　168, 176-8, 214, 218, 240, 242, 244, 246, 299, 301
北大西洋条約機構（NATO）の新戦略概念　246
キップリング，ラドヤード　Rudyard Kipling　36
奇妙な戦争　102
金日成（キム・イルソン）　Kim Il-song　184
9.11事件　274, 276, 278, 280, 286, 288, 300, 303
キューバ革命　184
キューバ危機　198, 204
共産主義　150, 152, 154, 160, 164, 166, 168, 170, 172, 184, 186, 190, 224
恐怖の均衡　22, 198, 200, 202
ギリシャ　132, 150, 152, 160, 162
クウェート　262, 264, 268, 270, 272, 278, 288
グラスノスチ　220
グラスピー，エイブリル　April Glaspie　268, 270
クリントン，ウィリアム（ビル）　William J. Clinton Jr.　244, 294
クルド人　264, 268
クレマンソー，ジョルジュ　Georges Clemenceau　52, 60
クロアチア　228, 238, 240, 242
軍備管理（交渉，条約）　204, 206, 210, 216, 301
ケインズ主義　208, 302
ケナン，ジョージ F.／ケナン X 論文　George F. Kennan　158, 164
ケネディ，ジョン F.　John F. Kennedy　186, 204
限定核戦争　202, 218
原爆（原子爆弾）　132, 134, 136, 138, 140, 178, 194, 196
国際軍事裁判　140, 194

国際刑事裁判所（ICC）　284
国際通貨基金（IMF）　128, 192
国際復興開発銀行（IBRD）　128
国際法　6, 8, 14
国際貿易機構（ITO）　128
国際連合　22, 122, 124, 126, 130, 142, 146, 184, 194, 228, 248, 252, 256, 260, 262, 264, 266, 268, 272, 288, 290, 294, 308
国際連合安全保障理事会／安保理決議　126, 186, 228, 244, 246, 254, 256, 258, 262, 264, 266, 270, 280, 284, 290, 300
国際連合憲章　22, 126, 142, 174, 190, 246, 264, 266, 284, 292, 308-9
国際連盟／国際連盟規約　8, 22, 62, 64, 66, 70, 72, 86, 88, 124, 126, 252, 292
国民国家　4, 12, 16, 18, 30, 190
国力　6, 8
国連軍　186, 266, 268, 284
国連平和維持活動（軍）／国連保護軍　228, 240
コソヴォ　228, 230, 242, 244, 246
国家（狭義）　18, 20, 34, 210, 212, 302-3, 305-7, 309
国家（広義）　6, 10, 12, 20, 24, 84, 226, 292, 302, 304, 309
国家安全保障　6
国家主権　24
国家的利益　6, 8
国家理性　4
近衛文麿（近衛上奏文）　136
個別誘導多核弾頭（MIRV）ミサイル　198, 202, 206
コミンテルン　152
コミンフォルム　166, 172, 174, 236
コメコン（経済相互援助会議）　174
ゴルバチョフ，ミハイル S.　Mikhail S. Gorbachev　214, 220, 222
コンスタンティノープル協定　42

サ 行

サイクス・ピコ協定　42-3
サダト，アンワル　Anwar al-Sādāt　256
「砂漠の嵐」作戦　268
サライェヴォ／サライェヴォ事件　38-40, 236
三国協商（協商国）　38, 40, 44, 46
三国同盟（同盟国）　38, 42, 62
三十年戦争　4
山東半島　44, 62, 80

索　引　321

サンフランシスコ（国連創設）会議　126
サンフランシスコ（対日）講和条約　180, 182
サンレモ会議　42-3, 252
ジェノサイド条約　142, 194
シオニズム　250, 260
ジダーノフ，アンドレイ　Andrei A. Zhdanov　164
指導者原理　84
支那事変　104, 112
ジハード　10-1, 282
資本主義　16, 18, 20, 30, 32, 34, 36, 82, 84, 146, 162, 164, 166, 212, 302, 305-6
社会主義（体制，国，経済）　16, 18, 20, 34, 38, 48, 64, 84, 146, 164, 174, 204, 210, 212, 236, 238, 242, 244, 301-2
シャロン，アリエル　Ariel Sharon　260
周恩来　Zhou En-lai　188
十五年戦争　104
集団安全保障　22, 24, 66, 126, 142, 308
集団的自衛権　126, 174, 182
主権国家　2, 4, 6, 8, 12, 14, 16, 18, 20, 56, 222, 308-9
シュトレーゼマン，グスタフ　Gustav Stresemann　68
ジュネーヴ議定書　70
ジュネーヴ協定（1954 年）　186
シュムペーター，ジョゼフ A.　Joseph A. Schumpeter　28, 30
植民地／植民地主義　14, 16, 18, 28, 30, 32, 34, 36, 40, 50, 52, 54, 62, 64, 74, 98, 168, 170, 184, 188, 190, 232
ジョンソン，リンドン B.　Lyndon B. Johnson　186, 188
ジンゴイズム／ジンゴ・ソング　36
新自由主義　303, 306
人種主義　16
信託統治　180, 182, 184
人道的介入／救済　230, 246
人道に対する罪　140, 194
人民戦線　82, 90, 100
新冷戦　218
水爆（水素爆弾）　196
枢軸国　88, 94, 96, 108, 112, 114, 120, 130, 132, 236
スエズ　170
スカルノ，アフメド　Achamet Sukarno　114, 130
スターリン，ヨシフ V.　Iosif V. Stalin　116,

132, 134, 136, 148, 152, 154, 156, 166, 242
スターリング・ブロック　82
スターリングラード　120, 152
ズデーテン　92
スティムソン，ヘンリー L.　Henry L. Stimson　136
ストレーザ戦線　90
スハルト　Suharto　307
スペイン内戦　88, 90
スペイン不干渉政策／協定　90, 94
スロヴェニア　238, 240, 242
西欧国際（国家）体系　2, 12, 14
勢力均衡　6, 22, 40, 200
世界恐慌　78, 80, 84, 98, 128, 130, 302, 306
世界銀行　128, 192
世界戦争　20, 22, 24
世界大戦　4, 14, 18, 22, 112, 308
石油戦略／石油危機　192, 208
絶対主義／絶対君主制　4
セルビア　38, 40, 228, 236, 238, 240, 242, 244
セルブ・クロアート・スロヴェーヌ王国　234, 236
戦争責任（第一次世界大戦）　40, 62-3, 68, 80
全体主義　84, 158, 162
戦略兵器制限交渉（SALT）／戦略兵器制限条約　204, 206-7
戦略爆撃　140
戦略防衛構想（SDI）　200, 202
占領管理　132
相互依存論　305
相互確証破壊（MAD）　200, 218
相互抑止　198, 200, 204
総力戦　54, 140
ソマリア　228, 230, 272
ソ連（ソヴィエト社会主義共和国連邦）　18, 22, 48, 50, 58, 64, 70, 92, 94, 96, 98, 100, 112, 116, 118, 120, 122, 130, 132, 138, 148, 150, 152, 154, 158, 164, 168, 170, 174, 176, 178, 210, 212, 218, 220, 222, 226, 228, 232, 240, 242, 282
ソ連の対日参戦　130, 132, 136, 138, 184

タ　行

第一撃戦略／第二撃戦略　200, 202
第一次世界大戦　8, 22, 38, 40, 48, 56, 86, 98, 100, 140, 234, 236, 262, 308
対華 21 カ条要求　44-5, 72
大韓民国／韓国　184, 186
第三世界　192, 208, 228, 230, 306

大西洋憲章／会談　110, 112, 114, 118, 124, 142, 170
対ソ干渉戦争　58-9, 64, 130, 152
大東亜新秩序　106
大東亜戦争／大東亜共栄圏　14, 104, 112, 114
対都市戦略（カウンター・ヴァリュー戦略）　200
第二インターナショナル　48
第二次世界大戦　14, 22, 62, 98, 100, 102, 110, 112, 116, 124, 138, 140, 142, 146, 150, 236
対日講和7原則　180
対日占領政策／初期の対日方針　138, 180
対兵力戦略（カウンター・フォース戦略）　202
大陸間弾道ミサイル（ICBM）　198, 204
大量報復　196
多国籍軍　230, 264, 266, 268, 270, 272
タリバーン　276, 280, 282, 284
ダンケルク　104
ダンツィヒ　62, 66
弾道弾迎撃ミサイル（ABM）　200
単独主義　272, 278, 294, 299
ダンバートン・オークス会議　126
地域紛争　22-4, 226, 228, 230, 232, 234
チェコスロヴァキア　62, 70, 88, 92, 96, 164, 166, 210
チェコスロヴァキア政変　172
チェチェン　228, 232, 234
チェンバレン, ネヴィル　Neville Chamberlain　92, 95-6, 102
チトー（本名：ヨシプ・ブローズ）　Tito (Josip Broz)　236
チャーチル, ウィンストン L. S.　Winston L. S. Churchill　94, 102, 104, 110, 112, 116, 118, 122, 132, 134, 136, 150, 152, 158
中華人民共和国　178, 186, 214, 301
中距離核ミサイル（INF）／INF全廃条約　198, 218, 220
中国　12, 32, 42, 44, 46, 56, 64, 74, 78, 80, 82, 86, 94, 106
中国国民党／中国共産党　178
中国に関する9カ国条約（1922年）　74
中ソ対立　210
中ソ友好同盟相互援助条約　178
中東　248, 258, 300, 307
中東戦争（第一次, 第二次, 第三次, 第四次）　208, 250, 252, 254, 256
中立法（アメリカ）　108
超国家主義　84

朝鮮戦争　22, 178, 180, 184, 188
朝鮮民主主義人民共和国／北朝鮮　184, 186, 301
蝶つがい国家　78
帝国　18, 28, 44, 54, 82, 94, 170, 292, 294, 308-9
帝国主義　4, 18, 28, 30, 32, 34, 36-8, 46, 48, 50, 56, 60, 64, 68, 88, 98, 100, 110, 112, 114, 170, 228, 232, 260
デイトン合意　240, 242
ティルピッツ計画　40
デクエヤル, ハビエル・ペレス　Javier Pérez de Cuéllar　266
デタント　206, 210, 214, 216, 220, 222
「鉄のカーテン」　150, 158, 162
テヘラン会談　122, 124, 132
デモクラシーの帝国　294
テロとの戦争　276, 284, 288, 290, 300
ドイツ（分割）占領政策　156, 158
ドイツ民主共和国／東ドイツ　176, 214, 216, 222
ドイツ問題（第一次世界大戦後）　68
ドイツ問題（第二次世界大戦後）　168, 172, 174, 210
ドイツ連邦共和国／西ドイツ　158, 176, 178, 214, 216, 222
東亜新秩序声明　88
東欧革命／東欧民主化　210, 218, 222, 242
トゥジマン, フラニョ　Franjo Tuđman　238, 242
東南アジア諸国連合（ASEAN）　226
ドーズ案　68
独伊「鉄鋼同盟」　88
独ソ戦争　106, 110, 114, 116, 152
独ソ不可侵条約　98, 100, 102, 112
ド・ゴール, シャルル　Charles de Gaulle　214
ドミノ理論　162
トルーマン, ハリー S.　Harry S. Truman　134, 136, 138, 150, 160
トルーマン・ドクトリン　150, 160, 162, 294
ドル危機　206, 208

ナ 行

ナショナリズム　12, 36, 38, 48, 82, 84, 226, 250, 304
ナセル, ガマル アブドゥル　Gamāl 'Abd al-Nāsir　170, 254
ナチス（民族社会主義ドイツ労働者党）　84,

索　引　323

86, 140, 154, 194, 252, 260
ならず者国家（戦略）　286, 288, 290, 294, 301
南北問題　190, 303
ニクソン，リチャード M.　Richard M. Nixon　188, 206
日独伊三国同盟　106
日独防共協定　88
日米安全保障条約　180, 182
日米安保共同宣言　182
日露戦争　42
日清戦争　42
日本国憲法　180
ニューディール政策　108
ネオコン　296, 308
ネルー，ジャワハルラル　Jawahārlāl Nehrū　188, 190
ノモンハン事件　88, 106
ノルマンディー上陸／オーバーロード作戦　116, 122, 128, 134

ハ 行

バース党　256, 262, 264
バーゼル綱領　250
ハーディング，ウォレン G.　Warren G. Harding　72
バーンズ，ジェームズ F.／シュトゥットガルト演説　James F. Byrnes　158
賠償（第一次世界大戦後）　52, 58, 62, 68, 71, 80, 82
賠償（第二次世界大戦後）　138, 156, 158
ハイドパーク会談覚書　136
パナマ侵攻／「ジャストコーズ」作戦　272
ハマス　260, 300
ハリマン，アヴェレル　Averell Harriman　138, 152
バルバロッサ作戦　110, 152
バルフォア宣言（書簡）　41-2, 252
パレスチナ／パレスチナ問題　250, 252, 254, 256, 258, 260, 264, 278, 286, 300, 307
パレスチナ解放機構（PLO）　256, 258, 260, 300
パレスチナ暫定自治に関する原則合意（オスロ合意）　258
パワー・ポリティックス　6, 8, 20, 36, 56, 308
ハンガリー事件　210
反植民地主義／運動　14, 170, 190
バンドン会議（アジア・アフリカ会議）／バンドン 10 原則　190
反ファシズム連合　100, 108, 112, 114, 116,

146
東アジア経済協議体（EAEC）　226
非同盟／非同盟諸国首脳会議　190, 192, 236
ヒトラー，アドルフ　Adolf Hitler　80, 86, 90, 92, 95, 102, 104, 110, 134, 152, 242
百分率取引　132, 152
ビン・ラディン，ウサーマ　Usama bin-Ladin　276, 280, 282, 300
ファシズム　20, 22, 82, 84, 86, 98, 100, 104, 112, 114, 116, 122, 130, 132, 152
ファタハ　256
フーヴァー，ハーバート C.　Herbert C. Hoover　80
封じ込め政策　164, 180
武器貸与法　110, 118
フセイン，サダム　Saddām Husayn　262, 264, 266, 268, 270, 272, 288, 290, 300
フセイン・マクマホン書簡　41-2, 250
ブッシュ（Jr），ジョージ W.　George W. Bush　260, 274, 276, 278, 280, 284, 286, 288, 290, 294
ブッシュ（父），ジョージ H. W.　George H. W. Bush　224, 230, 258, 268, 272, 288, 294
部分的核実験禁止条約（PTBT）　204
プラハの春　210-1
フランス・チェコスロヴァキア相互援助条約　70, 92
フランス・ポーランド相互援助条約　70
ブラント，ウィリー　Willy Brandt　214, 216
ブリテンの戦い　104-5
ブリュッセル条約（1948 年）　172
武力行使禁止原則　24
ブレジネフ・ドクトリン　210
ブレスト・リトフスク条約　154
ブレトン・ウッズ体制／協定　128, 148, 152, 164, 206, 208
文明の衝突　226
平和 5 原則　188, 190
平和に対する罪　140
平和への布告　50-1
ベヴィン，アーネスト　Ernest Bevin　158, 172-4, 176
ベトナム社会主義共和国　188
ベトナム戦争　22, 186, 206, 210, 214
ベトナム民主共和国　186
ベトミン（ベトナム独立同盟会）　186
ヘルシンキ宣言　216
ベルリンの壁　22, 210, 214, 222
ベルリン封鎖／空輸　174-5

ベルリン＝ローマ枢軸　88, 92
ペレストロイカ　220
包括的核実験禁止条約（CTBT）　204, 278
ボーア，ニールス　Niels Bohr　136
ボーア戦争（南アフリカ戦争）　32
ホーア＝ラヴァル計画　90
ボース，チャンドラ　Subhāsh Chandra Bose　114
ポーランド　46, 62, 70, 88, 98, 100, 102, 130, 138, 152, 154, 164, 214, 216
ポーランド回廊　62, 96
ポーランド安全保障宣言（1939年）　96, 100
北米自由貿易協定（NAFTA）　226
ボスニア・ヘルツェゴヴィナ　38, 228, 236, 238, 242, 290
ポツダム会談／ポツダム宣言　134, 136, 138
ホブソン，ジョン A.　John A. Hobson　30
ボルシェヴィキ／ボルシェヴィズム　50, 58

マ 行

マーシャル，ジョージ C.／マーシャル・プラン　George C. Marshall　162, 164, 168, 172, 174, 176
マーストリヒト条約　208
マッカーサー，ダグラス　Douglas MacArthur　180
満州事変／満州国　86, 88, 104, 106
マンハッタン計画　136, 138
ミサイル　198, 200, 202, 204, 206
ミッドウェー海戦　134
南ベトナム解放民族戦線（ベトコン）　186
ミュンヘン会談（協定）　88, 90, 92, 94
ミルナー卿の「東方計画」　58
ミロシェヴィッチ，スロボダン　Slobodan Milošević　242, 244
民主主義　16, 18, 24, 32, 52, 54, 56, 66, 224, 294
民主的統制連合（綱領）　49
民族／民族主義／民族自決　12, 14, 18, 24, 32, 52, 54, 56, 62, 64, 84, 114, 184, 228, 230, 232, 234, 236, 238, 240, 242, 244, 250, 254, 256, 258, 304
民族解放勢力／戦線　100, 112, 114, 160, 168, 170, 184, 186
民族浄化／ラチャク事件　240, 244, 246
無差別戦争観　8
無差別大量殺戮（ジェノサイド）　140
ムジャヒディーン　282
無条件降伏　58, 120, 132, 134, 138

ムスリム　10, 12, 238, 240, 258, 264, 278, 303
無制限潜水艦作戦　46
ムッソリーニ，ベニト　Benito Mussolini　84
モロトフ，ヴャチェスラフ　Vyacheslav Molotov　120

ヤ 行

ヤルタ会談／ヤルタ協定　126, 130, 132, 134, 136, 154, 156
ユーゴスラヴィア　228, 234, 236, 240, 242, 304
宥和政策　88, 92, 94, 96, 98
ヨーロッパ安全保障協力会議（CSCE）　216, 222
ヨーロッパ共同体（EC）　176, 208, 238
ヨーロッパ経済共同体（EEC）　176, 208
ヨーロッパ経済協力機構（OEEC）　176
ヨーロッパ原子力共同体（EURATOM）　176, 208
ヨーロッパ石炭鉄鋼共同体（ECSC）　176, 208
ヨーロッパ第二戦線　116, 118, 120, 122, 130, 152
ヨーロッパ連合（EU）　16, 208, 226, 290, 305
吉田茂　180
4人の警察官　124, 126
ヨルダン　262, 270

ラ 行

ラインラント　62, 70, 88, 90
ラビン，イツァーク　Yitzhak Rabin　258, 260
ラムズフェルド，ドナルド H.　Donald H. Rumsfeld　278, 288, 296
ランシング，ロバート　Robert Lansing　58
ランブイエ交渉　244, 246
李承晩（イ・スンマン）　I Sŭng-man　184
リーマン・ショック　302, 306
リットン調査団　86
ルーズヴェルト，フランクリン D.　Franklin D. Roosevelt　96, 108, 110, 124, 126, 130, 134, 136
ルーズヴェルトの隔離演説　97
ルーズヴェルトの「民主主義の兵器廠」演説　108
ルーズヴェルトの「4つの自由」演説　110
ルーマニア　130, 132, 166, 172, 210
ルール占領　68
ルシタニア号事件　44

索　引　325

ルワンダ　228, 230, 232, 290
冷戦　20, 22, 130, 142, 146, 148, 150, 162, 168, 170, 178, 180, 184, 186, 188, 190, 198, 202, 210, 214, 216, 222, 224, 226, 228, 230, 234, 242, 246, 268, 294, 302
レーガン，ロナルド W.　Ronald W. Reagan　202, 306, 220
レーニン，ウラディミール　イリイッチ　Vladimir Iliich Lenin　30, 57
レーム事件　84
レジスタンス　100, 112, 124, 130, 150, 160
連合国（第一次世界大戦）　50, 52, 54, 56, 58, 60, 62
連合国（第二次世界大戦）　110, 112, 114, 116, 120, 122, 124, 128, 130, 132, 134, 140, 142, 146, 148, 150, 156, 158, 180, 182
連合国宣言　112, 114, 124, 142
ロイド・ジョージ，デイヴィッド　David Lloyd George　52, 58, 60
ローザンヌ会議／協定（1932年）　80
ローズ，セシル　Cecil John Rhodes　36
ロカルノ会議／条約（1925年）　70, 88, 90, 94
盧溝橋事件　86, 106
ロシア革命　18, 48, 50, 52, 54, 56, 102, 130, 152
ロンドン世界経済会議（通貨経済会議）1933年　80, 82

ワ 行

ワシントン会議／体制　44, 72, 74, 76, 78, 80, 82, 88
ワルシャワ条約機構　178, 210, 216, 240
ワルシャワ蜂起　154
湾岸危機／湾岸戦争　24, 230, 258, 266, 268, 272, 278, 286, 288, 300

《著者紹介》

佐々木雄太
（ささきゆうた）

1943 年生
1969 年　京都大学大学院法学研究科博士課程中退
　　　　大分大学助教授，名古屋大学教授を経て
現　在　名古屋大学名誉教授，法学博士
著訳者　『三〇年代イギリス外交戦略』（名古屋大学出版会，1987 年）
　　　　『イギリス帝国とスエズ戦争』（名古屋大学出版会，1997 年）
　　　　『イギリス外交史』（共編著，有斐閣，2005 年）
　　　　『世界戦争の時代とイギリス帝国』（編著，ミネルヴァ書房，2006 年）
　　　　O. A. ウェスタッド『グローバル冷戦史』（監訳，名古屋大学出版会，2010 年）

国際政治史

2011 年 7 月 30 日　初版第 1 刷発行
2023 年 3 月 31 日　初版第 4 刷発行

定価はカバーに
表示しています

著　者　佐々木　雄　太

発行者　西　澤　泰　彦

発行所　一般財団法人　名古屋大学出版会
〒 464-0814　名古屋市千種区不老町 1 名古屋大学構内
　　　　　　電話 (052)781-5027／FAX (052)781-0697

Ⓒ SASAKI Yuta, 2011　　　　　　　　　　Printed in Japan
印刷・製本　㈱クイックス　　　　　　ISBN978-4-8158-0671-2
乱丁・落丁はお取替えいたします。

JCOPY〈出版者著作権管理機構　委託出版物〉
本書の全部または一部を無断で複製（コピーを含む）することは，著作権法上での例外を除き，禁じられています。本書からの複製を希望される場合は，そのつど事前に出版者著作権管理機構（Tel：03-3513-6969，FAX：03-3513-6979，e-mail：info@jcopy.or.jp）の許諾を受けてください。

佐々木雄太著
イギリス帝国とスエズ戦争
―植民地主義・ナショナリズム・冷戦―
A5・324頁
本体5,800円

佐々木雄太著
三〇年代イギリス外交戦略
―帝国防衛と宥和の論理―
A5・414頁
本体6,800円

O・A・ウェスタッド著　佐々木雄太監訳
グローバル冷戦史
―第三世界への介入と現代世界の形成―
A5・510頁
本体6,600円

サラ・ロレンツィーニ著　三須拓也・山本健訳
グローバル開発史
―もう一つの冷戦―
A5・384頁
本体3,400円

小野沢透著
幻の同盟［上・下］
―冷戦初期アメリカの中東政策―
菊・650／614頁
本体各6,000円

遠藤　乾編
ヨーロッパ統合史［増補版］
A5・402頁
本体3,200円

遠藤　乾編
原典　ヨーロッパ統合史
―史料と解説―
A5・804頁
本体9,500円

川島真／服部龍二編
東アジア国際政治史
A5・398頁
本体2,600円

毛里和子著
現代中国　内政と外交
A5・240頁
本体3,600円

田所昌幸著
国際政治経済学
A5・326頁
本体2,800円

小杉　泰著
現代イスラーム世界論
A5・928頁
本体6,000円

六鹿茂夫編
黒海地域の国際関係
A5・422頁
本体6,300円